三百六十行大全

新一版

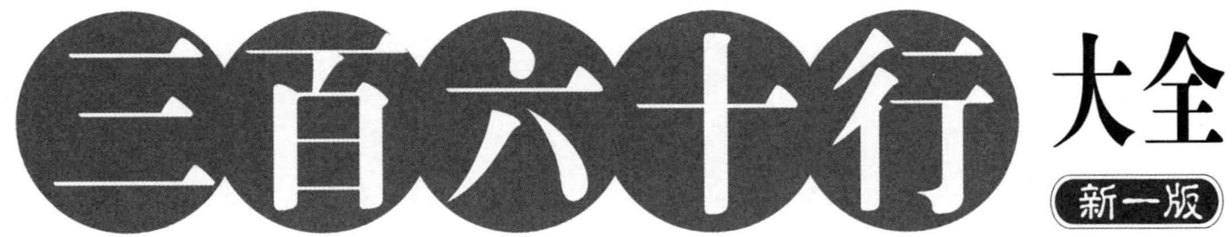

周成树 著

SANBAILIUSHIHANG DAQUAN XINYIBAN

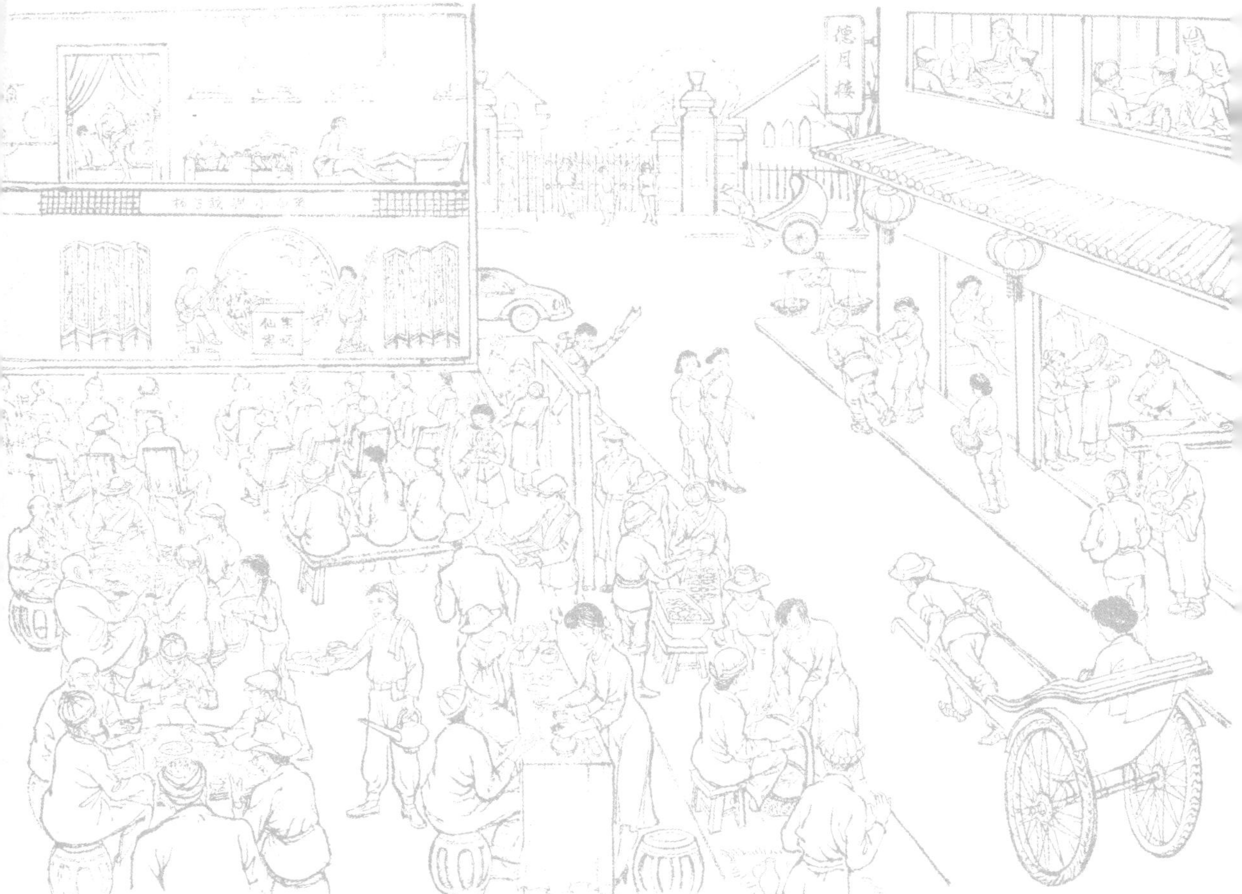

上海辞书出版社

序　一

曹正文

"三百六十行，行行出状元"，此话由来已久，最早的行业分工始于唐代，唐朝时已有三十六行，随着社会行业分工的越来越细化，至明代，开始有了七十二行，明传奇《白兔记》与小说家凌濛初的《初刻拍案惊奇》中就有三百六十行之记载。清人徐珂在《清稗类钞·农商类》作了总结："三十六行者，种种职业也。就其分工约计之，曰三十六行，倍则为七十二行。十之则三百六十行。"

据史载，古代的社会分工，有宫粉行、成衣行、玉石行、珠宝行、肉肆行、丝绸行、米行、纸行、鲜鱼行、茶行、竹木行、棺木行、皮革行、戏耍行，等等。后来随着社会发展，又产生了纺织服饰、交通运输、饮食糖果、医药卫生、文化教育、工艺美术等十几个大类。而这些知识的流传与人类本身的需要，促进了"三百六十行"的发展与成型。在民间实际生活中，细分的行业已不止三百六十行。"三百六十行"，则是一个大家耳熟能详的统称。

由此可见，三百六十行是中国独有的一种民俗。而各地民俗的传播与了解，往往与"行万里路"有关。旅游便是了解各地风情与民俗的最好途径。旅行者行走于山川乡村之间，对各地特色进行采风，熟识各地传奇之民情风俗，岂不快哉！其中最得其乐者，当为优秀的导游，周成树先生即是其中的佼佼者。

周成树，浙江奉化溪口人也。他是一位国家级导游，从事导游工作30余年，走南闯北，能讲会写。我初见他，便被其洪亮的嗓音与丰富的导游知识所吸引，他每到一处山水园林，都能娓娓道出其历史典故、风物人情以及趣闻逸事，山水为之动色，民俗尤见风采。

更难得的是，周成树兄不仅口才出众，妙语如珠，而且热爱文字，善于把旅途中的所见所闻记录下来，写成文章发表于各种报纸，日积月累，他的旅游文章便以独特视角、文字生动而为广大旅游迷所推崇。

周成树的文章是围绕着“旅游”这个大题目来做的。他重视知识积累，为了让旅行者在旅途中不寂寞，他便利用自己讲故事的天赋和对生活知识的总结，编写出了有趣的旅游教材《三百六十行大全》一书，这也是他当几十年导游的副产品。

在长途旅游中，让旅行者感兴趣的便是各地民俗。古镇与老街的特色商业店铺是一座城市的缩影，三百六十行在那里有了清楚的显示，而在长途跋涉的车上，周成树又为旅友作了生动讲述，异乡客地的民俗风情一一在其嘴中吐露，实为旅途中的快乐。

三百六十行的知识，经周成树整理以后，此书于2009年由上海人民出版社出版，当年就被评为上海十佳畅销书之一，多次重印，2017年又纳入上海社区教育优秀出版教材。

今年此书将由上海辞书出版社推出最新版，不仅在文字上作了梳理，而且还由王继青先生绘制了封面与部分插图，图文并茂，更加夺人眼球。

三百六十行中的有些行当，今天已不复存在，但作为历史的记载，它仍然有较强的史料意义，而有些行当的兴起，也为三百六十行增添了新的内容。时代在前进，但历史的底蕴让人感受中国各行各业的历代风情，这是多么有意思而又让人充满兴趣。

作为一位旅游达人，周成树兄无疑是出色的一位，他热爱旅游，喜欢舞文弄墨，用生动的文字记载有趣的见闻，并埋头研究，对中国旅游发展做出了有益的探索。据他考证，中国旅游起源于北宋时期。北宋皇祐三年（1051年），时任杭州知州的范仲淹在观察附近山水胜迹之际，便有了一个新的想法，他专设了旅游机构，把苏州与杭州开辟为旅游区。这无疑比英国人托马斯·库克在19世纪40年代开创旅游事业早了几百年。这些崭新的思想来源于周成树兄对旅游事业的专注和热情。

预祝此书为大家带来更多知识的快乐！

写于2020年1月2日

序　二

陆其国

有一句话我们已耳熟能详:“三百六十行,行行出状元。”其实对大多数人来说,对这句话可以说“耳熟”,却未必真“能详”。谓予不信,请你试试将三百六十行如数家珍般一一道来,立马就能见分晓。如没有一定的生活阅历和观察积累,是凸显不出这番功力的。令人欣喜的是,现在有一个人做到了,他就是我的朋友周成树。能够证明他做到的印证,就是现在他奉献给我们的这本《三百六十行大全》。

浏览这本书的目录,看着那林林总总、令人目不暇接的行当名称,大有一种通体透畅的感觉。究其原因,实在是因为一个人从出生至最后告别世界,这一过程中的每一天,举凡衣食住行、吃喝拉撒、生老病死……有谁能不和这三百六十行中的一些行当发生密切联系呢!由此可见,撰写这样一本书,除文字能力外,更取决于作者的博物视野和履痕行迹。而作者“国家级导游”这一独特的履痕行迹,恰于不经意间拓展了他的博物视野。偏偏他又是个有心人。于是,多年行万里路,做实地考察、考证,辛勤搜集、整理资料,查阅史料;再经历三年勤奋撰写,终于有了这本《三百六十行大全》的面世。

作者常年走南闯北,不时出入于各地景区,从而积累起对这些地区民俗文化的认知,有的地方还有专题介绍。如苏州定园、上海枫泾古镇等地,就见到有介绍三百六十行的展览馆。但这些展览馆却留给作者颇多的遗憾，用他的话说，名曰三百六十行，其实却只有几十行，而且介绍得语焉不详。尤其是作者目睹有游客想得到一份有关三百六十行的资料，展览馆工作人员回答："没有。"这样的情况在旅游景点见多了，作者的内心受到了触动。他想，三百六十行中，很多内容都是中国传统文化的直接体现，有的还是非物质文化遗产的精华。既然没有这样一份资料，那就由自己来弥补这一遗憾，不仅要记录它们的存在，还要介绍它们的来龙去脉、文化和历史背景。作者于2005年岁末，利用业余时间投入了这一工作之中。据我所知，作者收集积累研究的行当已经超出了四百行，他进行审慎地爬梳剔抉，仔细遴选，最后择定了这本书中的三百六十行内容。

细览全书，看得出，作者在介绍三百六十行时，力求做到正确、全面，富有知识性、趣味性。同时，对每个行业供奉的祖师爷、守护神等，书中都作了详细介绍。这也是《三百六十行大全》的一个特点。

当然，随着人类社会的发展进步，生产力水平的不断提高，所谓的三百六十行，其中有不少旧行当在时代进步中逐渐被淘汰乃至消失，新的行当又不时产生，呈现出一种优胜劣汰之势。但记录那些被淘汰、已消失的行当，也是为历史留真。本着这样的宗旨，本书也收录了一些诸如强盗、小偷、妓女、贩毒等所谓的行当，这些无疑是三百六十行中的糟粕。但它们毕竟曾经是历史的客观存在，通过对这些所谓的行当的了解，可以从一个侧面了解过去年代中遗有的堕落和腐朽印痕，以此引为警戒，从而让人们不忘历史，珍惜今天。

三百六十行泛指各行各业，不是一个确数。今天我们所说的"三百六十行，行行出状元"，当然是针对健康行业、于民生于国家有益的行业而言。我想《三百六十行大全》的读者，也一定会持如是观。

是为序。

目　录

序一　曹正文　1

序二　陆其国　4

一　农林牧渔行业

001 耕地　2
002 车水　4
003 割稻　7
004 种玉米　8
005 种甘薯　9
006 种洋葱　11
007 花农　13
008 卖花　15
009 卖君子兰　16
010 卖南天竹　18
011 卖盆栽　20
012 蚕农　21
013 采桑叶　23
014 放蜂　24
015 抓蛤蟆　26
016 养猪　28
017 羊倌　29
018 牧牛　31
019 牧马　33
020 猎人　35
021 屠夫　36
022 渔人　38
023 鸬鹚捕鱼　41

二　饮食糖果行业

024 卖包子　44
025 卖蟹黄汤包　45
026 卖烧卖　47
027 卖饽饽　48
028 卖爱窝窝　49
029 卖金糕　50
030 卖年糕　51
031 卖糖粥　52
032 卖糕饼　53
033 卖馍头蒸饼　55
034 卖缸炉烧饼　56
035 卖茯苓夹饼　57
036 早餐“四大金刚”　59
037 卖春卷　60
038 卖麻油馓子　62
039 馄饨挑　63
040 卖饺子　65
041 担担面　67

042 卖云梦鱼面 68
043 卖凉面 69
044 卖切面 70
045 卖过桥米线 72
046 卖元宵 73
047 卖八宝饭 74
048 卖及第粥 76
049 卖粽子 77
050 爆炒米花 78
051 米粮店 79
052 卖凉粉 80
053 卖松花粉 81
054 烘山芋 83
055 切薯干 84
056 卖胡萝卜 85
057 卖鲜藕 86
058 煮玉米 88
059 卖金针菜 89
060 卖山野菜 90
061 卖花生 91
062 卖火腿 92
063 卖东坡肉 93
064 卖猪头肉 95
065 卖夫妻肺片 96
066 卖涮羊肉 97
067 烤羊肉 99
068 卖狗肉 101
069 卖白果烧鸡 103
070 卖叫花鸡 105
071 卖茶叶蛋 107
072 卖烤鸭 108
073 卖鹌鹑 109
074 卖清水大闸蟹 110
075 豆腐挑 112
076 炸豆腐 113
077 炸臭干 114
078 卖乳腐 115
079 卖榨菜 117
080 盐商 118
081 卖醋 120
082 换馍做酱 121
083 卖小磨香油 122
084 葱姜摊 123
085 卖西瓜 124
086 卖哈密瓜 125
087 卖葡萄 127
088 卖白果 129
089 卖橄榄 131
090 卖糖炒栗子 132
091 卖冰糖葫芦 133
092 卖甘蔗 134
093 卖梨膏糖 135
094 卖水 136
095 老虎灶 137
096 卖豆浆 138
097 卖马奶 139
098 卖冷饮 140
099 卖雪花酪 142
100 茶馆业 143
101 卖酒业 145

102 卖甜酒酿 146
103 卖西凤酒 147
104 卖茅台酒 149
105 卖烟袋嘴 151
106 卖香烟 153
107 鼻烟铺 155

三 纺织服饰行业

108 轧棉花 158
109 纺纱 160
110 蓝印花布 161
111 蜡染 162
112 染工 164
113 漂工 166
114 缫丝工 167
115 织锦 169
116 蜀锦业 171
117 绸缎庄 172
118 刺绣 173
119 卖绒线 175
120 地毯织造 177
121 裁缝、卖布 178
122 张小泉剪刀 179
123 制造熨斗 181
124 卖缝针 182
125 卖纽扣 184
126 制作中山装 185
127 制作旗袍 187
128 估衣 189
129 缝穷婆 190
130 鞋铺 191
131 卖三寸金莲 192
132 卖包脚布 194
133 修鞋匠 195
134 修阳伞、补套鞋 196
135 打草鞋 197
136 缝袜子 198
137 卖虎头鞋、帽 199
138 卖毡帽 200
139 卖缠腰 201

四 手工业行业

140 木匠 204
141 车匠 206
142 雕花匠 207
143 瓦匠 208
144 石匠 209
145 造园业 210
146 打井 212
147 卖门铃 214
148 煤矿工 215
149 烧炭工 216
150 炭铺 217
151 卖灯草 218
152 烛坊 219
153 香烛摊 220
154 卖筷子 221
155 制作屏风 223
156 修棕绷 224
157 弹棉花 226

158 卖枕头 227
159 卖胭脂 228
160 淘金 229
161 金箔工匠 231
162 卖戒指 233
163 制作长命锁 234
164 修钟表 236
165 铁匠 238
166 削刀磨剪刀 239
167 铜匠 240
168 秤匠 241
169 制伞匠 242
170 卖伞 243
171 卖竹竿 245
172 篾匠 246
173 绳匠 248

五 交通运输行业

174 抬轿子 250
175 拉黄包车 252
176 赶脚 254
177 邮差 256
178 制作信牌 258
179 更夫 259
180 窝脖儿 261
181 制造车 263
182 修马路 264
183 摆渡 266
184 放筏 268
185 纤夫 270
186 码头挑夫 272
187 造船匠 273
188 制造灯塔 275

六 医药卫生行业

189 游医 278
190 拔火罐 280
191 拔牙 282
192 绞脸 284
193 接生婆 286
194 中药堂 288
195 草药摊 290
196 卖三七 291
197 卖蒲艾 292
198 卖枸杞子 293
199 卖杭白菊 294
200 卖蒲公英 295
201 卖百合 296
202 卖云南白药 297
203 卖狗皮膏药 298
204 卖蛇酒 300
205 卖凉烟 302
206 卖耗子药 304
207 卖香包 306
208 卖眼镜 308
209 理发 309
210 卖假发套 310
211 卖木梳 312
212 卖耳勺 313
213 “穿”牙刷 314

214 卖手杖 315
215 卖蒲扇 316
216 卖羽扇 317
217 制团扇 319
218 卖折扇 321
219 卖冰 323
220 卖鸡毛掸子 324
221 卖夜壶 325
222 粪夫 327
223 澡堂 329
224 修脚 331

七 文化教育行业

225 私塾师 334
226 绍兴师爷 336
227 办学校 337
228 书贩 338
229 卖报 340
230 卖碑帖 342
231 卖贺年卡 344
232 照相馆 346
233 卖相片 348
234 小书摊 349
235 装订制书 350
236 雕版 352
237 造纸匠 354
238 制毛笔 356
239 制砚 358
240 制墨 359
241 卖八宝印泥 360
242 卖算盘 362
243 代写书信 363
244 写春联 365
245 卖“福”字 367
246 制牌匾 368
247 作家 369

八 休闲娱乐行业

248 卖毽子 372
249 套圈圈 374
250 转糖博彩 375
251 卖花炮 376
252 卖象棋 378
253 围棋手 379
254 摆棋局 380
255 卖麻将牌 381
256 卖响铃 383
257 旅游业 384
258 养鸟 386
259 斗鸡 387
260 斗蟋蟀 389
261 跑狗场 391
262 猴子耍把戏 393
263 马戏 394
264 顶技 395
265 蹬技 397
266 变戏法 398
267 卖武艺 399
268 掼跤 400
269 舞狮子 402

270 舞龙灯 404
271 打花鼓、跑马灯 406
272 跑旱船 407
273 踩高跷 409
274 卖乐器 411
275 班鼓匠 413
276 小堂茗 414
277 放话匣子 416
278 歌女 418
279 扭秧歌 420
280 舞蹈者 421
281 舞女 422
282 唱鼓书 423
283 打连厢 425
284 宣卷 427
285 说相声 429
286 串双簧 430
287 唱戏 432
288 京剧 433
289 看西洋景 435
290 木偶戏 436
291 皮影戏 438
292 电影 440

九 工艺美术行业

293 印年画 444
294 杨柳青年画 446
295 卖春画 448
296 指画 449
297 漆画 450
298 画肖像 451
299 卖烟画 453
300 卖月份牌 455
301 铸铁画 456
302 裱画 457
303 内画鼻烟壶 458
304 卖泥人“大阿福” 460
305 卖不倒翁玩具 462
306 做面塑 463
307 制作戏曲脸谱 465
308 吹糖人 467
309 陶瓷工 469
310 卖唐三彩 470
311 刻瓷 471
312 龙眼木雕业 472
313 砖雕 473
314 石狮子雕刻 474
315 琢玉成器 475
316 象牙雕 476
317 制作景泰蓝 477
318 剪纸花样 479
319 卖“囍”字 481
320 糊风筝 482
321 灯笼作 483
322 制作灯彩 485
323 卖中国结 487

十 其他社会行业

324 会计 490
325 经纪人 491

326 跨国经商 492
327 铸钱币 493
328 钱庄 494
329 当铺 495
330 卖彩票 497
331 跑堂倌 498
332 鸡毛换糖 499
333 换取灯 500
334 打鼓的 501
335 收破烂 502
336 捡烂纸 503
337 奶妈 504
338 媒婆 505
339 乞丐 507
340 殡葬业 508
341 棺材铺 509
342 卖“长锭”、锡箔 511
343 算命先生 512
344 测字先生 513
345 仙姑 514
346 巫师 515
347 妓女 517
348 拉皮条 518
349 相公 519
350 小偷 521
351 强盗 523
352 卖蒙汗药 524
353 制作洛阳铲 525
354 卖烟枪 527
355 卖白粉 528
356 宦官 529
357 保镖 530
358 刽子手 531
359 狱警 532
360 巡警 533

附录 三百六十行及其崇奉民俗 535
后记 541

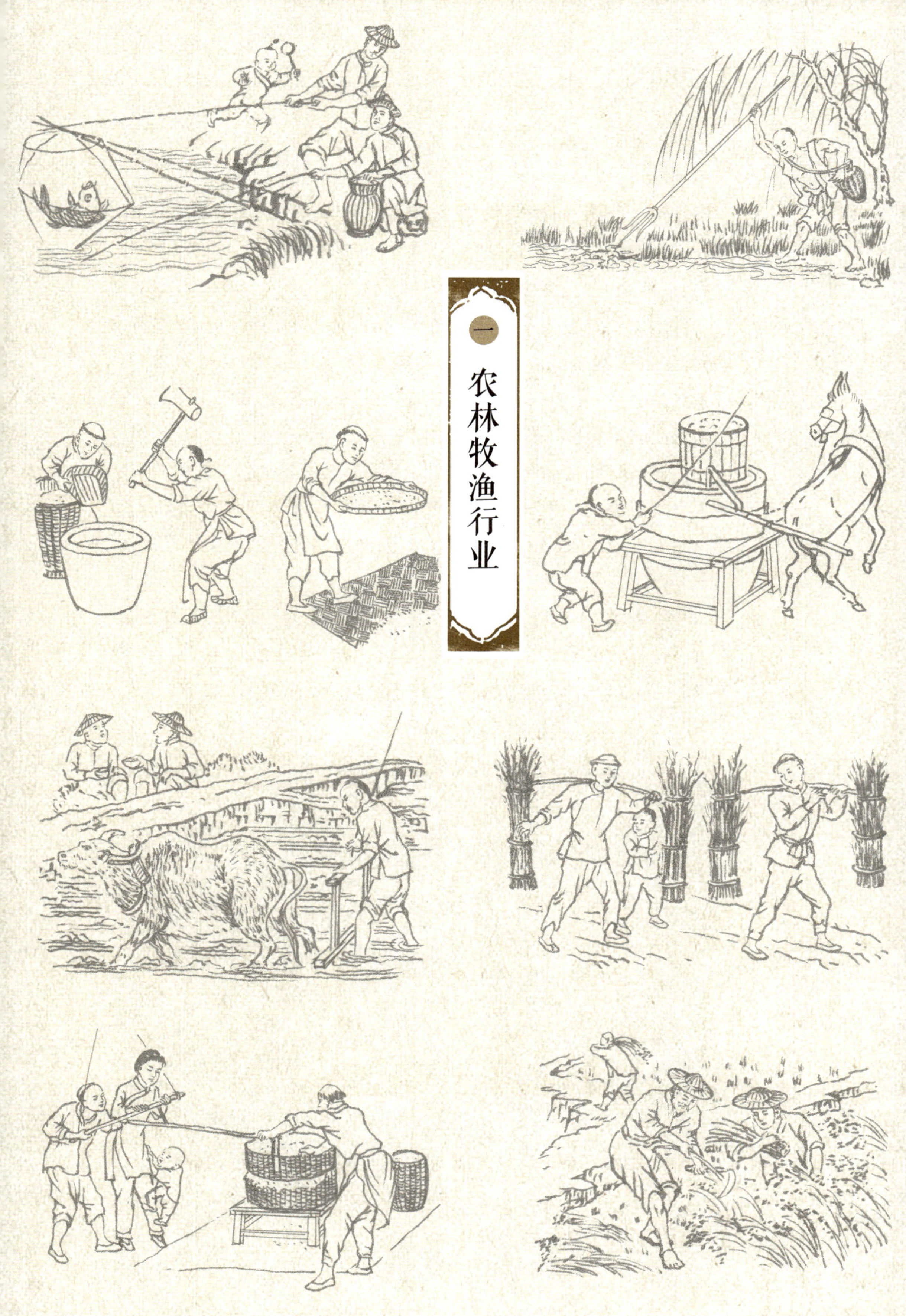
一
农林牧渔行业

耕地

中国自古是一个农业大国，农耕是社会经济生活的主动脉，耕地是农民主要的生计行当。种田出粮食，以此养家糊口，代代不变，生生不息，延续了数千年的历史。

耕地主要是通过驯服牛来劳作，至今可考的历史有三千多年。最初，牛耕技术主要应用于黄河流域一带，范围有限，得不到推广。直到汉代，汉武帝以行政命令的手段在全国范围内推广牛耕技术，是为农业改革的新起点。

在这一时期，汉武帝消除内患，人民得以休养生息。此时，冶铁业也得到了空前的发展，铁制农具开始得到普及。新工具犁铧的出现是中国农业发展史上的里程碑，中国使用犁铧的历史要比欧洲早了一千多年。

耕牛力大，不仅吃苦耐劳，而且性情驯良、易于驾驭，是最好的畜力。汉武帝看到了畜力的作用，于是，数次颁发诏书，号召农户养牛，用牛来耕地、拖拉重物。牛的普遍使用，使小农经济得到长足的

耕地（王继青绘）

发展，农作物产量大幅度地增长。历朝历代的皇帝皆注重牛耕，每到开春，亲临先农坛，扶犁耕地，鞭打春牛，为一年的风调雨顺祈福。地方府县亦照例而行，“打春牛”成了中国农村的习俗。

尽管以牛耕地，而农民的劳动依然艰辛。尤其在封建社会和半殖民地半封建社会的旧中国，广大农民由于种种原因失去了耕地，大部分土地都落入少数地主手中，耕地者不仅吃不饱穿不暖，还要受到地主的剥削和欺侮。

崇奉：神农

据史书记载，神农（炎帝）的母亲叫安登，于今湖北省随县厉山镇九龙山南麓的一个山洞里“感农而生炎帝”。东汉蔡邕《独断》里说：“稷神，盖厉山氏之子柱也。柱能殖百谷，帝颛顼之世，举以为田正，天下赖其功。”神农自夏朝以后被当作稷神而祀之，旧时民间很多地方都尊称神农为“五谷祖”，如在太湖周边苏州、无锡、湖州一带，千百年来相传伏羲、神农曾于此地传播五谷种植的技术。有首歌谣唱道：“伏羲神农驾金龙，九龙山下五谷种。传下五谷救万民，万民万代谢喜（羲）农。”相传每年农历四月二十六日是“五谷神”的诞辰，每到这一天，农民都要备以丰盛的三牲果品，虔诚祭拜。

神农

有的地方的农民供奉的神还有“五谷母”“王母娘娘”“弃神”等。

一 农林牧渔行业

车水

车水是中国农业生产中至关重要的大事。木制水车由车身、车头、橄榄仔、57个车扇和一对车椅仔等木制部件组成,犹如长龙;连成一串的木盒斗状的水容器,好似一节节龙骨。使用时可在河边搭起车棚,将车尾固定在水里,车头固定在岸上,利用人力踩动车头,带着车循环转动,将河水汲取上来。车水的水车用于丘陵、山区的灌溉,在旧时也算是很先进的工具了。

农民立于龙头处,将身子伏于胸木上,脚踏车上,使之转动,将河中水提上垄田,好似云龙吐水一般。所以,时人称之为龙骨车。用它车水,可大大减轻农人以往肩挑手提的繁重劳动。为此,这种水车普及得很快,到了宋朝,已成为农村中普遍的生产工具了。

据考古发现,唐宋时代又出现了筒车和高转筒车,它们安装在上下水位落差较大的水边,利用水流产生的动力带动筒车转动,可以日夜不息地灌溉田地,这又是一个飞跃。

宋代还出现了一种用牛或驴牵着转动的水车,叫作牛车辘轳。但是,因为这种水车造价较高,制作技术较繁难,推广起来有一定的困难。这种车水的工具,只在有实力的大庄园、碾坊,而且水势条件恰当之处,才能建造应用。因此,用它车水的地方,相对较少。

车水

崇奉：李冰父子

李冰是战国秦昭王时蜀郡（治今四川成都）郡守，其儿子名二郎。李冰父子率领民众修筑了举世闻名的宏大水利工程——都江堰。这一工程到现在仍发挥着巨大作用，灌溉着几百万亩良田，使成都平原成为中国著名粮仓。都江堰未修成之前，蜀郡的成都、灌县一带，是个大平原。平原周围尽是高山峻岭，岷江就发源在蜀郡西北部终年积雪的岷山上。岷江上游坡度很大，水势很急，像是脱了缰的野马似的往下冲。到了灌县附近，地势突然平坦，水流变慢，山上冲下的泥沙乱石就沉积下来。天长日久，河床越来越高。一到夏季，山上积雪化了，河水暴涨，河道盛不下水就漫上岸来，泛滥成灾。当地人民吃够了岷江的苦头，虽也进行过英勇搏斗，希望制服洪水，但最终以失败而告终。

秦昭王即位不久，知道李冰治水有经验，派他到蜀郡担任地方最高行政长官——郡守。

李冰父子（王继青绘）

李冰一上任就积极了解水情民情，他同儿子二郎一起，邀请当地有经验的老农数名，实地考察沿岸情况，听取当地百姓意见，勘察地形，研究治理岷江的方法。

经李冰父子精心设计的都江堰由鱼嘴、飞沙堰、宝瓶口三部分组成。鱼嘴为建于江心的分水堤，把岷江水分成内外二江，外江为岷江正流，内江经宝瓶口流入成都平原灌溉农田。飞沙堰在宝瓶口之右侧，分水堤的中段，用于泄洪，调节由鱼嘴流出来的水量，避免过多涌入内江。宝瓶口是人工凿开玉垒山引岷江水入内江的总入水口，因其形似瓶颈，故名。

李冰父子把都江堰修成后，汹涌的岷江变害为利，造福农桑，使川西平原从此成为“水旱从人，不知饥馑，沃野千里，世号陆海”的天府（《益州记》）。人民感念李冰父子，在靠近分水鱼嘴的内江东岸修造了“二王庙”，并为他们塑像，纪念他们为人民立下的不朽功绩。此庙至今尚在。

车水行当除了崇奉李冰父子以外，有的地方也崇奉战国时秦国的郑国、元朝的郭守敬。凡治水有功之人，无不被人们尊崇拥戴，永志纪念。

割稻

稻是中国的主要粮食作物，是华夏先民从劳动实践中辛苦培育得来的。传统社会采取“重本抑末”的治国方针，确立了以农业为根本的经济形态。秦汉时期强制执行农户的定居制度，远行、搬迁都要得到地方官的批准方可，这样把农民与土地牢牢地捆绑在一起。

割稻（王继青绘）

到了东汉末年，长江流域水源充足的地区出现了翻车，也叫龙骨车，大大地改善了水稻的种植条件。政府全力推广铁制农具，正如《盐铁论》中所述：“农，天下之大业也；铁器，民之大用也。”从平整土地、插秧、中耕、锄草、灌溉、收割、脱粒，到农产品加工，各类专用农具达30多种。水利与稻谷生产关系密切。据统计，中唐以前，仅江浙地区水利工程就达149处，中唐以后，猛增至950多处。水稻栽培技术水平也上了一个台阶，其品种呈现多样化。到了明代，仅吴江一带，水稻品种就有100多个。因当时三季稻的种植及稻、麦轮作的推广，明朝中期平均亩产高达173千克之多。民国之后，水稻生产又上了一个台阶，我国独有的小站稻、南苑稻，在20世纪30年代从品质到亩产量（已达200～250千克）已称得上世界级水准。

割稻是农民的主活之一，炎炎烈日，蒸腾如火，农夫挥镰，挥汗如雨，争分夺秒，与天争时。

崇奉：神农

玉米首先在我国的浙江、福建等东南沿海地区和山区种植，这与其传入的途径有关。原产于南美洲的玉米是从海路传入中国的：一条路线是由葡萄牙人带到爪哇（今印度尼西亚），再传入中国；另一条路线是途经西班牙、中亚进入中国。因此在明朝，农村管玉米叫“番麦”。18 世纪，我国农村的玉米种植有较快发展，并大规模向北方地区推广。到后来，玉米成了我国西北地区的主要粮食作物。

种玉米（王继青绘）

中国玉米的品种以南北区域来区分，南方的玉米相对个头小而吃口糯，北方则个头大而壮实。玉米是全世界公认的“黄金作物”，与水稻、小麦并称世界三大农作物。

我国农村普遍种植玉米，其成本较低，易于种植，且收获量大。

崇奉：神农

种甘薯

种甘薯

我国农村地区，尤其是在北方，普遍种植甘薯（又称红薯、白薯、番薯、山芋、地瓜、红苕等）。甘薯的原产地在今天的墨西哥和哥伦比亚一带，后传播到世界各地。

甘薯一般只需沙丘土壤即可生长，它的种植不需要太多的成本，易种、易活、易管理。甘薯中含有大量的糖、蛋白质及各种维生素、矿物质，具有很高的营养价值。

由于是典型的粗粮、“绿色食品”，甘薯的身价逐渐抬高，农民也喜欢种植甘薯。

崇奉：陈振龙

中国最早种甘薯的人是明朝福建人陈振龙。

明朝万历年间，陈振龙到南洋（即今东南亚地区）做生意。一次偶然的机会，他在吕宋（今菲律宾）吃到甘薯，觉得很好吃。万历二十一年（1593年），陈振龙把甘薯带回福建，栽种在菜园里，甘薯便在中国落了户。万历三十六年（1608年），明末科学家徐光启的学生从福建捎回一些甘薯送给老师，徐光启觉

陈振龙（王继青绘）

得好吃。同年，徐光启离京回上海为父亲治丧，随行带去甘薯在上海试种，一举获得成功。后来他又在京津郊区种植，同样获得成功。之后，徐光启写成《甘薯疏》一书，书中总结了种植甘薯的经验。在徐光启的推动下，甘薯很快在农村广泛种植开来，中国也成为甘薯生产大国。

种洋葱

洋葱是中国百姓较为爱吃的蔬菜品种之一。不少人都认为洋葱是外来物，其实是一种误解。它的祖籍在中国，新疆、甘肃等地都是它的故乡。《西域闻见录》记载："丕雅斯，类野蒜头，大如鸡子（即鸡蛋），叶似葱而不中空，味辛甘，肃人呼为沙葱。"新疆西南有座沙岭，生长着古老的洋葱，唐朝人称这种葱为"玉葱"。沙岭的玉葱经人工栽培后，传入印度、阿富汗、希腊、意大利等世界各国，之后又传回中国内地，并东渡日本。18世纪，一位日本植物学家将它取名为"洋葱"。不知为何，中国人也跟着叫洋葱了。民间一旦叫开了，要改口就很难，倒是海关出口洋葱，已改名叫"红衣葱"。

种洋葱（王继青绘）

在以前的中国农村，农民种植洋葱是作为副业。如今，除了一部分内需之外，专业户、农场等种植的洋葱绝大部分外销到世界各国，以赚取外汇。

崇奉：赵公元帅

赵公元帅名叫赵公明，亦称"玄坛赵元帅""黑虎玄坛"等，道教

赵公元帅

护法天神之一。其传说在民间早有流传，元明以后赵公明逐渐演化成道教护法神。《三教源流搜神大全》称，赵公明原为终南山人，秦时避乱山中，修道功成，玉帝降旨召为灵霄副元帅。书中称他是由“皓廷霄度天慧觉昏梵气”所化生，面黑须浓，头戴铁盔，手执铁鞭，坐跨黑虎，主北方之气，常奉“天门之命，策役三界……提点九州，为直殿大将军”。赵公元帅部下有八王猛将、六毒大神、五方雷神、二十八将等，个个神通广大。旧时，赵公元帅被民间众多行业奉为财神或门神。

花农

花自古以来就被人们认为是美好吉祥的象征，所谓“花开富贵”“花好月圆”等，都是基于对花的热爱而产生的赞美。

据史书载，中国的花农行当早在两千多年前就有了“专业户”。到了宋代，花农行当达到鼎盛，明清之后，更是成规模经营了。唐宋以来就流传不少关于花仙子和花神的动人故事。如明末文学家冯梦龙编写的白话小说集《醒世恒言》第四卷中的《灌园叟晚逢仙女》（后改编成戏曲电影，名为《秋翁遇仙记》），讲的是一位叫秋先的老花农一生酷爱养花，虔诚地祭拜花神，其诚心感动了上天的花仙子，当他遇到危难时，花仙子下凡解救了他，并铲除了欺压秋先的恶霸。这个动人的故事在中国家喻户晓。再如清代蒲松龄的著名小说《聊斋志异》中的《香玉》，描写了书生和牡丹花仙恋爱的动人故事，也深受人们喜爱。花农是一项技术要求高又很辛苦的活儿。每年的阴历二月十五日之后，花农非常繁忙，下种、移栽、嫁接、施肥……这是种花养花的关键时节。全国各地都有其地方特色的花种，如洛阳的牡丹花、福建漳州的水仙花、浙江宁波的山茶花等。上海浦东北蔡附近有一个百年历史的花木乡，这里的花农祖祖辈辈从事花木种植，男女老少都是种花、养花的能手。

花农（王继青绘）

崇奉：花神

花神

据道教的万物有灵论和泛神论，有形即有神，甚至自然界里的气、色、光都有神。而作为万物之精华的花木，自然也有司花之神——花神。

中国民间认为，人世间有百花，百花里各有花神，而这些花神又服膺于十二个月令花神的指挥，依序绽放，为自然界装点缤纷。晚清学者俞樾在《十二月花神议》中列出了十二个月的花以及代表该月的花神，这十二个月令花神基本上是人们所熟悉的历史人物。如农历正月，花神是梅花仙子，说是南朝宋武帝之女寿阳公主。她平生喜爱梅花，曾因梅花飘落其前额而留下五瓣淡红的梅痕，创造出巧夺天工的"梅花妆"而闻名一时。再如阳春三月，当月花神则为桃花仙子，传说春秋时的楚文王因为邻国息侯的息夫人貌美，灭掉了息国后，便掳回息侯夫妇，欲强占息夫人为妻。息夫人为了见息侯一面，忍辱偷生。有一天，楚文王外出打猎，息夫人出宫与息侯见面，然后双双殉情。此时正是桃花盛开的三月，楚人为之动容，立祠祭拜，并称她为桃花神。

花神众多，故各地都有花神庙，供奉神像。如南京雨花台西南有一座花神庙，内有一大殿（内设十余间配房），供奉一尊牡丹花大神像和百余尊百花众神神像，以供人们祭拜。苏州的定园也有座花神庙，供奉的是以中国古代四大美女为代表的花姑神，香火很旺。中国民间一般把农历二月十五日（或说二十五日、二月其他时间等）这一天视为花姑的生日，俗称"花朝节"。花朝节这天，人们在花盆中插一面三角小彩旗，以庆祝花姑的生日，花农们在这一天要举行盛大的仪式来祭拜花姑，以求得今年更好的收成。

卖花（王继青绘）

“栀子花、白兰花”“茉莉花、夜来香”——一到晚上，在旧时上海的戏院、酒楼、舞厅等地方时而能听到这一阵阵叫卖声。这叫卖声来自以卖花为业的小贩，他们依不同的时令，将应时的鲜花行街叫卖。做此行生意的多是未出阁的小姑娘。她们体态轻盈，臂挽花篮，手擎鲜花，是市井中一道亮丽的风景线，不过在旧时常遭受流氓、地痞等居心不良之人的欺压。另有中年妇女亦操此业，她们用篮筐装满新折下的应时花卉，送到宅门闺室，专供瓶插摆放或爱花妇女插戴之用。花朵晶莹如玉、芬芳馥郁，人们出于对美好生活的热爱而爱花，所以卖花的行当至今尚存。如今的花鸟市场、售花大卖场等遍地均有，而姑娘卖花的行当在各旅游景点及大城市的夜间还能见到。中国目前最大的鲜切花交易市场在云南昆明。

崇奉：花姑

传说花姑姓黄，名微，是一位女道士。因为常年修炼，在老年时，她的样子还如少女一般美。花姑平生虔诚地仰慕仙人魏夫人，她多次去魏夫人的住地和庙宇拜谒，并且将她的庙宇重新翻修了一遍，这件事很快被魏夫人知道了。于是魏夫人在花姑睡觉时，潜入她梦中显灵，教授她成仙修道之法。花姑从此便成为花仙。卖花行业崇奉花姑，北方在每年农历二月十二日，南方则在三月十五日，去花神庙祭拜花姑，求其保佑自己生意兴旺、平安太平。

009

卖君子兰

卖君子兰

人们喜爱君子兰，是因为它的花、叶、果都具有观赏价值，这在一般的花卉中是很少见的。君子兰一般要生长四五年后才会开花，开始时只能赏叶而已。单以叶而言，君子兰也是一种优秀的观赏植物。行家鉴定君子兰有八条要求，其中七条是针对叶的：叶要短、宽、厚、亮、直立、头圆，最重要的是叶脉要突出，有高出1毫米多的则佳，叶脉与叶脉间距离也要大，不仅看上去醒目而且还有较凸透的手感。君子兰的花是伞形花序，同一花葶上生长着数十朵小花。花以艳红为上品，淡红次之。我国常见的君子兰可分为两类：一类是“垂笑君子兰”，叶较长，花呈钟形，下垂，主要种植于大江南北，一般是多株盆栽；另一类是大花君子兰，叶较宽，花较大，花梗粗，花冠呈喇叭状，主要种植于东北地区，单株大盆栽较常见。虽然这是两个不同的品种，但都属于石蒜科植物。

卖君子兰行当的历史尚不满百年，卖君子兰的有两种档次：一般的市井小贩叫卖的是较低档的君子兰，可讨价还价，偏大众化；另一种是君子兰专卖店，出售较高档次的君子兰，有的品种还有浓郁的香味，其价格昂贵，有时一盆达上万元，甚至更高的价格。

崇奉：洋人

君子兰原为非洲南部的野生植物，1828年由一名欧洲移民从非洲移植培育成功，受到英、德、丹麦等国爱花者的青睐。1854年，君子兰传到日本，一位名叫大久保三郎的学者根据这种植物的特点，给它取了一个好名字，叫“君子兰”。君子兰传入中国的时间也不长，迄今不过百年历史。据记载，君子兰传入中国有两条路线：一条是由德国传教士从欧洲带到中国，另一条是由日本人运至中国长春。这两条传入路线各有不同，其间也没有什么渊源，相同的是传入时间均在20世纪初。

洋人（王继青绘）

卖南天竹

古人以松、竹经年葱郁、冬而不凋，梅花耐寒开花、孤标傲岸，用此三种植物来比喻高风亮节之士，称之为“岁寒三友”。

卖南天竹

南天竹，亦称天竹子，是一种常绿灌木，长有羽拔状的复叶，叶小而圆，外廓有一匝分针，夏季呈绿色，冬季部分会变成紫色，能结球状果。它的枝叶、果实，在寒冬百花凋零之际，傲霜御雪，尤见精神。用之拟人，则高标榜样；以其喻物，即与众不同。因此，它被人们誉为“高标傲物”，也跻身“岁寒三友”之中。古代上至皇帝，下至百姓文人均喜爱此物，常把它作为园林中的瑞树栽植。城郊的农民或专业的花农，在冬季的岁末年前，常常折采挂果的南天竹枝条，进城贩卖。他们擎着这些枝条走街串巷、吆吆喝喝，生意倒还不错。

南极天尊

崇奉：南极天尊

南极天尊名叫皇度明，传说是古代某国国王的公主，有使女数千人，过着十分舒服的生活。她却觉得百无聊赖，终日渴望畅游山水，访求仙道。因宫禁严格，皇度明无法出门，所以终日闷闷不乐。父王问其原因，她向父亲说明心中想法。国王就在宫中为她堆起一座假山，山有百丈高，植上竹木、引入河水，还在山顶上建了一座寻真玉台。皇度明只身一人来到玉台上，一住就是12年，终日焚香斋戒。天帝见她如此诚心，就派朱宫玉女24人乘云驾雾，下凡来接她升天。这天夜里，忽起狂风暴雨，天旋地转。天亮后，宫人才发现假山玉台不见了，皇度明也不知去向。原来玉女把她领到阳丘峰上的丹陵上舍，这里有金童玉女300人迎接。后来天地易位，皇度明变成男身，被丹灵真光老君封为“南极天尊”。

卖盆栽

盆栽在中国历史悠久，最早可追溯至殷商时，那时的盆栽就已经很讲究了。古人的盆栽可称作世上一绝，他们把盆栽所养的植物看作无比圣洁高贵之物。卖盆栽行当的从业者先选择能栽培的植物，从小栽植到精致的盆中，在土地中先露养一个时期，待植物活了，再按照主人的意图，制作成立体图似的盆景，所谓“积石盆中小有天，峰峦溪壑起云烟”，盆中的咫尺之地，尽可蕴藏大千世界。小贩挑担叫卖的是一般的盆栽植物，高档盆栽植物则要去苗圃观看后购买。至清代，盆栽和绘画一样，已有南北派之分。盆栽行业至今十分红火，南方人称其为“盆景”，全国各地均有“盆景协会”等组织，每年举办各类的评比和比赛。

崇奉：南极天尊

蚕农

蚕农（王继青绘）

据考证，江南地区的蚕农早在新石器时代中期就已经开始栽桑养蚕。蚕农这一特殊行业，在苏浙农村最为盛行，特别集中在江苏的吴江（今苏州市吴江区）、浙江的湖州等区域。“日出万绸，衣被天下”，这是古代吴江丝绸业兴旺的写照。蚕农世世代代以养蚕为生，他们辛勤的劳动，获得人们的敬重。如今蚕农生活水平逐年提高，新一代蚕农展示了新的风采。

崇奉：金蚕娘娘

金蚕娘娘（王继青绘）

金蚕娘娘是江南江北养蚕之地供奉的道教地方神明。相传，古代在江南地区有位姓金的养蚕女，她聪明又美丽，孝顺父母，里里外外的家务都是她一手操办。金姑娘养蚕又是好把式，吃苦耐劳，从没一句怨言，左邻右舍一致赞扬她是位好姑娘。

有一年，村里发生蚕瘟大疫，十蚕九亡，眼看桑蚕遭受灭顶之灾，奇怪的是，唯有金姑娘饲养的蚕安然无事。许多农户纷纷向她求教，金姑娘一点也不推辞，毅然担起重任。她根据自己养蚕的经验，把如何防疫的方法一一介绍给农户。她昼夜不食，走东家，跑西家，忘我地守护他人的蚕苗。经过金姑娘连续数日的奋战，瘟疫终于退去，全村的蚕得救了。但是金姑娘因劳累过度，竟一头扑倒在地，再也醒不过来了。她为了全村农户的蚕苗而献出了自己的生命。老百姓为了纪念金姑娘的功绩，为她重塑金身，服以丝绵，建祠立庙，称为蚕官。

采桑叶

采桑叶

中国的丝绸闻名世界，如何养好蚕，出优质丝，重要的一环是植好桑。桑树分为山桑、鲁桑、白桑等多种，树叶的再生性极强。桑树枝条可编筐，木材可制器皿，树皮可制纸张，果实可酿酒，叶不仅可入药，更是养蚕的重要饲料。

蚕户采桑叶，是一项细致而繁重的劳动。明代宋应星在《天工开物》中记载：采摘桑叶极有讲究，不能用手采，必须用最锋利的剪刀来剪。剪下的桑叶，不能有雾湿和露水。需待太阳出来，湿气散尽时采剪下来，桑叶方可饲用。蚕在幼时，要把桑叶切成细丝喂养。成虫时，所饲桑叶要干燥；蚕眠后，桑叶要稍湿。这样蚕吐出的丝才有光泽。

蚕户一般自家都有桑田，在育蚕之初，自家采桑喂蚕。待到忙时，蚕的食量剧增，就另有专事采桑的人出来助采，供应桑叶。这行工作季节性极强，一待蚕眠后，就再也不用提供桑叶了。在旧时，采桑女虽然很累，但仍过着穷苦生活。“侵晨采桑谁家女，手挽长条泪如雨。”这就是采桑行当的真实写照。

崇奉：金蚕娘娘

放蜂

放蜂（王继青绘）

放蜂行当是一个历史悠久的职业。放蜂人是大地上寻找花朵的人，季节是他们的向导。

放蜂比一般的行当辛苦得多，放蜂人经受风吹雨打，长年奔波在树林、丘旁、田园、旷野等处，辛劳不息。放蜂人带着蜂箱和帐篷，一路上沿着已勘察好的放蜂路线，不知疲倦地奔波着。放蜂人能识别各种鸟鸣和兽迹，了解植物的花事与吐蜜的秘密。放蜂人懂得枣树生长在冲积土上，荞麦生长在沙壤上比生长在其他土壤上的流蜜量大，北方的柳树流蜜，南方的柳树不流蜜……放蜂人带着蜂群，奔走于莽莽大地。南方四月，油菜花金黄黄一片，他们来了。紫云英花期一过，他们又匆匆赶向北方，那里牡荆的淡紫色花正在开放。

放蜂人一生居住在花丛附近，却是世界上最孤单的人群之一。旧时不知艰辛的文人觉得放蜂人很幸福、很浪漫。然而那时的放蜂人是为了生存或养家糊口才干着这一行当。放蜂人为了采蜜，带着箱、蜂流浪，远离闹市，把采集的蜂蜜售给药店、商贩、市人，同时是将大自然瑰美的精华输送给人间。

蜂蜜含有丰富的营养，具有开胃、生津、解便秘等功效。李时珍在《本草纲目》中对蜂蜜的评价甚高，称它是天然的保健品。放蜂人无声地为人类的健康作出了贡献。

崇奉：女夷

女夷是司春夏万物生长之神，亦称花神。女夷幼而好道，常炼气辟谷，摄身修静。因善种花，遂成花神。《淮南子·天文训》曰："女夷鼓歌，以司天和，以长百谷禽鸟草木。"高诱注称："女夷，主春夏长养之神也。"

中国各地的花神众多，因此各地都有花神庙，其中供奉神像。放蜂行业一般把女夷作为祭拜的神祇。他们出发前或在途中均要祭拜女夷，以求女夷能带给他们平安、幸福。

抓蛤蟆

抓蛤蟆（王继青绘）

抓蛤蟆（民间对青蛙和蟾蜍的统称）行当在农村是很普遍的。青蛙俗称田鸡，栖息于池塘、稻田、水洼、河汊之中。因为田鸡肉极为鲜美，引来不少食者。北方、南方均有以抓田鸡为业者，出售捕获的田鸡，赚取钱财。

人类食用蛙类的历史很长，大抵在先民傍水而栖、以鱼虾为食的阶段就开始食蛙了。据史载，在汉代皇宫中就有炒田鸡这道菜了。

抓蛤蟆这一行干起来很残忍，一旦抓到活蹦乱跳的青蛙（或蟾蜍），当即斩头、剥皮，然后把两只蛙的腿插在竹签子上，十只八只一串，积多了拿到集市上去卖。

蟾蜍也叫癞蛤蟆，可入药。蟾酥，是从蟾蜍身上提取。可拔毒、清热、消肿，治疗疔毒恶疽有奇效。据说，在民间秘方里，蟾酥还有医治肿瘤的作用。青蛙、蟾蜍都是有益动物，生于田间，不害五谷，不碍农人，吃害虫、啖蚊蝇，它们是人类的朋友。历朝历代都是禁止捕杀它们的。南宋法令还规定，捕卖者一经查获，“一律坐罪”。这样的禁令直到明清，亦未中断。当今社会主张生态平衡，倡导环境保护，青蛙、蟾蜍更被纳入禁捕禁食之列。因此，抓蛤蟆者当有“失业”之虞。

崇奉：青蛙神

青蛙神俗称仙人白玉蟾。相传，其人原本姓葛，名长庚，宋代琼州（治今海南省海口市琼山区）人。父亲去世、母亲改嫁白家后，母亲应梦为他改名叫白玉蟾。白玉蟾十二岁时，曾中童子试。在黎母山中遇异人传授给他洞元雷法。后来，白玉蟾又到武夷山隐居，自号海琼子。四年后得道。得道后，蓬头跣足，衣袖破旧不堪，喜好饮酒，却从没有人见他醉过。他博通儒书，并能出口成章，所写大字草书，若龙蛇飞动，同时还擅长写篆隶，又善绘画，尤工梅竹。据说，他曾在杭州游览西湖，暮色苍茫时坠入湖中，舟人惊寻不见，以为他已死了。第二天早晨，只见有一只玉蟾显露在水上，一副醉醺醺的样子。有一天，有个持刀的人前来威胁它。玉蟾叱喝一声，那人的刀顿时自坠离手。这时玉蟾化成原形，招呼他说："你过来，不要害怕。"那人过来，玉蟾便将刀还他。因此，当时人称白玉蟾入水不濡，逢兵不害。

青蛙神（王继青绘）

南宋嘉定年间，白玉蟾被征召入朝，受命管辖太乙宫，被封为紫清明道真人。有一天，他突然不知去向。据传说，他后来往返于名山大川，神异莫测。所著有《上清》《武夷》二集，流传于世。

民间传说，福州有玉蟾大庙，时常可见有白玉蟾，形状大小不一，十分威厉，祈祝灵验。这就是抓蛤蟆行当供奉的青蛙神。旧时，百姓饥贫，缺少肉食，青蛙肉质鲜美，不仅能自己吃，还能出售赚钱。但干这一行又怕青蛙神发威，惩罚他们，所以在清明前后，他们都会祭奉青蛙神，祈求其保佑和原谅。

016

养猪

养猪（王继青绘）

我国养猪已有7000多年的历史。黄河流域的人们在新石器时代就开始了驯养“六畜”，其中就包括猪。龙山文化时期，死者以陪葬的猪下颌骨数量来表示其富有程度。战国以后，出现了大规模的养猪场，到汉代养猪成为独立的行当。一些较大的畜牧场都是由地主、商人等占有，他们成了养猪的大户。之后，这些大户租放猪给一般百姓养，大猪献给原主，小猪归养户。汉代的养猪行业出现了不少养猪能手，如马氏兄弟、公孙弘、孙期、梁鸿等。历史上也有关于养猪的笑话：明朝皇帝姓朱，养猪犯忌，明武宗在正德十四年（1519年）降旨禁养，令人哭笑不得。明武宗还规定百姓一律不能吃猪肉，养猪业一度受到极大的冲击。

崇奉：神农

羊倌

羊倌即放羊的人。农村放羊以老人、小孩为多。赶着一群羊，找一块草地让它们吃草，看似轻松，其实了解这行当的人都知道其中的辛苦。放羊最苦是夏天，羊一年长不长膘，全看夏天的草吃得好不好。夏天放羊又全靠晌午，羊倌有句俗语："打柴一日，放羊一晌。"早上的露水草，羊吃了不好。要使它长膘、不得病，就得吃太阳晒过的焉筋草。可是日头当午，羊也怕热，会互相钻到羊肚子底下躲避日晒，挤成一团，不好好吃草。羊倌自己不但不能躲太阳，还得冒着酷暑赶羊去吃草。可是羊群刚被赶散，不一会儿又挤在一起，羊倌还得不停地赶。烈日炎炎，可想而知，羊倌是多么辛苦啊！在旧时，羊倌给地主家放羊，不让带水，只带着一袋沙面就去放羊了。

当然，如今已完全不同了，放羊人翻身当家做主人，不再受人欺压了。

羊倌（王继青绘）

崇奉：关公

关公（王继青绘）

关公名关羽，字云长，山西解县（今运城西南）人。三国时蜀汉大将。他早年与刘备、张飞桃园结义，共同参与镇压黄巾起义的军事活动，并辅助刘备成就大业。他被封为前将军、汉寿亭侯等职、爵，后在镇守荆州时被吴将吕蒙击败杀害。关羽为人忠直仁义，知恩必报，成为我国古代“忠义”的代表。同时，他又勇猛善战，威震一时，民间长期流传着他温酒斩华雄、过五关斩六将、刮骨疗毒、水淹七军等脍炙人口的传奇故事。关羽被道教奉为武财神，广受百姓崇祀，被尊称为“关公”，历朝皆有加封，先后有“关帝”“关圣”“关圣帝君”“武圣”等封号。

牧牛

牧牛也就是放牛、饲牛，在农村是一个专门的行当，需要有人专心去干。牧牛与役牛不同，不需要技术和气力。因此，这种活计在旧时代多数落在穷人家孩子身上。他们将一头牛或数头牛赶到草坡处放养，或是牵到池塘中洗浴，使牛得到很好的休息和护养，以便翌日的使唤。农家儿童从小与牛打交道，熟悉牛的习性，一边玩耍一边放牛，只要不把牛弄丢，大人从不过问。

人们称放牛的孩子为牧童。诗人和画家常把牧童放牛当成潇洒快乐的事迹写入诗中或画入笔端。放牛的孩子们一旦入诗入画，似乎都成了快乐神仙。但是，只有吃过这份苦的人，才知其中的辛酸滋味。

明太祖朱元璋从小家贫，地无一垄，屋不避寒，从小给地主家放牛。他当了皇帝之后，对此事仍念念不忘，在其所著的文集中说："朕昔微寒，生者为饥食所苦，死者急无阴宅之难。噫，艰哉。"《龙兴慈记》详细记录了他放牛时衣不蔽体、食不果腹以及常常被地主暴打的故事。朱元璋如是，他麾下的大将周德兴、汤和、徐达等也是从小放牛的苦出身。此外，隋代"牛角挂书"的李密、元代大画家王冕、近现代的齐白石，俱是在牛背上长大的。

牧牛

崇奉：牛王

牛王（王继青绘）

牛王也称“牛将军”“牛王菩萨”“牛王大帝”等。远古时，牛被人们尊崇为图腾。古代神话传说中往往把牛尊为天上的“星辰”，说牛以前住在天界，是从天上被贬谪下来的。除了“太上老君骑青牛入函关”和“牛郎织女”等故事之外，民间还流传这样一则故事：牛的前身是天上专管草籽的牛神，因粗心大意不慎打翻了草籽，草籽撒落人间为患，疯长的草覆盖了庄稼和原野，玉帝就罚牛神下凡，为农人耕田犁地，日食青草，草没吃尽就不能返回天庭。可人间的青草又怎么能吃尽呢？可谓“野火烧不尽，春风吹又生”。牛神知道自己已无法返回天界，也就安心地待在人间，任劳任怨替农人出力，与人类成了好伙伴。关于祭拜牛神的时间，各地各民族都不一样。旧时，汉族老百姓一般是在农历三月初三，说这天是牛神诞辰。届时，凡有牛之家，带上祭品，牵着耕牛，并在牛角上挂红、黄、绿三色布条，齐集于村中的社庙，祭祀牛神。而少数民族地区对牛也十分尊重，他们祭牛神的时间各不相同。这些都表现了各地农家对耕牛的爱护和对农业丰收的期望。

马是人类进化过程中最早驯化的动物之一。马被古人奉为“六畜”之首，也正在于此。远古时代，生产力低下，交通和科技都十分落后，马对于人类而言是十分重要的。马的数量也是国家富强的象征，在我国商代至春秋战国时期，马拉的战车对于当时诸侯国之间的征战起着决定胜负的作用。

牧马

中国历代王朝都非常重视对马匹的饲育照料。从商周开始，历代都设有专司“马政”（即有关马的饲养、役用的制度）的官职。牧马者除了国家专门培训的官方人员之外，还有生活在西部地区的牧民。他们生活在游牧地区，牧马是其主要的收入来源——大批的马是用来买卖、交易的。

崇奉：马王

马王神，又被尊称为“马明王”“水草马明王”“水草大王”等。旧时，在一些城市中有马王庙或马神庙，庙中供奉的马王爷赤面多髯，酷肖关帝；一身四臂，持刀枪剑锤；面有三目，中目竖立，威严异常，又肖二郎神。其庙廊楹柱往往有联曰：“蹿山跳涧，如履平地；

马王

追风赶月，日行千里。”这位马王爷相传就是曾在汉武帝时任马监一职的金日磾。金日磾本是匈奴休屠王太子，汉武帝时随浑邪王归汉。汉武帝认为要增强国力，仅仅引进宝马良驹是远远不够的，还必须引进培养宝马的人才。于是，汉武帝看中了极善养马的金日磾，并且让他在汉宫中担任要职长达30年之久。金日磾对于汉朝养马业的兴旺发达功劳卓著，所以死后被奉为中国人的马王。祭祀马王神的日子是农历六月二十三日，据传，这一天就是金日磾的生日。

猎人

从旧石器时期到新石器时期，人类社会的组织形式是以氏族部落为主，即一个氏族在一起劳动、生活、繁衍和发展，后来逐渐由母系社会发展到父系社会阶段。各个氏族基本上是从事渔猎采集来获取生活来源，其中很大部分仰赖于强壮的男性外出捕捉野兽。这些外出捕猎的先民就是猎人的前辈。

猎人是专门从事狩猎野生动物的人，他们捕捉飞禽走兽，剥其皮、食其肉，除一部分自己食用之外，大部分出卖或换取其他生活用品。

猎人长年跋涉于森林、田野，甚至沙漠等地带，十分辛苦，收入又不稳定，这是个苦行当。

随着社会进步，人们保护环境、保护动物的意识增强。有不少动物被列入国家保护的范围之内，捕捉它们是犯法的。猎人们纷纷转入其他行业，猎人行业逐渐被淘汰。

崇奉：孙膑

孙膑是孙武的后裔，是战国中期杰出的军事家。他年轻时曾与庞涓一同学习兵法。庞涓嫉妒其才能，把孙膑骗到魏国。孙膑遭其陷害，被处酷刑弄成残废。后经田忌举荐，被齐王任用为军师。公元前 341 年，孙膑设计大败魏军，庞涓自杀。孙膑由此名扬天下，所著《孙膑兵法》被广为流传。

孙膑（王继青绘）

021

屠夫

屠夫是以宰杀牲畜为业的人。其作业场所称为屠宰场，以此为业的人家，俗称屠户。

屠夫是一个古老的职业。在上古时期，人们集体狩猎，猎物由专人负责宰杀、分割，一部分用于祭祀神灵，一部分烤熟后分吃。专司此职者，不仅要掌握熟练的屠宰技术，而且在部落中有一定权威，大多由大祭司担当此任。后来，人们懂得驯养家禽家畜，为了吃肉食，屠宰日繁，专职屠宰的职业由此产生，原先的大祭司就不必亲自动手宰杀了。

屠夫宰杀牲畜之技要高超，关键是要熟悉其肢体骨骼的结构，则用刀可以恣意挥洒。这是一种既讲究技术，又凭力气的职业。屠夫赚的是辛苦钱，但人们的生活离不开他们。

屠夫

崇奉：陈平

陈平（王继青绘）

陈平是西汉开国功臣，早先家境贫苦，后来从军，在汉军中掌管粮草财务。相传每逢大军得胜，陈平都要携带牛羊、钱粮劳军。陈平一到，杀猪宰羊，全军欢悦。陈平亲自操刀上阵，宰杀猪、羊后，分割肉时，分量均匀无误，深得官兵们的钦佩。陈平因此就成了屠夫行当的崇奉对象。

渔人

旧时，渔人靠落后的生产工具，往返于内河中捕鱼。捕到的鱼，如果离水时间长，便会死去。死了的鱼在集市上要么无人要，要么卖不出好价钱。如果鱼捕多了，卖不出去，自己也吃不了，鱼一死就丢掉，多捕也没用。存不住、养不得，干这一行，从来是吃不饱、饿不死。

渔人行当历史悠久，早在远古时代就出现了。当时捕鱼也是作为日常食物的重要来源之一，而且许多人文历史都与捕鱼密不可分。中国民间长久传颂着“姜太公钓鱼，愿者上钩”的故事。汉代的严子陵垂钓富春江，留下了严子陵钓台的遗迹。就连上海的简称“沪”，也和捕鱼密不可分。这“沪”原是古代打鱼用的工具。唐宋以前今天上海一带的居民多数以捕鱼为生，渔人发明了用竹子编做的网具“沪”（“沪”分上下两节，插在海滩上，涨潮时鱼虾乘潮而来，“沪”的上面一节自然垂下。退潮时，又因引力关系自动竖起，这样鱼虾就被拦在网具内了）。久而久之，这“沪”便成了上海的简称。

如今时代不同了，人们大大地发展了生产力，提高和组织了鱼的

渔人（王继青绘）

产量和调运。各地也出现了无数个养鱼专业户，他们的生活得到了彻底的改善。

崇奉：姜太公

姜太公

姜太公，姜姓，吕氏，名尚，字子牙。传说他是远古时代炎帝的后代，其祖先因帮助大禹治洪水有功，赐姓姜，被封于吕（今河南南阳西），称吕侯。他本人在西周初年官至太师（武官名），也称“师尚父”。因辅佐周武王灭商有功，封于齐，乃周代齐国的始祖。

相传，姜太公从小父母双亡，随姑母到朝歌。十二岁时，姑母家生活十分困难，就让他当了屠夫，在街上卖肉。姜太公根本不会做生意，时常亏损，结果被赶出家门，流落他乡。他很有才华，也常想使自己的学问和本领能得到施展，但在商纣王的统治下，实无可能实现他的理想。就这样，姜太公的大半辈子在默默无闻、穷困潦倒中度过了。

姜太公到处碰钉子，一筹莫展，听说西方的周文王礼贤下士，待人宽厚，求才若渴，于是他来到渭水，在磻溪水边搭了个茅庵，以钓鱼为业，糊口度日，等候周文王，希望有朝一日会得到周文王的重用。不料，经过漫长的等待，姜太公已头发全白，仍然没有等来周文王。最后，姜太公决心做一个无名钓徒，隐遁终生。万万没想到，在他“形如槁木，心如死灰”的时候，某一日，在这山林幽隐之处，突然传来犬吠、马嘶、人群嘈杂之声。姜太公看到一位王者打扮的人来到他身边，此人正是周文王。姜太公虽心中惊惶，但仍表现出异常的从容。周文王是在听闻渭水边有贤者的消息后寻访而来,在和姜太公见面谈话后,敏锐地感觉到眼前这个人正是自己朝思暮想的大贤。在带着姜太公回宫的途中,周文王按照当时优待贤士最隆重的礼节,亲自为姜太公赶马车。

之后,周文王重用姜太公,让他担任大司马,执掌全国的军政要务。姜太公帮助周文王励精图治,整顿政治军事,对内发展生产,使百姓安居乐业;对外征服弱邻,开拓疆土,削弱商朝,使周国日益强盛。

在姜太公的辅佐下,周文王先后打败了犬戎,征服了商的崇国(今陕西省西安市鄠邑区),又把都城从岐山周原迁到丰京(今陕西西安西南)。在周文王晚年,周室势力已逼近商朝国都朝歌,形成"三分天下有其二"之势。周文王死后,周武王(即姬发)继承王位,在太公的辅佐下,最终推翻商朝,建立了周朝,定都镐京(今陕西西安西南),史称西周。

姜太公从钓鱼中锻炼和修养自身,铸就大业。渔人等行业均崇奉姜太公。

人类驯养鸬鹚捕鱼的历史至少有一千多年。唐代大诗人杜甫曾有这样的诗句:“家家养乌鬼,顿顿食黄鱼。”诗中的“乌鬼”指的就是有黑色羽毛的鸬鹚。

鸬鹚,俗称“水老鸭”“鱼鹰”,属于鸟纲,体长可达80厘米,体羽主要为黑色而带有紫色金属光泽。它栖息于河川、湖沼和海滨,擅长潜水捕食鱼类。驯养鸬鹚是渔人的一大发明,体现了古代劳动人民的聪明才智。渔人用一只可开合的铁环或用一条皮带,将鸬鹚颈部系牢,然后驱入水中,任其用喙捕鱼。鸬鹚每每叼到大鱼,因颈部被束而无以吞食,待其上船之后,渔人诱其将鱼吐出,而小鱼则让它自行吃了。然后,又驱之入水,再次捕鱼。如此反反复复,渔人获利,有时还能满载鲜鱼而归。一户渔人,一般驯养十来只鸬鹚,也有驯养四五十只鸬鹚的大户。

鸬鹚捕鱼的技巧非凡,任凭多大的鱼,遇到鸬鹚均在劫难逃。鸬鹚的喙又尖又长,捕鱼时先啄瞎鱼眼,又啄断鱼鳍,然后吞食已失去反抗能力的鱼进嘴,再为主人效劳。若是遇到大鱼,一只鸬鹚无法捕捉,那么其他几只鸬鹚会一拥而上,齐心协力进行围剿,渔人也会抄起渔网上阵助战,因此遇到再大的鱼,都不在话下。

鸬鹚捕鱼

鸬鹚捕鱼是一种古老、原始的行当。如今,在南方的偏远地区,还能看到渔人泛舟驱使鸬鹚捕鱼的场景。鸬鹚捕鱼,如今在有的旅游景区是作为一项表演节目展示给游客。

崇奉:姜太公

二 饮食糖果行业

024

卖包子

卖包子（王继青绘）

“包子”的称谓，最初见于宋代《萍洲可谈》卷一：“宫闱每有庆事，赐大臣包子银绢各千匹两。”原指皇帝赐给臣子的银包。后来，民间将此吉利之语借用到有馅的肉馍称谓上。

卖包子行业存在有字号的店铺，也有没字号的流动小贩。如著名的“狗不理”包子，不仅在天津，而且在全国范围内都很有名。又如上海的南翔小笼包，皮薄汁鲜闻名天下。包子是大众消费品，卖包子者除了有不同民族之别外，还有荤、素分卖等习俗。

崇奉：诸葛亮

诸葛亮

诸葛亮，字孔明，琅邪阳都（今山东沂南南）人，三国时期杰出的政治家、军事家。他辅佐刘备建立蜀汉，出任丞相，总理国家大事。相传诸葛亮征伐孟获时，途中遇上泸江之水波浪滔滔，瘴气弥漫，经月不散。大军受阻，将士多病。当地人认为是泸水鬼蜮作祟，需要用人头祭江。诸葛亮不忍滥杀无辜，遂命士卒和面做饼，饼中包以肉馅，团成人首形状，投掷江中，瘴气始散，大军顺利渡江。因此，卖包子行当崇奉诸葛亮。

卖蟹黄汤包

蟹黄汤包是江苏南京、镇江、扬州、靖江等地的特色点心。镇江“蟹黄汤包”名扬海内外，靖江蟹黄汤包也很有特色。镇江的蟹黄汤包，妙在“汤”上，烹制时先将猪肉皮熬成皮冻，加鲜肉和油炸过的蟹肉、蟹黄成馅。上笼前馅是黏稠状，蒸后则成味汤了。不过这种包子的面皮需要极大的韧性，以免汤汁流出，因此和面不可轻忽。制作时，师傅给每个蟹黄包捏上24道花纹，包口捏成鲤嘴形状。所以有人戏称它是“放在盘里像座钟，夹在筷上像灯笼”。更让人难忘的是：吃靖江蟹黄包时还要做到“轻轻提，慢慢移，先开窗，后喝汤”。吃的时候还不能怕烦，得边吃边品味，那绝佳的鲜味是在汤馅中慢慢散发出来的。要是一口吞下，不光尝不到鲜味，恐怕还会烫着舌头呢！

卖蟹黄汤包行业的人，十分看重其原汁原味的品牌特色，丝毫不能马虎。

卖蟹黄汤包

崇奉：孙尚香

孙尚香是三国时蜀国刘备的夫人。相传，当年刘备在白帝城托孤后去世，身在东吴的夫人孙尚香闻讯万分悲伤。他们当初在镇江报恩寺相会到成亲的情景还历历在目，怎知婚后没过多久就因故分别，而现在刘备竟命归黄泉了。忠于爱情的孙夫人遥望滚滚长江，满含悲伤之情登上北固山，祭拜过上苍和丈夫亡灵后，跳入长江。

后人为了追怀孙尚香的忠贞贤淑，用面包上猪肉茸和蟹肉馅儿的馒头，前往祭奠孙夫人。这种肉馒头味道鲜美可口，引来不少美食家关注。很快，小商小贩模仿其制作方法，使这道蟹黄汤包成了热门食品，从三国时期代代相传至今。所以，卖蟹黄汤包行当崇奉孙尚香。

孙尚香与刘备（王继青绘）

卖烧卖

烧卖是一道很好吃的点心。制作者把肉末和糯米饭相拌，然后放酒、葱、酱油等佐料，拌成馅。用馄饨皮包馅，做成开口形的“小包子”。将这些小包子上笼去蒸，熟后即可吃。

卖烧卖

卖烧卖行当的历史悠久，相传在宋代就已经产生。说是临安城（今浙江杭州）有家饭店经营不善，每天都剩下许多饭菜，老板笛林为此伤透了脑筋。一天，笛老板看着一盆熟肉和米饭，突然心生一计，他叫伙计把肉斩碎倒入饭里，又加上酱油、香料拌成馅，然后包入面皮内上笼去蒸。想不到蒸熟时香气扑鼻，大家一尝，都觉得味道很好。笛老板叫伙计明天一清早就端出去卖。伙计认为这东西是老板新发明的点心，随口就问：“老板，这叫什么名称呢？”笛老板也说不出什么来，只是嗯呀地说了句：“什么名称？烧了就卖！”伙计误听为“烧卖”。第二天一大早，伙计便开始推销“烧卖”。他高声地吆喝：“烧卖、烧卖，烧好了就卖，快来尝一尝啦！”市民不知“烧卖”为何物，都纷纷买了尝鲜，竟都说好吃！就这样，“烧卖”传开了。一个小小的烧卖救活了笛老板的店。之后，笛老板干脆专卖烧卖，饭菜也不经营了。

崇奉：关公

卖饽饽

卖饽饽

饽饽是满语，意为面馍。清兵入关之后，“饽饽”一语也就传入关内。饽饽的面和得较硬，蒸熟后，再放入炉中烤，外皮烤得又薄又脆，吃起来又香又有劲道，是北方民众的喜食之物。它很便宜，又相当普及。饽饽包括面食、糕点、炸食、糕饼等多项产品，硬面饽饽是其中之一。小贩将硬面饽饽、烧饼、麻花、发糕等放入箩箕，顶在头上，沿街巷叫卖。

崇奉：皇太极

皇太极（王继青绘）

皇太极是清太祖努尔哈赤第八子，是清朝历史上一位承前启后的重要人物。他在位的十多年中，统一了整个东北地区，使后金（清朝的前身）获得了与明朝政府相抗衡的实力。1635年，皇太极改族名女真为满族，第二年在盛京（今辽宁沈阳）称帝，改国号为“大清”，年号为“崇德”，在东北地区建立起强大的清帝国。皇太极在满族百姓中有很高的威望，满族不少行业均崇奉皇太极。

卖爱窝窝

爱窝窝（亦称“艾窝窝”）是北方的一种小吃。其来历“相传明世宫中有嗜之者，因名御爱窝窝，今但曰爱而已”（见刘宽夫《日下七事诗》）。它是用蒸得又稠又黏的糯米饭，压成小小的圆饼，放上不同的甜馅，如豆沙、枣泥、糖桂花等。用手抟成球状，个头比乒乓球小些，外边再滚上一层炒熟了的糯米面，最后用手按上一个小坑即成了。过去，专有串街小贩经营这一小吃。他们或是提一挎篮，或是肩挑一副小担子，用极干净的蓝布垫底，漂白细布苫盖，中间码着一个个滚圆的爱窝窝，论个售卖，价格也不贵，尤为没牙的老太太和儿童所欢迎。

崇奉：神姑

神姑是唐代女道士，姓卢，南海人。生得眉长而绿，故名卢眉娘。南海太守以其巧而有神异，献于朝廷，时眉娘十四岁。眉娘聪慧，深得皇帝宠爱，宫内称之为“神姑”，赐金凤环以束其腕。久之，她不愿在宫中，乃度为道士，赐号“逍遥”，放归南海，谓数年不食，常有神人降会。卖爱窝窝行当崇奉神姑卢眉娘。

神姑

029

卖金糕

金糕又称京糕、山楂糕、山楂蜜糕，是一种用山楂制成的风味小吃。金糕健脾开胃，消渴化食，是百姓喜欢吃的大众食品。它亦可作祭祀供果，各大饭庄、餐馆又用作冷拼凉盘。小贩把金糕做好后，放在一个挎篮上，篮上横放一块小砧板，其上铺一块湿白布。金糕放在白布上，红白相映，倍显水灵。出街前，小贩用小刀将金糕切成大小薄厚不一的长条块，再苫上一块湿白布，即上街叫卖。据考证，金糕是满族旗人发明的，随清兵入关，传入中原。

卖金糕

崇奉：皇太极

卖年糕

年糕有南北之分。南方人制作的是水磨年糕，用蒸熟的糯米，经过反复舂打，成形坨坨，再用手工揉制成一块块年糕。北方人把蒸熟的糯米一层层地摊在案板上，每层的糯米糕中夹入豆沙、枣泥、果脯、青丝、红丝等。吃的时候，用刀切成菱形糕片，再撒上白糖食用，给新年带来喜庆。年糕因为好吃、实用，故平时也有小贩推车售卖，打破了一个“年”节的制约。南方卖年糕不用车子，而是挑着一副担子，走街串巷吆喝着叫卖。

卖年糕

崇奉：赵公元帅

卖糖粥

卖糖粥

“桂花赤豆糕、白糖莲心粥。”这是当下在电影电视剧中才能听到的曾飘荡在旧上海街头巷尾的叫卖市声。卖糖粥这一行当一般是挑担子经营。叫卖者的前挑子是一只保温的粥锅子，后挑子放有碗之类的盛具和少许其他干点心（如赤豆糕等）。从业者用一根竹棒一边吆喝，一边敲打担旁一只竹梆子，人们听到竹梆声，就知道卖糖粥的来了。此行当从业者穿着十分整洁、卫生，头戴帽子，必要时还戴口罩。旧时，糖粥颇受老幼欢迎，因其价廉物美、风味独特。目前，此行业已退出历史舞台，留下的只有老一辈人曾有的一段美好回忆。

崇奉：范蠡

范蠡（王继青绘）

范蠡，字少伯，春秋时楚国宛（今河南南阳）人。他是春秋末年的越国大夫，辅佐越王勾践卧薪尝胆，终于吞灭吴国，成功复仇。越王封其为高官，他推辞了，觉得与越王只可共患难，很难与其共富贵。范蠡携妻子到陶（今山东菏泽市定陶区西北）做生意，改名“陶朱公”，并发了大财。相传百年后，他于北邙山（今河南洛阳附近）成仙而去。在道教中，范蠡为文财神，许多做生意的人都崇奉范蠡。

这一行当最早出现于唐朝。白居易有《胡麻饼》一诗，诗中的麻饼好似今日的芝麻烧饼。而经过历代变化、发展，各式各样的糕饼店、糕饼铺、糕饼挑子涌现出来，他们有专业队伍，制作、售卖各式糕饼，创造出无数名牌老字号，也创制出无数的名牌糕点，如大顺斋的糖火烧、稻香村的枣子糕、祥德斋的云片糕、桂顺斋的大八件、杏花楼的月饼等。即使是提篮、挑担卖糕饼的行街小贩，也都各有各的绝活，以赢得消费者的青睐。

卖糕饼

崇奉：闻仲

闻仲（王继青绘）

据《封神演义》所记，闻仲乃是商纣王的太师，本领极高。他掌管五雷，手下有天蓬、天猷、翊圣、玄武四大元帅。四大元帅是雷部主将，合称北极四圣，乃天界主要护法神将。农历六月二十四日是雷祖显示之日，在这一天，道教徒们要在道宫内举行祈福消灾活动，古时候朝廷也要派遣官员到显灵宫祭祀。

相传制作糕点的铛、铲、吊炉、焖炉等工具都是闻仲发明的，糕饼业崇奉闻仲。在清朝、民国时期，每当糖饼行会举行祭祖活动之后，都要演出《摘星楼》《大回朝》之类与太师闻仲有关的戏，以志纪念。

卖馍头蒸饼

据史书记载，人们到汉代才开始食用小麦面粉制成的食品。用于面粉发酵的酶——“发子”，发明得也较晚，到了唐代，人们开始吃发面。之后，花样翻新，发面馍头、花卷、蒸饼等食品才上了餐桌。开一家馍头铺，属于坐店经营，前铺子、后住家，掌柜带家属另加小伙计一二人，就算大买卖了。而古典小说中武大郎的炊饼挑，则属于小生意。

卖馍头蒸饼（王继青绘）

崇奉：赵公元帅

卖缸炉烧饼

缸炉烧饼是江苏地区一道有名的小吃，就连北方客人都称赞其美味。它是用缸炉烤烘玉米饼子而来，烧饼黄焦酥脆，特别好吃。

卖缸炉烧饼

每天清早，小贩在市井街头等热闹地段，架起炭火，吆喝着做起缸炉烧饼，生意一般都很好，一个早晨就能全部卖光。

相传，缸炉烧饼起源于明朝初期。当年，朱元璋占领南京后，率兵“扫北”，所到之处村镇都变成一片废墟。百姓返回家园时，家里已没有粮食，连做饭用的炊具也没了。当时有个叫瞿毛的小炉匠把仅存的一点玉米面取出来，可整个村子连个完整的锅也找不到。怎么做饭呢？瞿毛很聪明，他从废墟里找了两片缸瓦，架起来烧上炭火，用来烤玉米饼子。不料，瞿毛烤出的饼特别好吃，人们称这种饼为“缸炉烧饼”。战事平息后，瞿毛专门买了口缸，凿掉底，反扣过来，在中间架起炭火，做起缸炉烧饼生意。后来，他的生意越做越大，旁人也学着做，于是卖缸炉烧饼成了一个行业。发展到今天，缸炉烧饼成了江苏的“名特优”小吃。

崇奉：关公

卖茯苓夹饼

茯苓夹饼是北京的一种滋补性传统名点。茯苓属多孔菌科真菌，寄生于马尾松或赤松的根部。有安神、益脾、利水、除湿诸功能，治脾虚、失眠、心悸、水肿更佳，对妇女及老年人滋补效用最好。凡去北京旅游、出差等，返程时，多数人都会带几盒茯苓夹饼给亲友尝尝。

卖茯苓夹饼

茯苓夹饼的上下两片形如月、白如雪、薄如纸的面皮子含有茯苓的甘香，其间夹有用核桃和松子的碎仁及蜜饯、蜂蜜等拌和的馅心，吃起来奇香冲鼻，深受百姓喜爱，尤其是受老、幼青睐。

卖茯苓夹饼这一行的历史不长，起源于清末，兴旺于民国。1949年以后，茯苓夹饼品质更上一层楼，作为北京的名特食品畅销全国各地。

崇奉：慧智

慧智是晚清北京香山法海寺的老方丈，有老寿星之称。到底有多大岁数，他自己也说不清了。慧智每天除了坐禅、练功，就是上山采药。他常吃松子，还吃自己亲手烙的茯苓小圆饼。

慈禧太后晚年犯心痛病，御医治疗后并无多大起色。有人向慈禧推荐了慧智方丈，慈禧半信半疑，带了一二随从来到法海寺。慧智见太后驾临，急忙迎接。慈禧说明来意，慧智取出烙制的小圆饼说："老衲平时就常吃自己采来的茯苓制成的饼，它有养老健身奇效。人生在世不求仙，五谷百草保平安呵！”

说着，老方丈已取来自己采集之物给太后看。太后连声称赞，并熟记在心。慈禧回宫后，把御医和御膳房名厨叫来，如此这般一说，限令他们试制出茯苓饼。

自从吃了御膳房制作的茯苓饼之后，慈禧便觉神清气爽，心痛病也没了。太后大悦，重赏了慧智老方丈。而御医研制的茯苓饼制作方法，被载入太医院《仙方册》。

时隔不久，精美喷香的茯苓饼也在民间传开了。原来淡而无味的茯苓饼被聪明的制作者加入馅心，变成了现在的茯苓夹饼了。

慧智（王继青绘）

早餐“四大金刚”，在苏浙沪一带，是指大饼、油条、豆浆、粢饭。中国人尤其是江南一带的人没有早上大口吃油腻肉食的习惯，所以“四大金刚”成为他们早餐的主食。其制作方便，大饼有甜、咸两种，用面弄成圆形烘烤即可食用；油条是用沸油煎炸而成；粢饭是将糯米烧熟；豆浆制作稍显复杂，需将黄豆浸泡，磨研出白浆。早餐“四大金刚”行当既能分列单行，也可联成一体。如大饼夹油条，来碗豆浆；或者粢饭夹油条，配一碗豆浆，这是早餐的最佳搭配之一了。据考，早餐“四大金刚”历史悠久。如油条原名“油炸桧”，据传当年南宋抗金名将岳飞被奸臣秦桧陷害，杭州人民为平愤怒，把秦桧夫妻俩用面粉做成两条人样，放在沸油锅内煎炸，称“油炸桧”。

早餐“四大金刚”（王继青绘）

崇奉：赵公元帅

037

卖春卷

古时候,春卷往往在立春这一天食用,故称“春卷”。

卖春卷

卖春卷的行当早在唐朝就出现了。当时春卷被叫作“春盘”或“春饼”,因为是将面粉精制成薄饼摊在盘中。到了宋朝,由于吃春盘(或春饼)已不仅仅限于立春这一天,而且爱吃的人多,故而民间已出现卖春饼的小贩、店铺,该行当也就顺势而成。

明清时期,经厨师一再创新,“春饼”就成为小巧玲珑的“春卷”了。这时的春卷不仅是民间小吃,而且也成为宫廷名点。在清朝宫廷“满汉全席”108道菜点中,“春卷”也是9道主要点心之一。

从春盘到春卷,前后经历了1300多年时间,如今的春卷与以往的“春盘”已有很大的不同。唐宋时期是“盘装荠菜迎春饼”,就是当时都用荠菜做馅,皮子像薄饼。现在的春卷皮子薄如纸,馅心各异。自古至今,卖春卷行当的生意一直经久不衰,其中一个重要原因是老百姓喜欢吃这样经济实惠、味道又好的点心。

崇奉:赫姑

赫姑,字女君,三国时太原人,后徙居应县。相传,三国魏明帝青龙年间,她与几个邻居家女孩去水边割草,突遇三位青衣童子,告诉她:“东海君欲娶你为妻。”说罢,青衣童子便在水上铺好茵褥,赫姑走上去,同在陆地上行走一样,顺流而下。父母及乡人闻讯赶来,赫姑远远地对他们说:“我有幸成为水仙,没什么值得忧虑的。每年的立春,我会回娘家来的,报知春天到了。”以后每至立春,乡人就立祠祭奉她。

旧时,卖春卷行当的从业者每到立春这天,就会恭恭敬敬地祭拜赫姑,请其保佑他们平安、发财。

赫姑(王继青绘)

卖麻油馓子

卖麻油馓子

麻油馓子是一种油氽面食，制作简单，口味颇佳，颇为市井百姓所喜爱。麻油馓子原名叫“寒具”。我国以前有寒日（清明前三日）禁火的风俗，麻油馓子可以保存多日，是禁火日必备的食品，故名“寒具”。寒具的制作方式已难考证，但李时珍在《本草纲目》中有一段记载可供参考：“寒具，即今馓子也。以糯粉和面，入少盐，牵索纽捻成环钏之形，油煎食之。”

在古代，麻油馓子被列为上等食品，常用于祭祀和待客。如今，麻油馓子大多由苏北人开的点心店制作，因为当地用其作为访客礼品及坐月子的产妇进补的食品。麻油馓子一般浸入汤中泡软食用，也有不少地区称之为“茶食”，说是易消化吸收。

女儿

崇奉：女儿

女儿出身卖酒世家，相传她酿酒的手艺极好。有位仙人喝了她的酒后，便以素书五卷放在柜台上，当作酒钱给她了。女儿打开一看，乃是养性长寿之术。于是她就照书上的内容修炼。两年后，她的容貌便和二十岁左右的人一般。过了几年，仙人又来了，笑着对她说：“学道无师，有翅不飞。”女儿便跟随仙人而去，最终成了神仙。

馄饨挑

馄饨挑

馄饨挑是旧时百姓最常见的行街小贩。挑子的造型独特，竹木支架，挑子一头放炉灶，一头是货物架。三排抽屉，分别放置馄饨皮、馄饨馅、面板、碗筷，最上面是各色调料，像一个活动的小厨房，小贩可以挑上肩头，四处游走。据考，馄饨的历史渊源悠久。《广雅》一书已提到“馄饨”，及至南北朝时，北齐大文学家颜之推曾在《颜氏家训》中写道：“今之馄饨，形如偃月，天下通食也。”由此推算，在1400多年前，就有馄饨在民间普及了。随着时代变迁，馄饨挑已在大城市中消失了，但是另一种形式的馄饨摊出现了。如安徽黄山屯溪老街，当地著名的“吴一担”馄饨挑，其鲜味的馄饨吸引着无数的国内外游客。“吴一担”馄饨挑成了屯溪老街的一道风景线。

祝融

崇奉：祝融

相传祝融是炎帝后裔。祝融的形象十分奇特，虽然长着一副人脸，却是兽的身体。祝融出行的时候乘着两条火龙。他天生能够随意使用火，为常人所不能，因此祝融得到了人们的敬奉，成为火神。凡涉及火的行业，都有祭祀火神的习俗，希望能平安得福。

卖饺子

卖饺子

在中国，特别是在北方，饺子是大众最喜爱的食品之一。逢年过节、迎亲待友，总有一顿饺子要吃。尤其在大年初一，饺子更是一家人团团圆圆的象征。“水饺人人都爱吃，年饭尤数饺子香。”这样，卖饺子的行当应运而生了。

饺子经济实惠，制作方便，很受人们欢迎。饺子因其用馅不同，名称也五花八门，有猪肉的、羊肉的、牛肉的、蔬菜的、三鲜的，等等。此外，因其烧熟方法不同，于是有了煎饺、蒸饺、水饺等。因此，大年初一吃饺子在精神和口味上都是一种美好的享受。

如今，人们的生活水平提高了，天天犹如“过大年”，北方人、南方人都爱吃饺子，卖饺子行当生意兴隆。在超市里，还有各种真空包装水饺等，要想吃了，随时随地都可以买到饺子。

崇奉：苏巧生

饺子源于古代的“角子”。据考，它是由南北朝至唐朝时期的“偃月形馄饨”和南宋的“臊肉双下角子”发展而来，距今已有一千四百多年的历史了。饺子的来历，除史书记载外，民间还有这样一个有趣的故事，说饺子是一位名厨苏巧生发明的。

话说当年有一个皇帝，只顾寻欢作乐，不顾百姓死活，闹得国家贫穷，人民怨声载道。朝廷乌烟瘴气，奸臣得宠，忠良受害。有一

苏巧生（王继青绘）

天，人称“潘坏水”的奸臣对皇上说：“皇上，我听说人若能吃上百样菜，就可增寿延年成神仙。您何不下令在各地招选名厨，让他一日三餐做新式样，吃到百种菜，不就长命百岁成仙了吗？”昏君听了大喜，下令举国招选厨师。

经千挑万选，手艺绝妙的京城厨师苏巧生被选上了。从此，苏巧生凭着自己高超的技艺为皇帝做了各色各样不同的99道饭菜，皇帝也很满意。这夜，苏巧生很高兴，心想：“明天早上再做一道饭菜就可以回家与亲人团圆了。”不料，第二天一早，竟做不出不能重复的第100道菜了，急得他直冒冷汗，弄不好就会丢命的。正在危难之际，苏巧生突然见到菜案上还有昨晚剩下的羊肉和白菜，他把羊肉和白菜一起用刀剁碎，再放了些调料，用白面皮子包了许多小角角，放在开水里煮熟，当作最后一道不知名的菜送上去交差。令人费解的是却得到皇帝的大加赞扬，连连说：“好吃，好吃！”还问苏巧生：“这么好吃的东西叫什么名称？”苏巧生苦笑叹声说：“叫扁食吧。”实际上扁食就是饺子。皇帝吃了这“扁食”竟还要苏巧生留下来，继续做不能重复的另外100道菜！苏巧生不久便偷偷地溜走了。后人为了纪念这位厨师，就学着包扁食（饺子）吃，于是一直流传至今。

041 担担面

担担面在饮食点心中属于小吃的一种。担担面的美味独具特色：面条细薄，卤汁浓香、肉丝酱红、嫩菜翠绿、味道辣咸甜、香气扑鼻。担担面常为筵席上的一道点心，在四川地区广为流传。由于它味道好，现已外传到广东、台湾等地区，那里的担担面也很出名，深受南方吃客的欢迎。

担担面

卖担担面的行当，薄利多销，其历史已有160年左右，生意一直是红红火火的。

崇奉：陈包包

陈包包是四川自贡人。相传陈包包出身贫苦，不善言语，却有勤劳、发愤致富的理想。他从卖面起家，逐渐从走街串巷吆喝叫卖，到专做担担面，并有了店铺。1841年时，陈包包的担担面在当地已出了名。

陈包包（王继青绘）

早年的担担面都是由小贩挑着担子沿街叫卖，担中的铜锅被分隔成两格：一格是煮面，另一格是炖鸡或蹄髈，有人买时，当场调制。当然现在的担担面只能在店铺里买到了，味道依然那么鲜美。

卖云梦鱼面

卖云梦鱼面

湖北有道著名的面点叫云梦鱼面，游客到此旅游，总会捎点晒干的云梦鱼面回家。

云梦鱼面的历史并不长。清道光年间，湖北云梦县县城有位叫孙火良的厨师，在许传发的布行里掌灶。一次烧菜时，孙火良不慎将余鱼丸的鱼肉泥打翻在面糊里了。于是他索性将两者掺和起来做成面条端上了桌。哪知道主人吃了后惊奇地问孙火良："这么好吃的东西从何处来？"孙厨师便信口开河地说："乃我传家手艺做出的，这叫云梦鱼面呀！"主人深信不疑。之后，孙火良将鱼面晒干，用红纸包装，按主人的要求，馈赠商人。从此，鱼面名声大震，竟使布市生意也随之兴隆起来。后来，孙火良干脆辞了职，专门做起了云梦鱼面的生意，再后来，他发了大财，成了当地的富商。

崇奉：关公

卖凉面

挑担子卖凉面的小贩，前面的担子里是一个干净的四方形木盘，上面有一团凉面。这种凉面煮到八成熟后捞出来，用熟油拌好，摊在木盘子上。小贩在没有食客时，用扇子不断地扇风，一则驱赶蚊蝇小虫，另则让凉面不黏坨，待有人买食时，小贩用筷子将面条挑到碗中，浇上酱油、麻油、葱花、蒜汁等，香味扑鼻，清凉爽口，价钱也便宜。在夏天，市井百姓，尤其是干粗活的底层劳苦大众对它格外青睐。卖凉面虽然本小利薄，但简单方便，倒是个便民生财的行当。卖凉面以北方居多，南方人过去吃的阳春面也属于此类行当，经济实惠，并且不受季节限制，终年生意兴隆。

卖凉面（王继青绘）

崇奉：刘太公

刘太公是汉高祖刘邦的父亲。在汉代，人们已开始有吃面食的习俗。刘邦称帝后，其父刘太公过不惯宫廷生活，吵着要回老家去吃家乡的面食。刘邦没办法，为了孝敬老父，下令修建了新丰邑，把乡间茅舍、街巷及酒馆、饼屋等统统搬了进来。老百姓喜欢刘太公不忘本的品德，卖凉面行当则礼拜刘太公，祈求保佑平安、发财。

刘太公（王继青绘）

卖切面

面条是中国人喜爱吃的主食之一。“切面”是南方人对生面条的叫法。用面粉拌水，均匀拌合，适当放入碱，加工成粗细均匀、条长爽滑的面条子。食时，韧而不硬，当然，也可以根据需要把面条煮得烂些。吃时配以各种不同的浇头，佐以酱油、猪油、味精等拌炒或汤料制作，味道特别可口，深受百姓欢迎。卖面条是个薄利多销的行当，而且历史悠久。卖切面行当真正形成是在明朝年间。据说，加工和出卖切面始于江苏南通地区明代抗倭英雄曹顶的发明。曹顶的切面，南通当地人称之为“跳面”。

卖切面

崇奉：曹顶

在明朝嘉靖年间，曹顶于南通城山路旁开了一个面食店，主营面条。当时狼山香火鼎盛，四方香客云集。去狼山必从城山路过，因此曹顶店里生意极为兴隆。曹顶起早摸黑，全凭双手擀面，尽管忙得精疲力竭，仍然供不应求。曹顶边擀面边思考：“如何多出面条，而又不费多大力，以满足香客的要求？”一次，他回家时看到一个村民在铡草喂牛，这件事启发他想出了一个妙招：在特制的矮桌上，系上一根牢固的麻绳结扣，擀面杖在绳扣里，这样举手轻轻揉面，随着麻绳晃动的惯性，身体随之边揉边跳，擀面速度就会大大加快。

由于面条经压制，产生面筋，极有韧性，条条不断，吃起来别有风味。实际上这是切面最原始的制作法。一天，一位顾客吃得特别高兴，问："此面叫什么名称？"曹顶灵机一动，含笑答道："跳面。"

曹顶（王继青绘）

嗣后，曹顶带领南通人民抗倭取得胜利，当地人将"跳面"称为"曹顶面"。此面随曹顶之名载入史册，一直流传至今。当然，如今卖切面行当，其制法已完全不同了。

卖过桥米线

卖过桥米线

过桥米线是一道云南风味的小吃,如今全国各地大小城市都有。卖过桥米线的店家一般在制作上很讲究用料:汤用肥鸡、筒子骨等熬制,另将鸡脯、猪里脊、肝片、腰花、鲜鱼等切作薄片,同时备有韭黄、豌豆尖、嫩菠菜、鸽子蛋等。以大海碗盛汤,加味精、胡椒、熟鸡油调味,汤虽烫却不冒热气。吃法是先将鸽蛋磕在碗里,再把鸡脯、肉片之类氽入汤中,然后放生菜、米线,浇上小麻油、辣椒油即可食用。吃过桥米线除了作料以外,其汤一定要滚烫的。

崇奉:小娇

古时候,有位书生在云南蒙自南湖中的小岛上苦读,废寝忘食,吃的都是冷饭冷菜。日久书生脸色不佳,人一点点消瘦下去了。书生的妻子叫小娇,见丈夫这副样子非常痛心,遂杀了家中的老母鸡,炖了汤给他送去。上了小岛,鸡汤依然滚烫。小娇用滚烫的鸡汤为丈夫烫米线吃。因为她上岛要经过一座小桥,人们就把这种米线称为过桥米线。从此,过桥米线成了一道闻名遐迩的小吃。

卖元宵

卖元宵

元宵又叫汤圆、汤团。它是用糯米面加上各种糖芯子抟制或摇制而成的一种小吃食品。吃之前，放在沸水中煮熟即可。元宵绵软香甜，滑爽润喉，人人喜吃。元宵节吃汤团的风俗，最早见于南宋诗人姜白石一首《咏元宵》，诗中写道："贵客钩帘看御街，市中珍品一时来。"这"市中珍品"即指元宵。到了明代，元宵作为上元节的食品在民间已很普遍。卖元宵的小贩在未出门前，已把各种元宵制好，用湿纱布盖严，放在挑箱内。挑子的另一头，有灶头、锅勺，以及碗、匙等用品。江南一带提起汤团，老一辈人往往会说："'宁波江阿狗猪油汤团'老字号最有名气。"

崇奉：范蠡

卖八宝饭

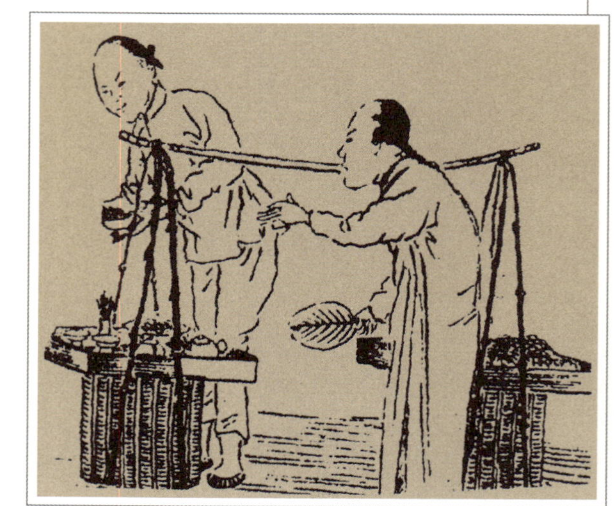

卖八宝饭

卖八宝饭的行当在中国很普遍，尤其在南方，八宝饭更受市民欢迎。八宝饭是甜食中的大件，各地做法不尽相同，各有特色。一般用上等的糯米蒸熟，中间夹着豆沙馅，用猪油拌成圆状，上面放些果仁、红绿蜜饯丝、枣子等。旧时，街面点心铺或市井小贩均有供应。南方人逢年过节，桌面上少不了有一道八宝饭甜点，寓意“甜甜蜜蜜过日子”。

崇奉：肖代

肖代原是清朝末年宫中御膳房的一位厨师。据说，慈禧太后很爱吃八宝饭，肖代专为她做八宝饭，很讨慈禧太后的喜欢。别人看了眼红，不知暗中费了多少心机，总想把八宝饭做得比肖代高明，可是一个个都落空了。同行是冤家，肖代免不了被人暗算。有人向太后耳朵里吹进了不少流言，说肖代的餐具不够卫生，用料搭配不合常情，背后对太后不敬，等等。最后，肖代终于失宠，被逐出清宫，流落江湖。

肖代身怀绝技，不甘沦落。他流浪在江陵一带，巧遇荆州聚珍园餐馆老板。两人相见如故，老板为肖代鸣不平，并愿重金相聘。于是，肖代决心在荆州地面重新闯出一条路。他潜心设计，精心制作，改良馅料。不久“荆州八宝饭”问世，声名鹊起，远近知名人物无不争相前来品尝曾在御膳房效力过的名厨手艺。聚珍园每天生意红火。据说,有一位朝廷命官,从辽宁一路巡访来到荆州。地方官设宴相请,他们极力推荐“荆州八宝饭”。这位朝廷命官尝了八宝饭后,大叫“好!好吃!”并即席赋诗一句:“辽沈无双味,江陵第一园。”当聚珍园老板和肖代师傅一起出来相见时,京官才恍然大悟。

卖及第粥

卖及第粥

及第粥在广州一带很有名。广州地方粥品向以多样见称。据统计,按不同的粥底、火路、肉类来分,粥品竟达84种之多,花样颇多,但人们喜爱的还是及第粥。它已形成一个独特的行当,并且久盛不衰。

及第粥是“三元及第粥”的简称。按照封建时代的科举制,三元是乡试、会试、殿试分别取得第一名的解元、会元、状元的合称;也有人把殿试前三名的状元、榜眼、探花合称为三元,而把第四名叫作传胪。及第粥之名是后一个“三元及第”之意。

原来,及第粥用料有三:一是猪肉丸。丸与元谐音,寓为状元。二是猪肝。据说,初创时本用的料是牛榜(牛脾),是榜眼之意,后因牛榜韧而无味,处理又极难,遂用猪肝代替。三是猪粉肠。粉肠本与探花无关,但只要把它切成小段,又在外缘加切两个刀口,煮熟后便成肠花,是象征探花的名堂了。这些似乎有牵强附会之意,但及第粥取名吉祥,味道可口,仿效的人很多,形成一个专门的行当。卖及第粥的生意很好,从业者互相间竞争,促进了它的发展。

崇奉:范蠡

卖粽子

卖粽子（王继青绘）

粽子是用粽叶包裹糯米和枣子、赤豆、猪肉等，包成三角形或枕形，而后用麻绳或线扎牢放入锅内煮，熟后食之的一种传统食物。男女老幼都喜爱吃。每年端午节，许多人家都要自己包粽子食用。平时，在市井的小食店也有粽子售卖。旧时还有一种行街小贩，走街串巷地吆喝卖粽子。粽子较有名的有嘉兴的五芳斋粽子、湖州的诸老大粽子等。吃粽子、卖粽子这一习俗，是人们为纪念我国古代伟大诗人屈原而发起的。如今中国的端午节，已成为国家的法定节日。

崇奉：屈原

屈原

屈原，名平，字原，战国时期楚国贵族、大诗人，代表作有《离骚》《九章》《九歌》等。他曾主持楚国政治，因遭谗害而去职，后被流放，他投汨罗江自尽。楚国人不忍屈原魂魄离去，遂驾轻舟一直追至洞庭，这也是年年赛龙舟的起源。人们说龙舟可以驱散鱼鳖，以使屈原灵魂不惊。同时，人们还向江中抛掷粽子，供鱼鳖食之，用以保护屈原的尸身完整。屈原是农历五月初五投江，故民间以这天为纪念日。

爆炒米花

爆炒米花者挑着一副担子，前头放着手摇的铁制椭圆压力锅子，摇手柄处装有计时器，掌握爆炒米花时间；后头放的是风箱、木箱，装有煤块之类的燃料。他们手中以摇铃为先导，走街串巷，嘴中不断吆喝。爆炒米花者一般以夫妻俩为搭档，男为主角，女做下手。他们除了爆炒米花，还爆黄豆、蚕豆、玉米等。有点年纪的人，几乎都吃过爆炒米花。这个行当现在还能见到。

崇奉：九天雷祖

九天雷祖是道教中主雷雨之神，而且扩大到掌物掌人，道观中多供奉雷祖。

九天雷祖

米粮店

米粮店在江南一带较多。南方人与北方人的生活习惯有差异，因而口味也不同。南方人一般以米饭为主，北方人则以面馍为主。旧时封建社会的农村，农民种粮食基本上是自给自足，不去市场交易。俗语讲："家中有粮，心中不慌。"到了明末清初，精明的商人用银两换取农民手中多余的粮食，同时，农民也需要现银去购买生活用品来改善生活。还有人专门去农村采购粮食，在城镇出售，赚取利润，米粮店行当由此而来。

米粮店（王继青绘）

崇奉：赵公元帅

卖凉粉

卖凉粉（王继青绘）

卖凉粉一般在夏季，卖凉粉的小贩有推小车和挑担子的两种。推小车的，在一辆平板车上放着一大坨用白布盖着的凉粉坨，客人来了，用带齿的刮刀，刮下坨上凉粉，再放上各种佐料，交付食客。挑担的，则是用一个木桶，内装有冰镇着像蝌蚪一样的凉粉，当有买主时，小贩用一木勺从桶内盛出凉粉，再调入各种调料就能吃了。还有一种用荞麦面做的凉粉，是用刀切成菱形薄片，加入佐料，吃的方法与前述相同。卖凉粉行当在旧时以北方人居多。现在，南方人也喜欢吃凉粉。

崇奉：赵公元帅

卖松花粉

卖松花粉

松花粉是制作糕点等干点的辅助作料。松花粉平常多和入米粉中为糕干，名叫“松花糕干”。糕店做小麻糍如鸡蛋大，中裹糖馅，外涂松花，名叫“松花小鸡”，小孩特别喜欢吃。一般老百姓家则用以和糯米粉，搓成小团，加糖，味最香滑，俗称“松花团团”，南方苏浙一带叫作“米鸭蛋”。若长条摘成小块，不搓圆者，名曰“毛脚团团”。

陈年松花粉还有在夏日用以扑小儿身体、治痱子的功能，颇受百姓喜欢。周作人在《知堂谈吃》中说：“山松春花，黄细如粉，樵采，入面粉，清香仙家味。”松花粉，一般是当地山民或农民上山采集，小商小贩收购，稍加工后卖给糕团店和百姓等。

崇奉：利市仙官

利市仙官（王继青绘）

利市仙官是民间流传的一位小财神，据《封神演义》中说，他是大财神赵公明的徒弟，叫姚少司，被姜子牙封为迎祥纳福的利市仙官。所谓“利市”，在俗语中是走运、吉祥之意，如“讨个利市”多见于古典白话小说。利市又指做买卖所得的利润，古人曰“利市三倍”，形容做买卖获得厚利。卖松花粉虽说发不了大财，但他们图的是日久累积成大利。于是他们崇奉利市仙官，每年阴历新年，必将利市仙官像贴在门上，以图吉利、发财。

054 烘山芋

烘山芋（王继青绘）

烘山芋是南方人的说法，北方人则叫烤白薯（即山芋，又称甘薯、红薯、白薯、番薯、地瓜、红苕等）。在城镇中，一到山芋上市，便可以见到此行当。小贩在一只用废铁皮油桶改制的烘炉炉膛内，整齐地放着洗干净后烘熟的山芋，吆喝着路人来买。另外，北方还有专卖煮白薯的小贩。巨大的铁锅，起码能煮上数十千克的白薯，隔夜加水沸煮，到一定火候，改微火焖煮，俗语叫“焐白薯”。第二天出锅，深受平民喜爱。

崇奉：福神

据《三教源流搜神大全》记载，福神相传是汉武帝时道州刺史杨成（历史原型应为唐代的道州刺史阳城），道州的人个子矮小，当时外地人都称之为道州矮民。汉武帝非常喜欢这些矮小的男人，每年都从道州挑选数百名充作官奴，供他奴役。杨成做了刺史后，上奏汉武帝：“本土只有矮民，没有矮奴。”武帝这才有所悔悟，不再令道州上贡矮民。杨成能为平民百姓请命，老百姓把他视为福神。烘山芋行当崇奉福神，祈望能保佑财源不断，安然从业。

福神（王继青绘）

055

切薯干

甘薯（山芋）除了熟吃、窖藏之外，多余的切成条、片，晒干收藏，或是磨成粉面收藏。因为其工作量大，于是乡镇间就出现了一种以切薯干为职业的行当。从业者在秋季甘薯丰收时出现。一个人肩扛一条长板凳，板凳一头牢牢固定着一把小铡刀。此刀的把柄是竖着的，与刀背呈直角，便于操作人用手把握。切薯人走乡串巷兜揽活干，遇到有要切干晾晒薯干的，放下条凳、骑坐上去，一手操铡，一手续薯。50多千克甘薯很快完成，费用是以切的薯堆大小计算，这叫“估堆不论斤”，也是一种交易方式。干这行当的人很专业，季节一过，他们又干起切笋片、切白芍或到药厂、药铺切药材等活。南方地区在过年时，切水笋的生意特别好。

切薯干

崇奉：关公

卖胡萝卜

卖胡萝卜（王继青绘）

胡萝卜是从伊朗引进我国的——13世纪时，伊朗的胡萝卜经西域进入中国。

胡萝卜味甘，性温，无毒，内含丰富的矿物质元素及大量的胡萝卜素。食用它可防治夜盲症、肺病，还能降低血糖。因此，胡萝卜一传入中国，就成为百姓喜爱吃的蔬菜。明代医学家李时珍品尝它时，觉得有一点点萝卜味，因当时的伊朗被称为“胡地”，故称它为“胡萝卜”。

明清之后，卖胡萝卜行当十分普遍。农人、小贩挑着担子，走街串巷吆喝叫卖胡萝卜。

如今，人们生活水平大大提高了，吃胡萝卜对防病健身很有好处。据专家研究，胡萝卜对高血压、肾脏病有一定疗效，还有增强人体免疫力及美容的功效。最新发现，胡萝卜对癌症有一定的预防作用。胡萝卜全身都是宝，其销路步步升高。

崇奉：关公

卖鲜藕

鲜藕是众人喜欢吃的食品，它不单可生食，也可熟煮成许多美味的点心（如桂花糖藕），还能制成藕粉（如全国闻名的西湖藕粉）。藕的营养价值高，能通心理肺、清心明目等，卖鲜藕的行当有利可图。采下的藕，多是由菜农、小贩挑入市井去卖。上市早的能卖个好价，为的是“尝鲜”。待秋后采摘的藕老了，只能贱卖了。

卖鲜藕

崇奉：何仙姑

何仙姑是传说中的八仙之一，是吕洞宾的弟子。相传她是唐朝人，广东增城县何泰之女。据说，何仙姑出生时紫气绕室，头顶六根毫发。三岁得吕洞宾仙桃一颗，吃了以后，她始终不饥不渴。后又梦见仙人教她吃云母粉。从此，她立誓终身不嫁。何仙姑常来往于山谷之间采集山果供母食用。她身轻如燕，令人叫绝。武则天

何仙姑

曾出重金聘请她入宫，她在应召赴京的途中不见了，没有人知道她的去向。说是吕洞宾召了她去，并传授其修身之道，又让她服下金丹，并将她引荐给汉钟离。此后又带她入蓬莱去见木公、金母，金母就收她为徒，她遂成为仙人。

煮玉米

玉米亦称苞米、苞谷等，早年间，尤其在我国北方是日常食用之物。每年立秋前后，新鲜的嫩玉米刚一上市，城里的小贩就将其煮熟，放在保温的木桶内，上街叫卖。因其价廉物美，备受市井妇孺欢迎。随着时代发展、人民生活水平的提高，玉米成了现在大城市中的“绿色食品”，备受欢迎。

煮玉米

崇奉：贾思勰

贾思勰

贾思勰是我国南北朝时北魏农学家，当过高阳郡（今河北境内）的太守。他所著的《齐民要术》是我国现存最早、最系统的完整的农业科学著作，也是世界上最早的农业科学著作之一。贾思勰对我国的土壤改良、种子改良、桑蚕技术等农业生产作出了巨大贡献。中国许多农村地区都崇奉贾思勰，以求丰收、求平安。

金针菜是由小商小贩专卖的。他们在卖金针菜的同时，还附带卖香菇、青菇、蘑菇等之类的菌菇。卖金针菜的生意在逢年过节时最好。

我国种植金针菜已有两千多年的历史。金针菜又叫“萱草”。因其外形似针，故俗称金针菜。因其花蕾色泽金黄，故也称“黄花菜”。每年5月，当花蕾含苞待放时采下，经过蒸晒、烘干，即可食用，其中以金黄色者为最佳。

江苏淮阴地区是金针菜的盛产地，这里的金针菜，角长、肉厚，味道鲜美、营养丰富，其品质之优居全国之首。宿迁丁嘴乡和泗阳三庄乡出产的金针菜最为名贵，被人们称为“丁庄大菜”，以条子整齐肥壮、色泽新鲜金黄、烹饪佐膳味美、入药效果理想而获得盛誉。

崇奉：何侯

何侯（王继青绘）

何侯，又名真元。尧帝时隐居在深山老林中，他有三子十孙，年龄都在百岁以上。传说何侯和众子孙长年吃黄花菜，身体强壮。一次他遇见一位黄衣真人，领他到了无为洞天，游览仙境。回来后，便开凿了九眼井，用井水炼丹。帝舜南巡时曾到过他家中，他用黄花菜招待了帝舜，受到称誉，并封他为何侯。据说是他把黄花菜的籽带出山林，传遍神州大地的。后来，何侯于农历七月初七把仙药扔入酒中，聚族欢饮，全族三百余口都得以升仙而去。

卖山野菜

卖山野菜的小贩头脑活络，他们瞄准城里有钱人吃腻了山珍海味、时蔬鱼肉，若用乡村山野的野菜出售，定有市场。新春到来，三四月，小贩们来乡间觅到野地里长的龙须菜、苋菜、芦笋，山上长的香椿芽、紫荆芽，池边新柳的嫩芽、篱畔紫藤花等，皆可依时令采之或收购。小贩将这些拿到城里叫卖，口里喊着“尝鲜儿”。人们都叫他们是“卖野菜的”。这行当的小贩们与别人不同，虽说也是挑筐挑担，但穿戴十分整齐，蓝布衣褂、青洒鞋，挑子里的山蔬野菜，虽说不太值钱，但它的销售对象是“大宅门”，卖得贵，也能赚钱。卖山野菜是清朝、民国时期北方城市中独有的行当。赚这种钱，最重要的是要仪容得体，不招人讨厌。如今，时代变化，不少野菜已被端上百姓餐桌，美其名曰“绿色食品”，如南方的马兰头、野荠菜、野草头（苜蓿）等，销路很好。

卖山野菜

崇奉：关公

卖花生

花生，又名落花生、长生果。炒熟后，剥了壳的叫花生米、花生仁；没去壳，囫囵的叫花生果，干瘪的叫半空儿。炒花生米包好了在食品店、小酒铺里卖，供人零食、下酒。而带壳的落花生，则多是串街小贩背着一个大口袋，左手拿着一柄响锏，右手操一小铁棍，轻轻一划，铁锏发出“噌噌”的响声，一听便知是卖花生的来了。遇到买主，他们用瓷碗盛着卖。据考，花生是在清康熙初年，僧人应元从日本觅种寄回。中国福建、山东等地盛产花生。浙江新昌的小颗花生果饱满、特香，颇受大众的欢迎。

卖花生

崇奉：赵公元帅

卖火腿

卖火腿（王继青绘）

火腿行业的历史已有900多年了。火腿是老百姓喜爱的食品之一，中国的火腿闻名世界。主要品种以“金华火腿”“云南火腿”等最出名。尤其是“金华火腿”在1915年在巴拿马万国博览会上荣获商品一等奖。

浙江金华地区出产的火腿，制法完备精细，色、香、味、形俱全。明末清初，火腿就有相关专卖店。肉铺店、菜市场等也均有火腿销售。逢年过节卖火腿的生意更是红红火火。

腌制的猪腿为何会叫“火腿”呢？原来，宋高宗赵构南渡时，金华府曾以义乌县腌制的咸猪腿肉犒劳军队。将士们品尝到这种芳香味美的肉食，都赞不绝口。后来，这咸猪腿肉进贡给高宗品尝，也大获赞赏，高宗问下人：“这咸猪腿肉叫何名称？”拍马屁的官员乘机说：“还没名称，这不就等皇上您赐名吗？”高宗大悦，见割开的火腿肉质鲜红似火，便即命名为“火腿”。出自金华的就叫“金华火腿”，出自云南的就叫“云南火腿”……

卖火腿行当，如今已在全国遍地开花，而且中国火腿早在清末就远销日本和东南亚各国。

崇奉：关公

卖东坡肉

卖东坡肉（王继青绘）

卖东坡肉行当一般在杭州一带。东坡肉肥而不腻，红酥喷香，尤其去杭州游览时，东坡肉便是杭菜之首选了。

东坡肉的制作方便、简单，关键是功夫要到家。卖东坡肉的商贩将带肥膘的猪肉，一概切成方块状，入锅出淌白水，捞起。再入锅，放酒、生姜、酱油、茴香等佐料，耐心焖烧，待肉出锅时香气扑鼻、浓油赤酱，引得食客欲罢不能。

自宋朝以来，杭州许多大菜馆均以东坡肉为招牌菜揽取生意。现在，商家用现代科技把东坡肉真空包装，远销国内外，赢得消费者的青睐。

崇奉：苏东坡

东坡肉顾名思义，与宋朝的大文学家、大诗人苏轼（号东坡居士）有关联。据史载，苏东坡曾做过杭州地方官，从政期间为老百姓做过不少好事。他致力于疏浚西湖，改善生态环境，给后人留下了一块游乐宝地，而且用湖水灌溉农田，解决了不少杭州民众的吃饭问题。百姓感念苏东坡的好处，逢年过节挑担送礼给他。盛情难却，苏东坡不好完全拒绝。于是，回绝其他礼品，只收猪肉。苏东坡收下猪肉后，命手下差役将肉烧制成块形的红烧肉，然后按照疏浚西湖的民工花名册，挨家挨户送肉一份，让大伙共度新春佳节，与民同乐。杭州百姓无不争夸父母官，便把他送来的肉叫作“东坡肉”，

苏东坡

以示爱戴之情。

不久，杭州有家大菜馆首先推出了“东坡肉”，果然一炮打响，人人争相前往品尝红酥酥、香喷喷、方方正正的大块肉。菜馆一天宰杀十头大肥猪，还供不应求。别的菜馆争相仿效，兜揽顾客。后来同行公议将东坡肉列为杭州名菜首位。不料，有个奸佞小人很嫉妒，为了陷害苏东坡，便将菜名呈给皇上过目，奏曰：苏轼为官不正，杭民恨他，人人争食东坡之肉。昏庸的皇帝就把苏东坡贬谪到海南。但杭州人民永远怀念东坡功德。东坡肉至今享有极高的声誉。

卖猪头肉

烹饪猪头的习俗源之久矣。上古祭祀礼仪中，猪头便是“三牲”之一，与牛头、羊头一起，代表丰厚的礼品供奉上苍和祖先。牛代表力量，羊代表鲜味，猪则代表膏腴和丰收。它们合在一起，展示部落的兴旺发达。随着时代发展，有一些商贩开始以熏制猪头肉为业。这一行是在家中制作，下午挑担子出街售卖。一头箱笼中装有熏制好的猪肝、猪肚、猪头，另一头有案板、肉刀、作料、灯笼。至晚上，在灯影下看秤，现切现卖，用荷叶打包，别有风味。

卖猪头肉

崇奉：关公

065

卖夫妻肺片

提起夫妻肺片，在四川地区家喻户晓。夫妻肺片以其色泽红亮、软糯适口、片大而薄、麻辣鲜香为人们所喜爱。

卖夫妻肺片

夫妻肺片是川中名菜，常用作高级宴会的冷盆。它由精选的牛心、牛胃、牛舌头和牛头皮卤制而成，虽然牛肺现已不再使用，但因其名称由来已久，故一直沿用。

夫妻肺片从一道凉拌菜，如今已发展成一个专门的行当，四川、湖南、贵州等地区，乃至各大城市的小吃、排档、饭店、酒家等都有卖夫妻肺片的。卖夫妻肺片的生意虽小，却很受百姓喜欢，销路很好。

崇奉：郭朝华夫妻

郭朝华夫妻是四川成都少城人。相传在20世纪30年代，这对夫妻制售一道凉拌菜牛肺片，成本低，味道好。一开始，他们没有店铺，只是走街串巷、提篮叫卖。由于他们制作的凉拌牛肺片风味独特，人们为了把他们的肺片与别家学样制作的摊点区分开来，就称其为“夫妻肺片”。后来他们改为店铺经营，在用料上也日益精进，逐渐以牛心、牛胃、牛舌头和牛头皮等取代最初的牛肺。这种改进后的制作方法一直流传至今。

由于夫妻肺片的名气与日俱增，许多小贩、店铺等从事这行当的，纷纷打出“夫妻肺片”的旗号，这样，一道凉拌菜就发展成了一个独特的行当了。

卖涮羊肉

涮羊肉又叫“羊肉涮锅”，最早起源于南北朝时期的中国东北和蒙古高原等边疆少数民族地区。当时吃法简单，只不过是“煮羊肉”而已。到了北魏时期，才出现了用铜锅煮汤，将薄片的羊肉烫煮的饮食风气，简称为“涮锅”，仅在少数民族地区盛行。至清朝时，卖涮羊肉的店铺已在汉人中流行，而且发展到南方地区的老百姓也喜欢吃涮羊肉，并且伴有丰富多样的调料。“涮羊肉”最终成为中国美食苑中的一道鲜菜，受到人们的普遍喜爱。

崇奉：忽必烈

忽必烈（王继青绘）

涮羊肉的来历传说和元朝开国皇帝忽必烈有关。

相传，忽必烈当年率军南征，有一天经过一场激战，人饥马乏。忽必烈下令宰羊烧水准备吃饭。就在此时忽然探马来报，敌军大队人马冲上来了！这时，做清炖羊肉根本来不及了，厨子急中生智，飞快地把羊肉切成薄片，放在开水锅里搅拌几下，等肉的颜色一变就捞在碗里，撒上葱花、姜末。忽必烈一尝，觉得味道不错，大口吃了起来，吃得浑身冒汗，热乎乎的。饭后忽必烈精神抖擞，上马指挥迎敌，打了胜仗。后来忽必烈南征大胜，登上元朝皇帝的宝座。一日突想起军中旧事，便下令御厨如法炮制当年的羊馔。御厨明白饥饿时才感到味道特别鲜美，眼下是每日三餐都是山珍海味，再吃那种羊肉片还会有什么好味道？厨师们斟酌再三，改进方法，将羊肉精心切成特薄的片，在开水中烫熟后，拌上鲜美的佐料，献给皇帝。忽必烈吃了，还觉得味道鲜美，便问厨师这道菜的名称。厨师想了想，答道："这叫作'涮羊肉'。"忽必烈点头称赞道："好！太好了！"以后，卖涮羊肉的行当人，便崇奉忽必烈。应该说，发明"涮羊肉"的人，实际上是少数民族的劳动人民。

烤羊肉

我国驯化野羊、畜养羊只、食用羊肉的历史可溯源至上古时代，至少有五千多年的历史。凡与味美有关的字，亦多能见到羊的影子。例如赞扬味道的“鲜”“美”“善”，珍贵菜肴的“馐”以及垂涎羡慕的“羡”等。可见，古人对羊和羊肉充满崇拜之情。

烤羊肉有多种吃法，吃法之一是烤全羊，把一只整羊用一木杠串过体腔，横架在柴火中反复烘烤，熟后，用刀切割食用；吃法之二叫片儿烤，把精选羊肉切成薄片，再用酱油、黄酒、糖、盐、茴香等调料拌好腌渍，用平铛或铁丝笼上烤炙时，再放葱、姜丝，用筷子随烤随翻，肉片一变色夹起就吃。还有一种吃法叫“拆烤”，这是行街小贩们的一种生意。他们在小炉子上加一个大膛的套桶，桶内的铁屉上拷着拆开的羊肝、羊肋、羊排等。顾客任选，烤熟出炉，再用麻绳挂好，另配一小包香盐佐料。新疆风味烤羊肉串也属这一行当吧。

烤羊肉（王继青绘）

文子（王继青绘）

崇奉：文子

文子，相传为晚周时道家隐士。据《历世真仙体道通鉴》卷四记载，其人姓辛名钘，一名计然，葵丘濮上人。其先人为晋国公子，学道于老子。楚平王用其所言道德，“匡邪以为正，振乱以为治，化淫败以为朴，淳德复生”，而天下大治。后来，文子隐于吴兴余英禺山（在今浙江武康境），相传登云升天。唐玄宗封其为“通玄真人”，世传有《文子》一书，诏称《通玄真经》。

卖狗肉

卖狗肉

狗被人驯化为家畜，已有七千多年的历史。据记载，我国的狗种类很多，其用途大致有三种，一是田狗，善猎；二是家犬，防守门户；三是食犬，体肥供杀食。古人食用狗肉有悠久的历史，古有“无狗肉不成席”之说。周天子曾以狗肉供奉先灵，可见其名贵。古时，亲朋家生了孩子，贺喜者送的礼品中必有狗肉。李时珍《本草纲目》记载，狗肉有“安五脏，……宜肾补胃，壮气力，补五劳七伤”的功效。故而不少地方均有卖狗肉的行当，有店铺、有小商小贩。狗肉的做法有五香、红烧、腊腌、白切等。北方、南方民间都有喜食狗肉的习惯。尤其是江苏各县城、乡村特别爱吃狗肉。卖狗肉最有名的是江苏沛县，据《史记·樊郦滕灌列传》记载：“舞阳侯樊哙者，沛人也。以屠狗为事，与高祖俱隐。”张守节《史记正义》注称：“时人食狗亦与羊豕同，故哙专屠以卖之。”

崇奉：樊哙

樊哙（王继青绘）

樊哙与汉高祖刘邦是同乡，均为江苏沛县人。他少时家贫，以屠狗为业。刘邦为布衣时，常邀好友前往樊哙的狗肉店品尝狗肉，从此两人遂成好友。后来，吕氏两姐妹分别嫁给刘邦和樊哙为妻，两人又成为连襟。刘邦自沛县起义后，樊哙跟随刘邦打天下，为西汉开国功臣。由于有过樊哙屠狗、刘邦吃狗肉这段故事，江苏沛县的狗肉闻名天下。

卖白果烧鸡

卖白果烧鸡（王继青绘）

白果烧鸡是四川成都青城山和都江堰地区的传统名菜，也是青城山特色道家菜。正宗的白果烧鸡卖得红红火火，江浙一带大菜馆引进了这道名菜，销路也很不错。

白果烧鸡这道菜，以嫩母鸡为主料，配以白果和多味调料烧制而成。它的特点是色泽淡黄，软熟适口，与众不同，汤汁浓白，口味醇鲜，鸡肉鲜嫩，白果微甜，令人赏心悦目。食后还有生津润肺、止咳化痰等功效。到四川青城山旅游，差不多每个游客都会去品尝这道名菜。不少商家、小贩为赚钱，成了卖白果烧鸡的专业户，这也是一个比较特别的行当了。

崇奉：天师洞道士

天师洞道士（王继青绘）

青城山为中国道教的圣地之一，其风景优美，古迹甚多。山上有许多数百年以上的银杏树，果实累累，且极少污染，是药食兼用的上乘之品。这里的道士经常就地取材，用白果烹制出美味佳肴。

相传，在清朝末年，青城山天师洞一位年高的道长久病不愈，日益病重，众道士十分着急。突然,一位中年道士想起青城山上有一棵银杏树已有五百多年的历史,所结白果大而结实,药效一定非比寻常。于是,他马上取了此树上白果,同嫩母鸡一起熬汤,用文火炖煮后,给道长食用。果然,道长连服月余,病情好转,逐渐恢复了健康,比以前越发有精神。从此,白果烧鸡便闻名蓉城乃至整个四川地区。制作白果烧鸡这一款特色名菜也有了专业户。

卖叫花鸡（王继青绘）

在江浙一带，卖叫花鸡的商贩不少，尤其是在江苏的常熟。

叫花鸡又名“煨鸡”，其名称虽然不雅，却是誉满海内外的一道名菜。叫花鸡有特制的工序，宰鸡后去内脏，稍加调料，鸡毛不除，用泥将整鸡和毛裹上泥巴放进火中煨烤，等到泥烧得干裂了再敲去泥壳，鸡毛也随着泥壳脱落下来，此时的鸡，又香又酥，味道好极了。

崇奉：钱谦益

钱谦益（王继青绘）

钱谦益是明朝大学士，这一年被削职后隐居在常熟虞山。有一天，他散步至虞山脚下，闻到一股香味，他好奇地想看个究竟。只见一个叫花子狼吞虎咽地在吃鸡，他既无炊具又无调料，是如何弄的？钱谦益问了这个叫花子。原来，叫花子杀好鸡去内脏后，连鸡毛沾上泥巴，用枯树枝点火烤熟。钱谦益向叫花子取了一块鸡肉品尝，发觉鸡肉味道的确独特好吃。钱谦益回家后命家人稍加调料，如法炮制了一番。过了几日，江南名妓柳如是从松江专程来钱府相亲。钱谦益设宴款待，其中就有一道菜叫花鸡，只见鸡酥烂脱骨，且香气四溢，令宾客赞许不止。钱谦益满面春风地问柳如是：

"虞山的风味如何呀?"柳氏高兴地用象牙筷指着叫花鸡说:"宁食终身虞山鸡,不吃一日松江鱼。"柳氏问明缘由向钱谦益说:"那不是叫花鸡吗?"他高兴地说:"对!对!"说毕,钱谦益当场命名这鸡为"叫花鸡"。

卖茶叶蛋有两种形式，一种是在摊前置炉火，用陈茶加入酱油、八角、茴香、桂皮、丁香和蔗糖等辅料与水，现煮现卖，购食者买来就吃，图个热乎；另一种，小贩拎一瓷质的提盒（后来用搪瓷等盛器），内装已腌制好的茶叶蛋，走街串巷边走边吆喝。茶叶蛋既可冷食下酒，也可热食下饭，更可以作为小吃、零食，晨为早点、晚为宵夜，不早不晚，随手打尖。无论是学子职员、贩夫走卒，途中腹饥，在路边买得一两枚，顺手剥壳放入口中，其味鲜美，价格便宜，故一直留于世间，受众人喜爱。

也有一些卖茶叶蛋的人，看中南方人有吃“喜蛋”的习俗——喜蛋是没有孵化出、死在蛋中的半成形的小鸡胚胎——他们用制茶叶蛋的方法制成“喜蛋”，既有营养价值，又有治头痛的功效。

卖茶叶蛋

崇奉：范蠡

卖烤鸭

卖烤鸭（王继青绘）

卖烤鸭的行当，早在中国南北朝时已形成。当时的烤鸭叫“炙鸭”。南宋时，“炙鸭”已为临安（今浙江杭州）“市食”中的名品。那时，烤鸭不但已成为民间美味，同时也是士大夫家中的常食。

烤鸭的烤制，分明炉（即挂炉）和闷炉两法。一般我们常见的是挂炉烤制，包括著名的北京“全聚德”烤鸭，都用此法。用明炉烤出的鸭子，表面色泽金黄油亮，皮酥香而肉细嫩，别有一番鲜香美味。烤鸭的吃法也很讲究：先用利刃将其削为薄片，在烙制好的荷叶饼上涂甜面酱，然后放上香葱、蒜泥、烤鸭片等卷而食之，香美之极。闷炉烤制出来的吃法有些不同。广东潮州等地区的家庭聚会将烤鸭剁成一块一块吃，味道也好极了。

烤鸭行当讲究的是质量，其关键是选鸭种。如北京填鸭、南方草鸭等，由此烤制出来的烤鸭，肉质极细嫩，入口味道醇美、肥而不腻。

崇奉：赵公元帅

鹌鹑号称“动物人参”，小贩从农户手中购得鹌鹑，再售往市场，赚取差价，获得利润；有的则是专业户，自养自卖，直接售给市民。

卖鹌鹑（王继青绘）

鹌鹑是中国古老的食用禽类之一，古诗有道“肥兔与奔鹑，日夕悬庖屋”，这里称其为“奔鹑”，是因为《诗经》中有“鹑之奔奔”的诗句。“奔奔”就是健康、强壮之意。这种鸟不仅强健而且好斗，早在宋朝便有斗鹌鹑的风气。朱有燉《元宫词》中写道：“遇着中秋时节近，剪绒花毯斗鹌鹑。”此风一直延续至明清。

鹌鹑营养丰富，据目前统计，用它烧成的菜肴，已有60种之多。它的肉、蛋、腰、肝、骨、爪等几乎无一不能烧成诱人的美肴。现在中国不少地方可以吃到“全鹌席”（即整个酒宴上的菜肴都是用鹌鹑或与它有关的原料制成）。特别值得一提的是鹌鹑蛋，其组成物质不但比鸡蛋丰富，纯度也高出鸡蛋，最适宜病人和儿童食用。

河南焦作的鹌鹑最有名气，每年除了内销外，还远销境外。中国香港也有专卖店，而且鹌鹑已在那里安家落户了。

崇奉：赵公元帅

每年到了秋风起，又是菊黄蟹肥时。不少摊贩，本是卖鱼虾的，这时候也以卖蟹为重点了。菜场里有人摆蟹摊，铁丝笼里总有几十只蟹爬来爬去。顾客前来，摊主热情招呼，伸手从铁笼里捉出，供客选择。买卖蟹时一般雌雄配对用草绳把它们串在一起，拎回家煮了吃。卖清水大闸蟹的季节性很强。上海有家王宝和酒店，是出名的“酒祖宗”“蟹大王”，若进去吃黄酒，也能吃到正宗的阳澄湖大闸蟹。这家百年老店的卖清水大闸蟹生意至今仍十分红火。

卖清水大闸蟹（王继青绘）

崇奉：解公

据传说，解公是大禹治水时的一位小官，名“解”。那年他奉命带领一队人马，疏浚阳澄湖周围水道，在巴城安营扎寨。这天夜里，“萧瑟秋风，洪波涌起”，解部举炊，火光照耀。忽然引来无数怪物，昂首挺钳，蜂拥而上，不论人畜，见之便张钳紧夹。解公手下之人从未见过此物，因其夹人厉害，即称之为“夹人虫”。接连数日，不堪其扰。解公挖空心思想出一法：开沟，引之入内，再灌以沸水。此法果然有效，数以万计之“夹人虫”被烫死沟内，堆积如山。众人见其色彩变红，形状可怕，都不敢靠近。独有解公胆大，拎起一只，细细观察，忽觉一股异香直扑鼻端，便毅然张口试嚼，顿觉十分可口，大喜之余广为宣传，从此这一美食才得以流传人间。天长日久，某好食之徒认为“夹人虫”三字有损胃口，欲另起一名，久而不得。一日，忽然心血来潮，拍案大叫：“此物无解公之勇，至今不得入人口，名之曰‘解’，既可为美食添美名，更可为勇士留纪念，岂非一举两得！”与食者齐声喝彩：“好！”

于是“夹人虫”得名为“解”，稍后又有好事者建议：此物属虫类，不如就“解”字下再加一“虫”，以便识别。

鲁迅说：“第一个吃螃蟹的人是很令人佩服的，不是勇士，谁敢去吃它呢？”这“第一人”就是解公。至于解公，据说后来因恋蟹而自请封于阳澄湖东岸。巴城人感此人恩德，尊之为巴王，为之筑庙，称巴王庙。其墓至今尚存。

075

豆腐挑

豆腐白嫩晶莹、糯绵适口，可煮、可炖、可烹、可煎，人人喜食。安徽淮南八公山的豆腐，远近闻名。豆腐挑是走街串巷的小买卖，挑着四四方方上下多层，每层放着不同的豆制品，除了卖豆腐之外，还售豆腐干、豆腐皮、豆腐脑等。这一行当，在大城市内已基本消失，摇身一变成了豆腐店，以固定场所卖豆腐。在江浙一带的农村乡镇，依然还能看到豆腐挑的影子。

豆腐挑（王继青绘）

刘长（王继青绘）

崇奉：刘长

汉朝时，刘长被封为淮南王，但汉高祖刘邦去世后，大权落在刘邦妻子吕后手中。吕后名叫吕雉，心肠狠毒，是个有政治野心的人，她大肆杀害忠良，对刘氏宗室也不放过。刘长为了避免吕后对刘氏宗室的迫害，故意在淮南韬光养晦，装成无所作为、不问朝政，一心要当美食家的样子。在他的主持下，厨役们经过多年的研究，发明了豆腐。历史上也给了他很高的评价，称之为“淮南遗制”。行内人崇奉刘长，把每年农历九月十五日定为豆腐的生日，在这一天均举行隆重的纪念活动。

炸豆腐

炸豆腐这类小吃虽爱者甚多，但曾长期是行街小贩的担中之物，没进入专门店铺。炸豆腐可分成三类。第一类是卤煮炸豆腐。即小贩挑子一头支一铁锅，内有猪骨头、肺头下水，加花椒、大料、茴香等熬着的卤水汤。挑子另一头是炸好的豆腐泡等，有人来买时，现抓豆腐泡放入卤锅中煮，完毕再放入小碗中，加入豆腐乳汁、芝麻酱、大蒜汁、葱花等就能食用。第二类，小贩一头挑的是滚热油锅，另一头是已在家用五香盐水腌制并用油煎过、已切成三角形或长方形的豆腐，客人买时，只要把其重新用滚热油炸一下就成了。第三类是油煎豆腐。小贩用一个平平的铁鏊，下边用文火烘着。售卖时，先将鏊上抹上油，把新鲜的豆腐切成长条扁平的方块，摊放在鏊上煎，两边反复煎，待豆腐全焦之后，铲入小碟中，再浇上盐水和大蒜汁，递给顾客食用。炸豆腐食而不厌，是北方的一道好吃小食。

炸豆腐

崇奉：祝融

077

炸臭干

“炸臭干”是北方话，“炸臭豆腐干”是南方话，两者实为一物。俗语讲“闻闻臭，吃吃香”，这就是它的魅力所在。臭豆腐干的制作和食用，最早见于明朝人李日华的《蓬栊夜话》。他讲：安徽黟县人喜欢在夏秋间用醢腐让豆腐腐败生毛，然后擦干，投入油中煎炸，再捞出和其他食物共煮而食，据云有“海中鳄鱼”之味。小贩的制作方法同上述差不多，只是煎好的臭豆腐干，在上面浇上些蒜汁、辣油、酱汁等一类配料，随手拿上两根小竹签，往食物上一戳，吃起来味道好极了。据说，最正宗的油炸臭干是在湖北，炸制最好的来自武汉火宫殿。这也许是老话了，实际上浙江一带许多古镇景区的炸臭豆腐干也相当不错，尤其是在绍兴咸亨酒店外一条街上，到处是卖炸臭豆腐干的，游人几乎都会手拿一串油炸臭豆腐干，津津有味地吃着。

炸臭干

崇奉：祝融

卖乳腐

卖乳腐

乳腐是早餐的美味，一般人都喜爱，尤其是南方人。乳腐的制作均在作坊内完成，多数由酱油店供应，少量由小贩挑担穿街走巷吆喝走卖。买客付钱后，小贩打开木桶盖，白玉般的乳腐放射状地排开，很整齐。其表皮沾了酒糟，一股馥郁的香气缓缓地升上来。小贩用紫铜铲将乳腐铲进碗里，再加点卤，老少无欺。除了白乳腐，还有红乳腐、臭乳腐等。浙江绍兴的乳腐闻名天下。

文人袁枚在《随园食单》里对乳腐还记上了这一笔："乳腐，以苏州温将军庙前者为佳，黑色而味鲜。"这位老吃客还透露："广西白乳腐最佳，王库官家制亦妙。"

崇奉：杜康

杜康（王继青绘）

杜康，字仲宁，相传是今天陕西白水县康家卫村人。他原是黄帝的部下。由于他的失职，粮食发霉，黄帝一怒之下把他降职，只让他做个粮食保管员，并且还说，如果粮食再发生霉坏，就要处死杜康。杜康虽然心中不悦，但暗下决心，争口气，一定要把粮食保管好。一天,他见几棵枯死的大树中间有大洞,他灵机一动,就把粮食放入枯树洞,心想这下粮食不会霉坏了。谁知,时间长了,装在树洞内的粮食,经风吹、日晒、雨淋,慢慢地发酵,杜康还发觉树洞裂开缝,流出水来,这把他吓坏了,走近却闻到此水特别清香。杜康壮胆喝了一口此水,虽有些辛辣,但特别醇美,多尝几口,有股飘飘欲仙的感觉。杜康把此事如实向黄帝报告,黄帝细细品尝了他带来的浓香水之后很高兴,命他继续观察,仔细琢磨其中道理。此后,杜康成了酒的发明者。后世人为了纪念杜康,便将他尊为酿酒始祖。

卖榨菜

榨菜是老百姓喜爱吃的一味酱菜，微辣、脆嫩可口，颇受大众好评。

卖榨菜形成一个行当是在清朝后期。最著名的数四川榨菜，浙江的桐乡榨菜、萧山榨菜也都不错。大多数榨菜都放在各地的酱园店、小杂货店、菜市场等出售。

卖榨菜的利润空间不大，但是销量很大，薄利多销。小小的榨菜，还大量出口日本、韩国和东南亚国家，赢得外国人的称誉。

崇奉：邓丙成

邓丙成是四川资中县人，从小非常聪明，善动脑筋。清光绪二十四年(1898年)，涪陵有个叫邱寿安的商人在湖北宜昌开设有荣昌酱园铺，兼营四川芽菜、大头菜，因经营品种没什么特色，生意清淡，他很伤脑筋。邓丙成听到消息后，有心与邱老板合作。他把自己多年研制的肥嫩的青菜头精心加工腌制，取名“榨菜”，亲自上门专送一坛请邱老板品尝。邱老板一吃，觉得味道鲜美可口，当场与邓丙成拍板成交。邓丙成提供货源，邱寿安负责销售。这天，邱老板特意备下一桌酒席，宴请当地名流。席中，他捧出一盘榨菜，请众人品尝，客人们都赞不绝口。经这些大款名流一宣传，顿时荣昌酱园生意红火得不得了，人们都冲着“榨菜”之名前来购买。

从此，由邓丙成腌制的四川榨菜成为世人公认的佐餐佳品。

盐商

盐商作为一个行业，得以公开存在的历史并不长。在封建社会，盐长期是由政府直接控制的，买卖盐由官方一手操办。如果私下贩卖盐就是犯法，轻则坐牢，重则杀头。

盐商

有些胆大的商贩，为了牟取暴利，竟敢冒天下之大不韪，勾结地方官员，合伙私做盐的生意，成了一时的暴发户。当然也有不少小商小贩，私底下小打小闹，也发了不少财。盐商为达到最大利润，往往冒险到西北缺盐的地域做生意。这些人，不顾酷暑严寒，山高路远，常年奔赴于商道间，终成事业。

历史在发展，社会在进步。直至近代，盐才能公开在民间买卖交易。沿海地区有不少盐场、作坊、加工场，盐商得以源源不断地将盐销售到全国各地去。

崇奉：妈祖

中国的盐不少是来源于海。妈祖是海神，盐业、盐商自然崇奉妈祖。

妈祖，又称“天妃”“天后”“天妃娘娘”“圣母娘娘”“天上圣母”等。据载，妈祖姓林名默，福建兴化府莆田县湄洲屿人，生于北宋建隆元年（960年）三月二十三日。妈祖的父亲名叫林愿，官至都巡检，慈祥乐善，大伙都称其为林善人。母亲王氏曾梦神人授予一丸吞之而有孕，生下妈祖。妈祖生下时，红光绕室，异香飘溢，至满月时，仍不闻啼声，故取名为默。妈祖自幼聪颖过人，读书过目成诵。传说她十六岁时得天书于古井中，从此能通晓变化，妙用玄机，驱邪治病，济世活人，并能呼风唤雨，常于大海狂澜中救护遇难海船，且能登坛祈雨，获降甘霖，人以为神。

北宋雍熙四年(987年)，妈祖已二十八岁，仍一心扶危救世，没有嫁人。这一年夏初，她的父兄一同出航海，突遇风浪覆舟，妈祖闻讯，立赴海中，救兄生还，但没救回父亲。她在大海中遍寻父尸，三日后始负父尸归，人们都称她为孝女。但从此妈祖日日悲哀，终于在九月初九日端坐山头羽化。因其生前救助海难，羽化后仍常显威灵，被沿海各地颂扬建庙奉为圣神，流芳后世，香火不绝。

081

卖醋

醋是人们饮食中常用的调味品，还能治疗各种疾病，受到百姓的喜爱。

卖醋行当的历史十分悠久，醋的作坊无论北方、南方都很普遍。山西的醋、镇江的醋等驰名中外。

卖醋（王继青绘）

传说古代的杜康发明了酒，他的儿子黑塔也跟杜康学会了酿酒技术。后来，他们酿酒后觉得酒糟扔掉可惜，就存放起来，在缸里浸泡。到了二十一日的酉时，一开缸，一股从来没有闻过的香气扑鼻而来。在浓郁的香味诱惑下，黑塔尝了一口，酸甜兼备，味道很美，便贮藏着作为“调味浆”。这种调味浆叫什么名字呢？黑塔用“二十一日”加“酉”字来命名这种酸水叫“醋”。

卖醋业与酒业一样，久销不衰，它的市场很大。

崇奉：黑塔

换馍做酱

这一行的从业者左手挎一竹篮，篮中放些粗瓷盘碗，均不值钱。用它来向住户换取吃剩下的、放干了的或是发酸长毛的剩饼剩馍。他们肩头背挎着一个大破口袋，凡换回来的吃食，统统装进口袋内。走街串巷，不辞辛劳，一天下来，收获也较可观。归家后，将这些东西分类装筐，攒到一定数量，送到专门利用此物发酵做酱的酱房，算是制酱原料，论斤多少，收取酬劳。干这行的人形如乞丐，但不是乞丐，因为他们不是空手行讨，而是以物易物，大小也算是一种买卖。到了民国，制酱工艺大大进步，这个行当也消失了。

换馍做酱

崇奉：赵公元帅

083

卖小磨香油

卖小磨香油（王继青绘）

“一头毛驴一盘磨，两个油锤一只锅。半夜三更转乾坤，一挑湖海金线落。”这是早年卖油小贩们嘴里常哼的四句顺口溜。他们从油坊里挑出油，担子前边一桶是小磨香油，后边一桶为豆油或菜籽油。他们称香油为湖、素油为海，每日走街串巷，敲打一木梆子吆喝着卖油。小磨香油是兼具色、香、味，可炒菜调汤的一种植物油。它的制法特殊，用水代法加工制取。其法是利用油料中非油物质对水和油的亲和力不同及比重不同，经过轧、压、捶、荡等一系列工艺过程，将油脂和亲水性的蛋白质分离开来。浸泡炒籽、磨酱和兑浆搅油是三个主要环节，其中兑浆搅油是关键工序，也是分辨是否小磨香油的主要根据。磨出芝麻油为棕红色，口感滑利，香味浓郁，这是正宗一流的上佳香油。小磨香油，南方人也叫“小车麻油”。据考，此行当历史并不长，大约只有400年，明末一些地方志书如《邯郸志》《武清县志》中均有相关记载。

崇奉：赵公元帅

葱姜摊

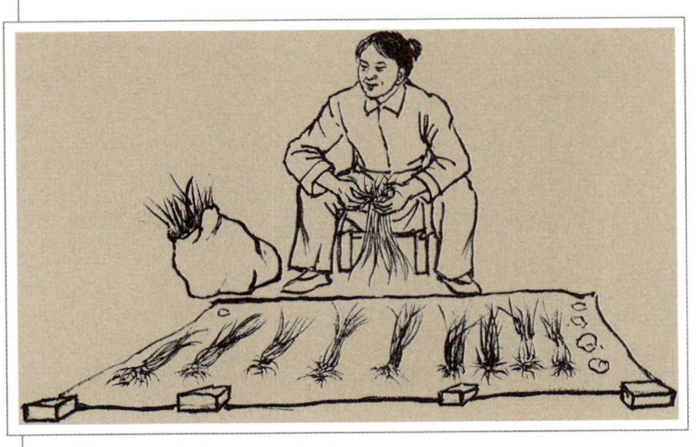

葱姜摊（王继青绘）

葱姜摊贩是一个“微小”的职业，但是每家每户都缺不了它。过去，葱姜摊一般是年老妇女或贫穷的人干的活。他们成本极小，利润也极少，连解决温饱都困难。

葱姜是烧荤菜必备的烹调作料之一。中国西部地区是葱的发源地之一，“葱岭”传说是以山上野生葱极多而得名。生姜产地，以安徽、山东一带较有名气。中国古人引种野生葱姜食用，历史久远。

葱姜除了菜食用途之外，还能用于中药治病。感冒风寒、伤痛、炎症等，用葱姜泡汤、煎服、碾成糊状等方法治疗，能起到很好的疗效。

随着时代进步，葱姜摊行当已难以寻觅。现在要买葱姜则要到集市菜场、超市等处，旧时不起眼的葱姜也包装上架了。

崇奉：关公、施相公

施相公相传是宋将军施全，又叫施谔。南宋景定五年（1264年）朝廷敕封他为灵显侯，明朝时又被封为护国镇侯，民间祀为蛇神。

施相公

卖西瓜

卖西瓜的行当为季节所限，一般是在大伏天。西瓜上市时，小贩们从瓜市上进货，在街头巷尾摆摊售卖。卖西瓜行当有把整个西瓜切成大小相同的三角块零星出售的，也有整个按斤计卖的。据说在五代之前，西瓜已在浙东种植，但无西瓜之名，称作“寒瓜”。还有一种说法，这种瓜原产新疆一带。汉代张骞出使西域十多年，归来时带回了葡萄、西瓜等物产，进献给汉武帝。汉武帝因此瓜虽好吃却无名，以此瓜来自西域，遂赐名“西瓜”。

卖西瓜

崇奉：张飞

张飞，字翼德，涿郡（今河北涿州）人。他是刘备手下一位猛将，为蜀国帝业立下汗马功劳。张飞出身低微，颇有庄田，曾卖酒、屠猪，也卖过西瓜，以维持生计。他性情暴躁，为人直率爽朗、见义勇为，只要他认为是有道理的事情，他就要说、就要做。有人曾写诗赞扬他：“安得快人如翼德，尽诛世上负心人。”张飞庙称张桓侯庙，坐落在今长江三峡景区重庆云阳县城外的飞凤山麓。

张飞（王继青绘）

卖哈密瓜

卖哈密瓜（王继青绘）

哈密瓜众人都爱吃，此种瓜质量当数产于新疆哈密者为第一。卖哈密瓜的行当是从清朝乾隆年间逐渐兴旺起来的。新疆由于地处高旱地带，日照每天均在10个小时以上，其水果特别甜润。民国之后的水果生意中，哈密瓜买卖比其他水果要好得多。正宗的哈密瓜，甜得很。旧时吃过此瓜的人讲："哈密瓜真甜，吃过瓜后，嘴唇甜得一下子张不开来，全粘在一起了。"

哈密瓜价格一般比其他瓜果要贵，因为旧时交通不方便，新疆又是那么遥远，把哈密瓜运到中原内地或沿海大城市，其成本高、消耗大，价格自然就高了。如今，哈密瓜在全国各大城市一年四季都能买到。因为交通方便了，瓜的供应量猛增，价格下降，老百姓都能吃得起了。

崇奉：哈密王

哈密王（王继青绘）

相传200多年前，哈密王管辖的鄯善盛产一种甜瓜。哈密王入京述职，带了许多甜瓜作为贡品。

乾隆皇帝吃了这种甜瓜后，赞不绝口，他就

问太监:“朕还是第一次吃上这样甘美的瓜,这是什么瓜?”太监只知瓜是哈密王送来的,便顺口说:“哈密瓜。”“好!好一个哈密瓜!”乾隆皇帝高声赞扬。从此,哈密瓜之名便在内地传扬开来。

哈密王是第一个把甜瓜送进宫中的,卖哈密瓜的从业者就崇奉哈密王了。

卖葡萄（王继青绘）

卖葡萄行当的历史非常悠久。据史载，唐朝时此业在京城长安已是十分流行，买卖葡萄的商人小贩，一到葡萄上市季节，生意兴隆。小贩挑着担子、推着木板车，到处吆喝，一派繁荣景象。

葡萄味甘，性平，晶莹剔透，甜美光润，是滋补的佳品，但季节性很强。在唐朝时，人们已能用它酿制出美味的葡萄酒。到了宋代，葡萄业和葡萄酒的买卖更是兴旺。明清时期，该行业达到鼎盛期，葡萄的品种、质量、数量都达到了史无前例的程度。当时，新疆葡萄制成的葡萄干、葡萄酒都已外销到日本、东南亚等国家和地区。

如今，葡萄品种多种多样，各地均有其特色产品，譬如“牛奶无籽葡萄”“巨峰葡萄”“马陆葡萄”“珍珠葡萄”“桂圆葡萄”等，有500多种。卖葡萄行当趋于专业化、集团化了。

崇奉：张骞

张骞是西汉汉中成固（今陕西城固）人。建元二年（前139年），汉武帝为了沟通与西域地区的联系，任命他为使者，组织率领一百多人的队伍，从陇西（今甘肃）出发到西域去联络大月氏。之后，张骞又一次出使西域，为沟通汉朝和西域的政治、文化、经济、交通等交流作出了重大贡献。历史上把张骞开通的从汉朝到西域的道路称为“丝绸之路”。

张骞（王继青绘）

张骞在伊朗一带第一次尝到了葡萄，赞不绝口。元朔元年（前128年），张骞回国后，将带回的葡萄苗种栽在了宫苑里。三国时期，葡萄已在民间广泛流传开了。唐太宗李世民派兵攻破高昌城（遗址在今中国新疆境内）后，获取了优质葡萄“马乳葡萄”的种子和酿酒的方法。之后，他在宫苑中种植这种葡萄的优良品种大获成功，并酿出了绿色的香味浓郁的美酒。

因此，卖葡萄行当崇奉张骞。

卖白果

卖白果

旧时，在市井街头经常可以看到一些小贩提着篮子或挑着担子叫卖白果。白果是银杏的俗称。银杏树是地球上最古老的有花植物，已有一亿多年历史。与我国的大熊猫和水杉，都是著名的孑遗生物，被誉为“活化石”和“植物界的熊猫”。中国的白果主要产地为江苏的泰兴、泰州、泰县（今泰州市姜堰区），号称三泰白果。这里出产的白果，果大肉肥，糯性大，吃口好，气味香，品质优。白果可炒食，也可作甜食；可做成白果羹、八宝饭、白果糕等，还可制成糖水、清水罐头。无论何种吃法，均要去掉心子。旧时市井之中，有卖炒白果的：一副挑子，挑子一头置一小锅小灶，现炒现卖。现在，家家有了微波炉，则可即烤即食。因此，卖炒白果这一行当的消失也就不足为怪了。

白果不仅营养丰富，还具有止咳润肺、祛痰、通经、止泻、灭菌、利便等功效，很受市民的欢迎，故卖白果行当很有市场。到了白果上市季节，各地的小贩看准适合时令，到盛产白果的产地贩运、批发零售等。

崇奉：长桑君

长桑君是周代的一位仙人。相传扁鹊在一家客店当差时，长桑君是那里的住客，一住就是十年。两人都心知对方非等闲之辈。一天长桑君叫来扁鹊，告诉他说：“我有一册秘方，想把它传给你，你千万不要泄露给他人。”扁鹊答应了。长桑君从怀里取出一包药，送给扁鹊，要他用长池之水服下，又送给扁鹊一本小册子，上面记载的全是早已失传的秘方。之后，长桑君就不见了。扁鹊按照他的方法服下药，果然洞明五脏；用他提供的药方治病，药到病除。据说，长桑君给扁鹊的秘方中有一剂十分重要的药方，就是吃白果。

卖白果行当崇奉长桑君，有的地方也崇奉扁鹊、关公等。

长桑君（王继青绘）

卖橄榄

卖橄榄（王继青绘）

橄榄广泛分布于福建、广东等地。贵州、湖南山区仍可见到原始的野橄榄。生橄榄初入口时相当苦涩，稍嚼后满口芬芳，这时如喝几口水则甘美无比。这种“回味无穷”的橄榄，南方人称之“檀香橄榄”，又有人称之“谏果”。为了便于贮藏和求得不同的异味，行销商人把橄榄经盐渍或制成蜜饯，也就是所谓的“大福果”，人人爱吃。不少人把此种橄榄称之“挎扁橄榄”，商贩经销这类橄榄，常年生意兴隆。

我国有关橄榄的文献，最翔实的也许是《开宝本草》。苏东坡有句诗道：“纷纷青子落红盐。”有人解释：凡是熟了，其他果实必变色，唯有橄榄熟了却变青，故谓之青子。事实上它初为黄绿色，后为黄白色。

崇奉：关公

090

卖糖炒栗子

糖炒栗子甘甜绵软，糯香适口。旧时街头巷口设摊炒栗子者颇多。糖炒栗子中要数北方良乡板栗最有名，“个儿大、皮儿薄、味儿甜、肉质细”，是清宫的贡品之一。糖炒栗子制作方法不难，准备一口大铁锅，专制的沙，配制糖水等；手中用一把锹反复翻炒，炒熟即可食用。糖炒栗子行当受季节限制，上市售卖时间不长。据考，糖炒栗子在宋代就有了。宋代诗人陆游有《夜食炒栗有感》一诗，其中一句“山栗炮燔疗夜饥”，提及的就是炒栗子。上海老字号糖炒栗子店“新长发”闻名海内外。

卖糖炒栗子

崇奉：偓佺

相传偓佺是帝尧时仙人，好吃果子、板栗、松子，浑身生毛，毛长二寸，两目炯炯有神、可观四方，能在山林中飞行自如。偓佺曾采果栗、松子送给帝尧，不知什么原因，帝尧没吃。传说当时吃了他的果栗、松子的人，都活到二三百岁。

091

卖冰糖葫芦

卖冰糖葫芦

据考，卖冰糖葫芦行当起源于清朝。冰糖葫芦制作简单，将山楂和熬化的糖水相沾即可。卖冰糖葫芦要现买现吃，小贩将沾好的糖葫芦，排列在一个托筐内，沿街叫卖；也有肩扛草把的，草把上插满了沾好的糖葫芦。还有一些小贩挑着一个担子，一头挑着串好的山楂和原料工具等，另一头有一只小火炉，炉上置有熬糖的小平锅，锅中熬好糖稀，把串好的山楂现沾现卖。逢年过节，卖冰糖葫芦的生意最好。如今这个行当保留下来了，在许多旅游景点都能买到冰糖葫芦，而且花色品种大增，如草莓、香梨、西瓜、苹果等水果相拌山楂制成的冰糖葫芦大受顾客欢迎。

崇奉：李渔

李渔，号笠翁，祖籍浙江兰溪，清初戏曲理论家、作家。他重视现世的享受，崇敬道教，敬仰养生大仙，其小说、戏曲都有迎合观众的一面。据传李渔特爱美食。

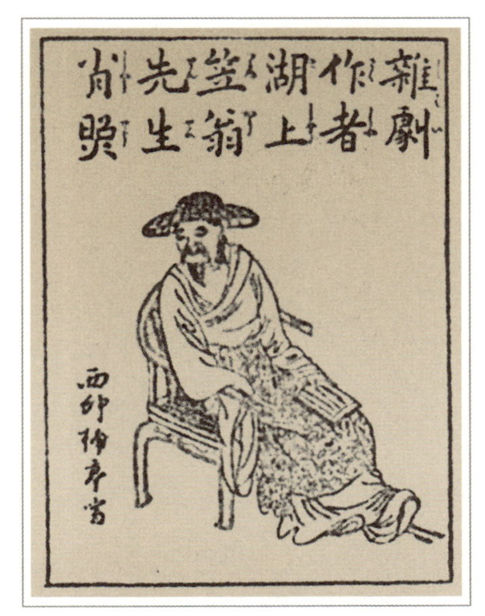

李渔

卖甘蔗

卖甘蔗

卖甘蔗行当是“苦差使”，利薄又吃力。甘蔗在水果店有卖，但旧时小贩挑着卖、小车推着卖的情况则更多。他们或走街串巷吆喝，或有一个固定摊位、一把刨甘蔗的刨刀，有以斤论价的，也有以根作价的，价格一般不贵。南方人过年或乔迁新居等都有吃甘蔗的习俗，有“节节高”“节节甜”等吉利寓意。甘蔗产地以南方两广最为知名，但江浙一带也出产。

崇奉：土地神

土地神民间俗称“土地公”“土地爷”，其配偶则称“土地婆”“土地奶奶”。土地神是道教神系中地位很低的小神，但民间信仰极为普遍，源于古代的“社神”崇拜。据记载，最早被称为“土地爷”的是汉代秣陵尉蒋子文，其死后为钟山守护神。汉唐以后，土地庙遍布全国各地，庙中土地神常为一穿袍戴帽之白发老翁，有些旁塑一老妇形象，称“土地奶奶”，道经中又称“土翁神”和“土母神”。旧时乡里村社都祭土地神，祈祷年岁丰登、人家殷富。明清时流传有《土地宝卷》。

土地神（王继青绘）

卖梨膏糖

卖梨膏糖（王继青绘）

卖梨膏糖这个行当最早出现在上海，有名气的数老城隍庙的朱品斋，创建于清咸丰年间，其次是创建于光绪八年（1882年）的永生堂和光绪三十年的德生堂，这三家都是本帮店铺。此外，销卖梨膏糖者还有苏帮、扬帮、杭帮、宁帮等不同地域性商贩之分。其实，梨膏糖的配方并不神秘，关键是选料和熬制道地，卖出的梨膏糖一般均有止咳消痰、开胃、生津、清凉等药治功能，故这行当在民间流传了数百年，特别是江南一带各城乡都有。但到了清末民初，上海发展为大商埠后，各地卖梨膏糖的小贩便纷纷来老城厢分一杯羹。从此，上海的梨膏糖不仅是一种别有风味的药食，而且成了一种风情的载体。其他帮派的梨膏糖小贩知道，串街走巷的叫卖不比门店经营，“风吹一半，雨落全无”。所以在露天市场上叫卖梨膏糖，必须要有比其他商贩更吸引人的手段，于是就出现用说唱、滑稽、“小热昏”等“武卖”的形式叫卖梨膏糖。在旧时，无论是店铺还是串街走巷的叫卖，卖梨膏糖行当的生意还是不错的。在1956年的公私合营中，朱品斋、永生堂、德生堂三家老字号合并为上海梨膏糖商店，经过半个世纪的发展，如今成了这款风味食品的最后驿站。

崇奉：关公

094

卖水

卖水

卖水行当出现在旧时代。卖水人用的水车、水箱、水桶皆为木制，十分笨重。装满水的水车，走在街上吱吱呀呀，听到此声，人们知道卖水的人来了。卖水的挑夫最苦，他们收入微薄，很难养家糊口。而且因为终日挑水，腿脚永远湿漉漉的，到了冬天，冰天雪地，挑夫双足冻得赤红糜烂，惨不忍睹。1875年，英国人华脱司在上海租界内开办了第一家自来水公司，但这自来水全是供应租界里的人，租界外还得靠这些卖水人或挑夫，将水分售出去。一直到20世纪50年代，自来水管安进了上海千家万户后，卖水行当才退出历史舞台。

大禹

崇奉：大禹

大禹亦称夏禹，曾受命治水。他居外十三年，三过家门而不入，用疏导的方法制服了洪水，使农业生产得到恢复和发展。因大禹治水有功，舜让位于他。大禹死后，其子启即位，从此开始了王位的世袭制度。卖水行当因与水有密切关系，故崇奉大禹。

老虎灶

老虎灶（王继青绘）

老虎灶正名叫“熟水店”，最早出现于20世纪20年代上海南市老城厢，当时还有个熟水同业公会。沪上人家都叫它“老虎灶”，是因为灶形像老虎，炉膛口开在正前方，像老虎张开血盆大嘴，炉尾有一根高高竖起的烟囱像老虎尾巴。老虎灶行当最兴旺时，上海就有1700多家，以后向江浙一带城镇发展。在那个没有煤气、棚户简屋比比皆是的年代，老虎灶是人们生活中不可或缺的一部分，喝茶、洗刷都指望它。老虎灶卖开水，一般一次性买若干数量筹子，随用随付。筹子有木、竹做的条子，上有记号表示有多少瓶量，也有圆的塑料牌，功能与条子筹码一样，只是用颜色区别热水的数量。如今，家家都装了煤气，没人出去泡开水了，而热水瓶、铜壶也几乎绝迹了。饮水机取代了它们，净水业蓬勃发展。当年泡瓶热水一分钱，现在城市人喝纯净水，一年起码喝掉几亿元。老虎灶行当退出了历史舞台，而送水工满大街跑得欢。

崇奉：姜太公

卖豆浆

卖豆浆（也叫豆腐浆）的小商贩一清早把隔夜做好的豆浆挑出，配一张桌子、几个凳子。卖豆浆总得配些粢饭等干点连在一起吃。吃客先买了一团粢饭或大饼、油条，然后在豆浆摊旁坐下，要一碗淡浆，也可选择咸浆或放糖的甜浆。咸浆里有紫菜和虾皮等，再加上几滴麻油或辣油，又鲜又香，深受吃客欢迎。南方人很爱喝豆浆，尤其是上海人，吃早点几乎都有喝豆浆的习惯。

卖豆浆

崇奉：淮南

淮南是造酒神杜康的妹妹。相传东周时代，淮南是位贤惠的大孝女。她哥哥杜康常年外出，年老的父母就由她侍奉，饮食起居全由她操劳，有时连睡梦中也在为父母洗脚抹身。她为了父母，迟迟未嫁，代替哥哥孝顺父母。五年、十年过去了，父母老了，她自己也年过三十了，但她还是年复一年如此侍奉双亲。父母年老牙齿动摇，平时爱吃的黄豆已咬嚼不动。淮南为了让双亲吃到补身子的豆，每日天不亮就起身，把黄豆用石磨磨成豆浆，供父母饮用。父母见女儿每天这样辛苦，于是，心痛地对淮南说："你不必每天磨浆，隔上几天也行。"淮南深情地说："生我者父母也，侍奉父母再苦再累也值。"这位大孝女就是豆浆的发明者。

卖马奶

卖马奶（王继青绘）

“滴铃铃、滴铃铃，马奶来啦！”这是卖马奶行当标志性的吆喝声。听见这吆喊声，买主出门，拿着一只碗或一个大口杯，付钱后，马主很熟练地在自己牵着的白马肚下，挤出雪白的马奶给客户。马奶新鲜又富有营养，颇受买主的欢迎。卖马奶行当一般在市郊乡镇较多见，大城市中心难以觅见。买主主要用马奶喂婴儿或体弱儿童，有的是给年迈老人饮用。

崇奉：赵公元帅

卖冷饮

卖冷饮者多是从茶水摊变化而来的。中国有个动词“湃”，指把东西放在冷水或冰块里，使之变凉。这是古代保存食物或吃冷鲜的一个好办法。清朝末年，从宫里传出一个秘方，用乌梅、桂花和蔗糖调配恰当，微火烹熬一天一夜，出锅冰湃之后饮用，酸甜可口，冰凉润喉。喝完清心润肺，消渴解暑。聪明的商贩即做起卖此冷饮的生意，同时再在此基础上加以改进，如“冰镇薄荷水”颇为时髦，流行四域，实际上加入了茯苓、杜仲、砂糖、杏仁等原料。饮之，口舌生津，燥汗顿消，且作用持久，醒目安神，妇孺皆宜，老幼欢迎。卖冷饮的生意出奇的好。后来，中英《南京条约》规定五口通商，穗、沪开埠，洋人入境，欧风东渐。外国的饮品蜂拥入境，如苏打水、矿泉水、汽水等，民族的东西被边缘化，如今反而已看不到当年“卖冷饮”的东西了。

卖冷饮

纪晓岚

崇奉：纪晓岚

纪昀（字晓岚），清直隶献县（今属河北）人。清代学者、文学家。工诗及骈文，尤长于考证训诂。任官50

年，以学问文章名重朝野。他胸怀坦率，性好滑稽，近于诙谐，过后思之乃是名言。乾隆年间修《四库全书》时任总纂官。著作有《阅微草堂笔记》等。传说官中制冷饮的秘方是纪晓岚发明的，故卖冷饮行当崇奉纪晓岚。

卖雪花酪

雪花酪是一种初级的冰激凌。制作时在一大木桶内置碎冰，上放铁桶，以绳系其腰，左右旋转之，其中原料因摇动冰冻而成屑状，在冰屑上兑上鸡蛋清、山楂汁，最后再撒上几片京糕、果脯，即制成了。因为模样白灿灿，吃起来有些奶油味，清代旗人给它取名叫“雪花酪”。走街串巷的小贩，冒着炎热，叫卖雪花酪，生意很不错。时代在发展，此种小吃制作不方便，也不太卫生，再说现今的夏季冷饮小吃五花八门，雪花酪已退出历史舞台，只剩下老人们的回忆。

卖雪花酪

崇奉：皇太极

茶馆业

茶馆业

中国人历来有喝茶的习惯,有的人在家里喝茶觉得还不够味,于是茶馆行业产生了。茶馆给喜欢喝茶、聊天、聚会、洽谈生意的人们提供了一个很好的场所。

茶馆的兴起,是在唐宋之后;到了清朝,茶馆业进入鼎盛时期。当时的北京、上海等大都市都有难以数计的茶馆。在县城、市镇,也随处可见茶馆的踪迹。旧时,茶馆单靠茶水费收入是有限的,为增加收入,茶馆老板便引入种种非法营利活动,如暗中推销淫书淫画,附设烟室供客人吸食鸦片,默认或容留妇女从事皮肉生意。有些茶馆还在馆内开设赌场,引诱茶客赌博,从中抽取“头钱”。作家老舍写的《茶馆》,生动表现了旧社会中茶馆内的场景。

当然,也有的茶馆老板为了增加收入而发展合法经营,如请艺人说书、唱评弹等,还有组织商会洽谈生意、交流信息,邀请专家讲茶道、斗茶等有益的活动,茶馆经营者从中收取一定的费用。

唐朝卢仝在《走笔谢孟谏议寄新茶》一诗中,描写了在茶馆里喝茶的情趣:“一碗喉吻润,两碗破孤闷。三碗搜枯肠,唯有文字五千卷。四碗发轻汗,平生不平事,尽向毛孔散。五碗肌骨清,六碗通仙灵。七碗吃不得也,唯觉两腋习习清风生。”

茶中品百味,馆内论天地。到茶馆去品茶,是中国人的习俗。中国因为茶而产生了茶馆业,又因为爱喝茶而发扬着茶文化。

崇奉：陆羽

陆羽

陆羽字鸿渐，唐朝复州竟陵（今湖北天门）人，一生对茶情有独钟。从天宝十三载（754 年）开始出游各地，逢山采茶，遇泉品水。他一边向茶农讨教经验，一边研究整理资料。上元元年（760 年）陆羽来到苕溪（今浙江湖州）隐居，自号“桑苎翁”。陆羽与女诗人李季兰、僧人皎然颇友好。他不愿为官，专心致志撰成《茶经》三卷，书中对茶的源流与分布、茶的饮法与茶具等，都做了详细论述。旧时陆羽被视为“茶神”，茶馆与茶叶行业都崇奉陆羽。

卖酒业

卖酒业

酒，是中国最古老的饮品之一，而且早已形成一种酒文化。许多流芳百世的艺术作品与酒的关系密不可分，比如杜甫所吟“李白斗酒诗百篇”诗句。中国酒业在远古时已形成。卖酒的店铺行当，随着酒类商品的出现，也产生了。旧时所卖酒类较为单一，多数是黄酒，多为南方人所喜爱。还有白酒，是用高粱配制，北方人较爱喝。鸦片战争以后，西方的洋酒大量涌入，洋酒行业也就出现了。对民众来说，日常生活多与酒有联系，从事酒行业的人不少。

崇奉：仪狄、杜康

酒行业崇奉的有杜康和仪狄，杜康是白酒的祖师爷，仪狄是黄酒的祖师爷。相传，仪狄是远古时的造酒师。天帝的女儿令他造出上等的甜酒送给首领大禹。因为大禹对仪狄能造好酒早有耳闻，但一直没喝到。待仪狄将好酒送来时，大禹十分高兴。打开酒坛，酒味浓香飘溢，大禹尝过酒后，大加赞赏。就此，人们把仪狄奉为酒神。

卖甜酒酿

卖甜酒酿者骑自行车的为多，车左右挂两排架子，架子上下各有三层，每层一个装酒酿的缸。南方人特别爱吃甜酒酿，它是用煮熟的糯米拌着酒药，经发酵后，取其汤水，如放点桂花则更佳。制成的酒酿香甜，可口好吃。卖甜酒酿者骑车串街，吆喝叫卖，生意颇好。酒酿可与鸡蛋煮成酒酿"水潽蛋"，是一道上佳的点心；亦可制成酒酿圆子，等等。更绝的，酒酿的汤水可当"老白酒"喝。卖甜酒酿行当的人一天要赶清晨、傍晚两轮生意，逢年过节则生意更好。甜酒酿深得妇孺喜欢。

崇奉：杜康

卖西凤酒

西凤酒为我国名酒之一。其特点是清澈透明、清芳香郁，酒味醇厚，清洌甘润。卖西凤酒与卖茅台酒一样，是酒业中独立建树的特别行当。

西凤酒原产于陕西省的凤翔、宝鸡、岐山、眉县一带，而以凤翔城西柳林镇所产出者最出名。自唐朝以来，凤翔是“西府”所在地，人们称为“西府凤翔”。西凤酒即由它的产地而得名。唐代凤翔酒就以甘泉佳酿、清洌醇香被列为当时珍品而闻名于世。北宋文学家苏东坡任职凤翔时，喜爱此酒，他在词中曾写道：“柳林酒，东湖柳，妇人手。”这里的“妇人手”是指妇女精巧的手工艺，柳林酒即是赞誉柳林出产的西凤美酒了。明代文献记载，万历年间柳林酒已闻名县城以及凤翔附近的各县。

之后，西凤酒的销售从凤翔走向全国。清宣统二年（1910 年）西凤酒参加南洋劝业赛会，获银质奖，遂蜚声海外。

卖西凤酒（王继青绘）

崇奉：殷王

据考证，西凤酒的前身是柳林酒，而柳林酒的前身是秦酒。秦酒始于殷商晚期。殷王在征服“井方”时获得秦酒，其由此成为王室御酒。因此，西凤酒的历史可以追溯到三千多年前的殷商晚期，此行当自然就崇奉殷王了。

殷王（王继青绘）

卖茅台酒

茅台酒的历史不长，其名声却很大。茅台酒出自茅台村，茅台村现为茅台镇，位于贵州省怀仁市西北的赤水河畔。三四百年前这里还是一个小小的渔村，因为到处长满莽莽苍苍的茅草，人们就叫它茅草村，简称茅村。

卖茅台酒（王继青绘）

乾隆十年（1745 年），清政府组织开修河道，舟楫取道茅村。茅村成为川盐入黔水陆交接的要冲，日趋繁荣，一度成为拥有六条大街的集镇，茅草也随之消失。只有寒婆岭下的一个土台上，尚长着茅草，于是人们又改称茅村为茅台村。从清朝末年起，此地就酿造茅台酒，当时茅台酒虽好，但未有名气。1915 年在旧金山巴拿马万国博览会上，各国品酒专家根本没把中国茅台酒放在眼里，他们连瞧也未瞧这酒一眼。一位中国代表佯装失手摔坏了一瓶茅台酒，顿时，大厅内气味浓香无比，酒味飘溢，这才引起人们的注意，一打听是中国的茅台酒，于是向茅台酒补发了金奖。从此，茅台酒声名日震，茅台酒生意也走向全国和世界各地。

崇奉：李白

李白，字太白，号青莲居士。祖籍陇西成纪（今甘肃静宁西南），生于碎叶（在今吉尔吉斯斯坦境内），幼时随父迁居绵州昌隆（今四

李白

川江油）。李白少年时聪颖，好剑任侠，豪放不羁。天宝元年（742年），供奉翰林，不久遭权贵谗毁离京。安史之乱时，为永王幕僚。永王兵败，流放夜郎（治今贵州桐梓北），途中遇赦。晚年漂泊，客死当涂（今属安徽）。李白的诗歌豪迈奔放，清新飘逸，语言轻快，想象丰富。李白喜爱饮酒，“今朝有酒今朝醉”，酒醉出好诗。李白是盛唐时期诗歌成就最高的诗人之一，《早发白帝城》《蜀道难》《望庐山瀑布》等作品皆为人传诵。人们称李白为“诗仙”，又有后人佩服他的酒量，称其为“太白酒仙”。

卖烟袋嘴

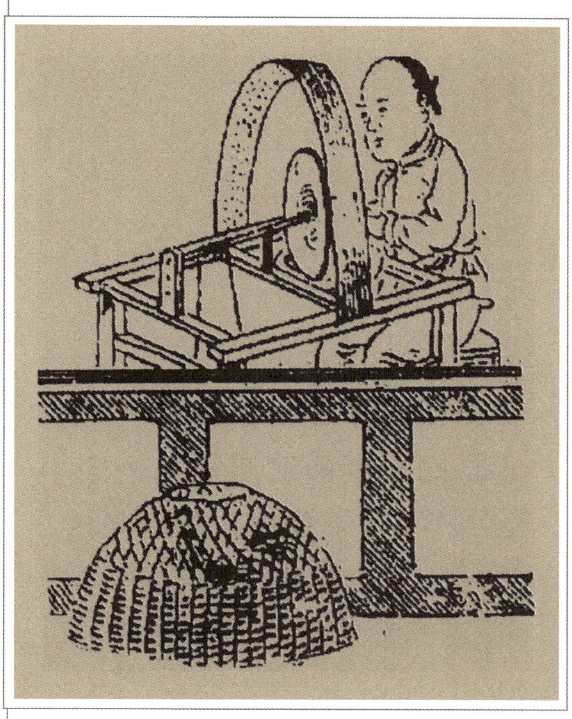

卖烟袋嘴

中国原本没有烟草，据史书记载，烟草于明万历年间从欧洲传入中国。有了烟草，就有烟民。在吸烟的方式上，中国人多吸旱烟。这样，卖烟袋嘴行当就产生了。旧时，东北人有谚云：“老人小孩没事干，十七八的姑娘大烟袋。”烟袋一头是铜烟锅，另一头是烟袋嘴，中间由带孔的竹、木或铜质的烟杆连接。抽烟时，把烟袋嘴含在口里，再在烟锅里放入烟末，用火点燃吸食。这种烟袋的长、短、粗、细以及款式、材料有很大的区别。什么人用什么等级的烟袋嘴，差别很大。

烟袋嘴有硬木的、紫竹的、黄铜的、银质的，而最多的是玉石的。当然，玉石也有高、中、低档次的区别。因为玉石光泽柔和，性温，质坚而细润，是上等饰物。用玉作烟袋嘴时，玉石师傅将一块玉石拿在手中，经过审慎的望料、设计，而后经上车铡、冲、磨、轧、勾、抛光等多种工序，最后做成烟袋嘴。玉烟袋嘴用的人多，玉料开采也多，使用也普及。

烟袋嘴经过作坊的制作后，就摆上店铺或批发给商贩卖给烟民。

丘处机（王继青绘）

崇奉：丘处机

丘处机为宋代山东栖霞人，号长春子，为王重阳弟子，道教长春教派的开创者。丘处机有着离奇的经历，他小时候，就有算命先生说他“异日当为神仙宗伯”。他十九岁时，投师王重阳，学得真道。金宋交战之际，两国君主曾派使者请他出山，均被拒绝。后来，元太祖成吉思汗召见他商议国策。丘处机见元太祖一片诚意，就对他讲：想统一天下的人，必须不嗜杀人。敬天爱民是统治根本，而清心寡欲方是长生久世之道。元太祖听了十分高兴，赐给他一枚虎符，外加玺书，上面不写名姓，只书有“神仙”二字。

卖烟袋嘴行当中的烟袋嘴多为玉琢成，“玉不琢，不成器”，而全真大师丘处机曾在京师白云观中撰写了一部《水凳歌诀》，书中详述了琢玉的技术。卖烟袋嘴行当因而崇奉丘处机。

卖香烟

卖香烟

卖香烟行当，北方人称卖烟卷、卖纸烟的。香烟的原产地不是中国，它是从美国进口后发展起来的东西。据史料记载，最早进入中国市场的香烟是1885年美国杜克公司生产的“小美女”牌香烟，由茂生洋行总经销。但这种烟能两头吸，国人觉得好玩，但无人购买，一时销量甚微。真正使香烟在中国得到推广的是在1890年，杜克公司聘用销售代表菲里斯克，他携带着“品海”“老车”两个牌子的纸烟来上海推销。菲里斯克有经商头脑，他一改以前坐店经营的老方法，联合了七家洋杂货店老板，共同策划营销计划，大做广告宣传，向路人无偿赠吸香烟，同时，还赠香烟给达官显贵。再加上美国烟叶从质地上优于中国土烟，吸食又方便。不到一年，香烟成了社会上时髦的东西，吸烟人数大增，销售量与日俱增。第二年，菲里斯克就以卓越的业绩当上了老晋隆洋行的第一任大班。

1891年，老晋隆洋行在上海设厂，引进第一台卷烟机。之后，茂生洋行、美国纸烟公司、日商村井兄弟会社等均在上海开办卷烟厂。1905年，我国的民族烟厂“南洋兄弟烟草公司”成立。从此，中外烟厂形成了两大阵营，在争夺烟草市场上开始了长达半个世纪的激烈竞争，这其中包括了遍及全国的烟商、烟贩和千百万卖香烟的从业者。

卖香烟行业有句俗语："制烟获暴利，贩烟获大利，售烟获中利，小贩获蝇利。"城市中卖香烟有大小之分，大买卖窗明几净，陈设讲究，专卖上等洋烟或中国大公司的产品。前台零售，后柜批发。小买卖在"夫妻老婆店"独设一个装满不同品牌香烟的货架子，与油盐酱醋、日用百货等一起销售。再小的买卖，就是街头小烟摊，或是走街串巷，脖子上吊着一个纸烟匣子的流动小贩。这种小贩风里来、雨里去，都是穷人，既卖香烟又卖火柴，面向的购买者大多是城市贫民。

崇奉：美国士兵

美国士兵（王继青绘）

香烟的发明者是美国士兵。两百多年前，在美国就有人采用嚼食烟叶的方式，称为"嚼烟"。后来用纸卷烟丝吸用是在美墨战争（1846—1848）期间。当时，在战争激烈的状况下，美国士兵在战壕中有一种应急发明——他们用包子弹的纸包裹烟叶抽，因为它便于携带和吸用，而且重要的是比"嚼烟"更刺激、更过瘾，所以抽香烟很快就流行起来。

鼻烟铺

鼻烟是一种由烟草、冰片、茯苓、香料研磨精细而成的混合粉末。平时贮于鼻烟壶内，用时取出些许，用中指和拇指一拈，送入鼻孔之内。闭目养神，轻轻吸入，顿时醒脑提神，飘然若仙。若是猛吸一口，喷嚏如雷，瞬间一身轻松，遍体通泰。比吸食旱烟、水烟，别有一番滋味，故在旧时吸者颇众。

鼻烟铺行当在明末清初时才有，最早记载出现鼻烟是在明代万历年间，在意大利传教士利玛窦来华向朝廷进献的贡品名单上，就有鼻烟两瓶。从此，鼻烟逐渐在国内发展，形成一个行当。尤其是到了清朝，皇帝们对鼻烟情有独钟，爱乌及屋，对鼻烟壶也十分看重。康熙帝、乾隆帝曾多次旨谕内务府精心研制，不惜工本，烧制出无数名品。京城的鼻烟铺，如古月轩、辛家皮以及马少萱的内画鼻烟壶，都是难得的珍品。崇文门外的青山居，每年要举办盛大的“赛壶会”，可以看出清朝时期吸用鼻烟风气之盛。

鼻烟铺出售的鼻烟，以各类档次而定价。总的说来，其价格是非常昂贵的。鼻烟价格虽高，但“瘾君子”仍趋之若鹜，这些人经常手握空壶登门，业者用天平或戥子，论锱论铢，细心称量，一丝不苟。

鼻烟铺

到了民国，纸制卷烟盛行之后，鼻烟渐受冷遇，至20世纪50年代，便已悄悄地退出历史舞台。但是，作为传统行当，还有极少部分保留下来。如在北京前门大栅栏东门、上海老城隍庙豫园后门出口处，以及在一些少数民族地区的旅游景区，我们有时还能看到鼻烟铺或小商贩手工制作的鼻烟。

崇奉：祝融

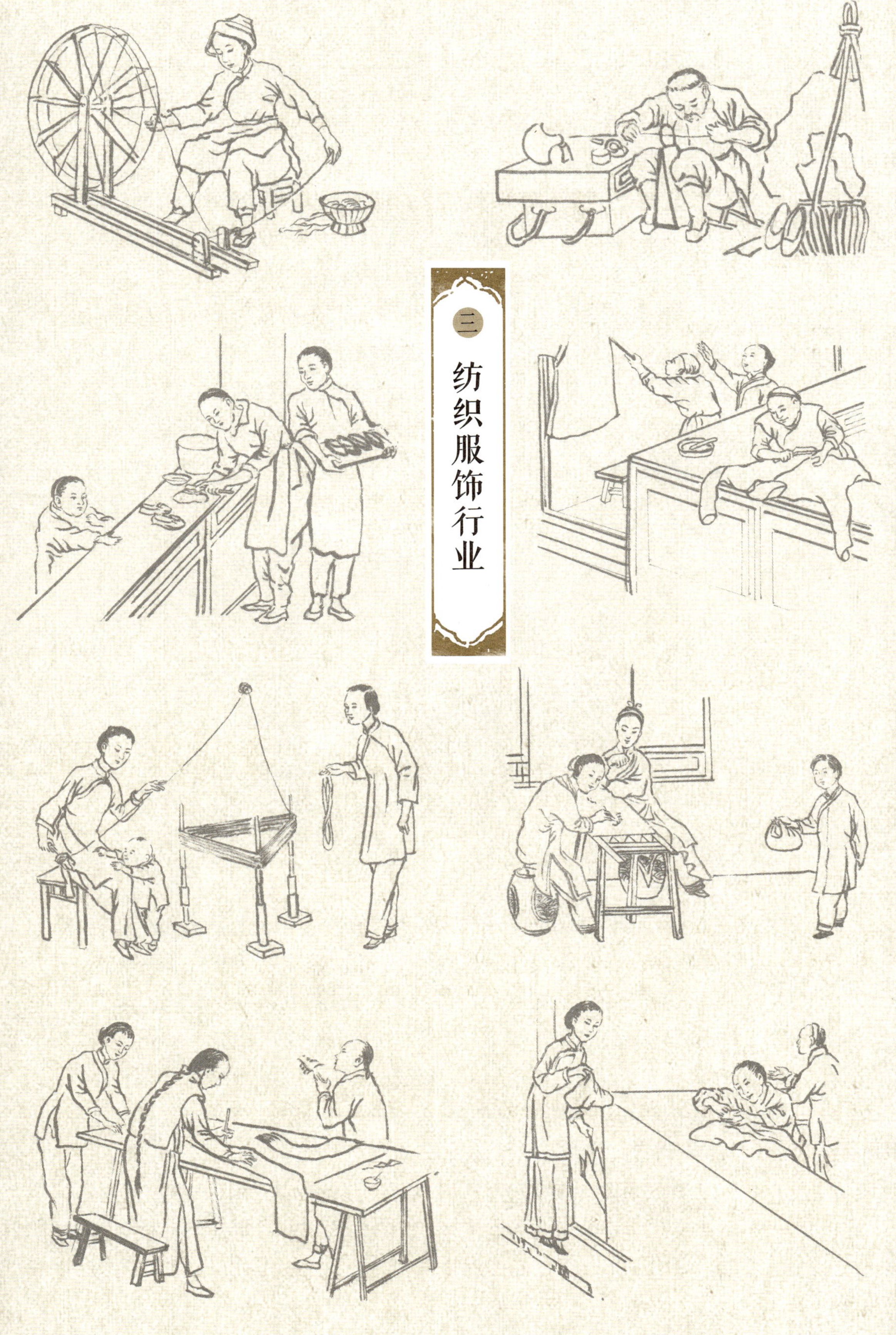

三 纺织服饰行业

轧棉花

轧棉花，是纺纱织布前一道重要的工序。棉花生成之后，经过采摘、晾晒、轧花、去籽、粗弹、合条、纺纱、漂染、织造、印整、量裁、缝纫，方能为衾为裳、衣被天下。轧棉花是纺织工序中的第一步。

中国古代原先是不产棉花的。平民百姓所穿的衣服，都是麻织品。南人多衣丝麻，北人多着裘皮。棉花原产地为南洋和西域。直到宋朝末年，在福建、广东等一些南方地区开始有人种植棉花，故棉花、棉衣被视为贵重的物品。宋亡后，棉花种子才传至浙江、江西、湖广等地。元朝时，有人又从新疆吐鲁番引进棉花在陕西试种。而真正促成棉花在全国大规模种植，始自明朝。

轧棉花

明朝开国皇帝朱元璋看准了棉花的经济价值和国计民生之需要，为推广植棉，推行了一系列政令措施。到了明朝中期，棉花生产和织造工艺都达到很高的水平。纺织工艺的先行推广者黄道婆，从黎族妇女处学得纺纱织布的手艺。当她回到上海故里的时候，她的技术得到广泛重视和推广。一时间机杼声声，纺纱织布成了农村手工业生产的重要项目。久而久之，人不分贵贱、地不分南北，都以棉布制衣，百人之中仅一人穿丝衣。

棉衣虽暖，但纺织者们太辛苦了。仅轧棉花一项，已使万众“尽折腰”了。据南宋文人赵汝志《诸蕃志》记载，采集棉花，“取其茸絮，以铁筋辗去其子（籽），即以手握茸就纺”。到了元代王祯著《农书》时，“铁筋辗”已变成搅车，即踏车，用来去棉籽，较以前已大有进步。

崇奉：黄道婆

黄道婆（王继青绘）

黄道婆又称黄婆，是元代松江乌泥泾（在今上海市徐汇区）人。黄道婆生活坎坷，少年流落崖州（治今海南三亚市崖州区），从黎族那里学得纺织技术，返回故乡后，改进轧花机等工具和纺织技术，促使松江一带棉纺业繁荣发展。

黄道婆是中国棉纺业历史上杰出的纺织技术革新家。自元代以后，江南许多地方都建造有供奉黄道婆像的祠庙。数百年来，黄道婆的名声已经传扬于国内外。

纺纱

纺纱业中最早的纺车是脚踏式的，它的模样曾出现在东晋画家顾恺之的绘画中。有文字可考的是，在元朝元贞元年（1295 年），我国纺织技术革新家黄道婆从海南崖州回到上海乌泥泾，带回了那里少数民族的纺织技术，并在乡邻的配合下，改进了脚踏纺车。之后有了手摇纺车，大大提高了生产效益。在封建社会中，手摇纺车是中国家庭的常用生产工具，女主人纺纱拈线是日常必修的功课。

纺纱（王继青绘）

崇奉：黄道婆

蓝印花布

蓝印花布业是中国一种独特的印染行当。蓝印花布深受百姓喜爱，被誉为“清水出芙蓉”。生产蓝印花布，首先要把棉布染蓝，用蓝草制成染液，边浸边染。接下来的工序是印花。蓝印花布一般有两种，一种是蓝底白花，通常采用刷印法；另一种是白底蓝花，习惯采用套印法。这两种方法都需要制作花版。花版是由桐油竹纸或涂过柿漆的油纸来充当，在上面雕刻各种花卉、人物、鸟兽等形象，然后将花版蒙在白布上，用蓝色染料作印花处理，便可大功告成。

蓝印花布业的技术在唐代已广为运用。清代时，这一行业技术更加发展。蓝印花布的用途十分广泛，如制作衣料、包袱、桌布、门帘、被面等，深受人们的喜爱。蓝印花布以清新脱俗、优美自然的品质，让人心驰神往。虽然现代有用机器印的蓝花布，但与手工制作的蓝印花布相比，其赋予人们的美的感受是完全不同的。

江苏苏州、浙江嘉兴、湖北天门、湖南常德以及四川、江西等地，都是蓝印花布的著名产地。

蓝印花布

崇奉：黄道婆

蜡染

蜡染，又称蜡缬，是一种传统的手工印染技法，早在秦汉时期，我国西南地区就有此业。当时一些少数民族利用蜂蜡和虫白蜡作为染布的原料。制作时，先将蜡加热熔化，然后用特别的小铜刀蘸蜡，在预先剪裁好的白布上描绘出各种纹样。这道工序看似简单，实际上需要熟练的技能，如果蜡太热，容易化开使花纹变形，而蜡太冷，不易流动，使花纹苦涩。接下来需要耐心等待蜡凝固成“冰纹”，便可以浸入靛缸染色，晾干后煮去蜡质，显出白色图案，就能得到蓝底白花或蓝底浅花的印花布。

随着民族之间文化交流的扩大，蜡染业逐渐传入中原地区，辗转传播至全国，而蜡染产品也通过丝绸之路远销亚欧。隋唐时期，蜡染业已是一个颇为盛行的行业。无论是达官显贵，还是平民百姓，都以穿着和使用蜡染产品为时髦。可是，到了宋代，由于碱性防染法的推广、蓝印花布的出现，大大冲击了蜡染业，之后蜡染逐渐从中原地区倒退到西南山区。而西南的苗、水、瑶、布依等少数民族一直保留着这项古老的工艺行业，美化生活，代代相传。

如今，蜡染这朵古老的手工印染奇葩，又再度焕发青春光彩，以浓郁的乡土气息、独特的民族风格，展示在人们面前。许多旅游客

蜡染（王继青绘）

人来到西南地区旅游，无论是33厘米见方的手帕，花样别致的帽子、背包，还是清纯质朴的衣裙、装饰性颇强的门帘、床单等，这些蜡染产品都引起人们的浓厚兴趣，备受喜爱。

崇奉：苗族祖先

传说蜡染的发明者是苗族祖先。当年，苗族的先祖、九黎部落联盟的首领蚩尤被黄帝打败，变成阶下囚，被木枷锁住。蚩尤被杀后，被抛弃于荒野中的木枷便化为枫树。从此，枫树被视为蚩尤的化身和象征，成为人们顶礼膜拜的神树。每当秋天，枫叶如血，苗民们便取出神树的浆液，绘制自己的图腾，制成各种祭祀服装和旗幡。后来，他们又发现：枫叶只能现采现用，无法储存，再加上内含糖分，容易使染布质量不稳定。这时，较易采取的蜂蜡便取而代之了。

苗族祖先（王继青绘）

染工

染工，就是把素白的丝、麻、棉质的织物用染料染上不同颜色的匠人。古来染行全凭手工作业，有个体单干户，也有多人在一起工作的染坊。

染工

染工用的传统染料大多是从天然植物中榨取的，携之不便，故而离开作坊单独外出兜揽生意的单干户不多。但在旧时，个体染工偶然也能见到，他们随身带着各种染料和工具，走街串巷兜揽活计。

染坊自古有之，原是专为皇室、官宦、富户、军队服务的，后来，民间市井中亦多了起来。大作坊内分工很细，有漂布间、踏布司、染布司等。这些工序的劳动强度大，成匹的布染毕，要用元宝石滚压，方能使布上光，染色均匀。踏布匠双脚踏石，左右摇晃，犹如要杂技一般。由于染工的劳动，人们能够装扮得五彩缤纷。

崇奉：赵昱

赵昱从小聪明过人，他中年后出家修道，并且隐居青城山。隋炀帝得知他很贤能，任命他为嘉州太守。郡内有条江，水中有老蛟，春夏为害，伤害百姓。赵昱知道后，非常愤怒。时值五月间，就率领千余士兵，万余名百姓，乘七百余艘船，在江边击鼓呐喊。他自己持刀入水，水立即变成赤色，并传来石崖崩裂的声音。一会他便手持蛟首而出。当时有七个人助他斩蛟，这就是七圣。那年赵昱才二十六岁。隋末，天下大乱，赵昱弃官隐去，不知去向。后来嘉州江水泛滥，当地人见轻雾中赵昱骑白马，从水上掠过。老百姓感激他的恩德，就在灌江口为他建立了一座庙。因为是他平息了江水的灾害，百姓虔诚供奉，俗称灌口二郎。唐太宗时，封他为神勇大将军。唐明皇时加封赤城王，宋真宗时追尊清源妙道真君。传说赵昱是掌管江水的神，染工、漂工等均崇奉赵昱。

赵昱

漂工

漂工行当中，一般是女性从业者较多。在封建社会的农耕经济体系中，农村自给自足，使纺织、漂、染等行当也以一门一户的个体专业户形式存在。棉、麻、丝、苎经过织造成为布匹或绫罗绸缎。为使这些纺织品生色生花，需要再经过印花、染色。而“漂”这道工序包括两个内容：一是使织物去污增白；二是洗净在印花、染色过程中积在织物上的浮色。

随着社会前进、生产力发展，唐代的江南出现了一些大的漂染作坊。专职成批地印染、漂洗丝绸、锦缎和麻布，以供内需和大宗出口。

据《天工开物》记载，在古代，将织物染成红色，是使用红花或苏木水做染料；染黄色，是用黄连或黄姜；染褐色则使用莲子骰；染绿色，必用槐花……染完颜色后，全靠漂工，用大量的水来漂洗。这样，专职漂工就分离出来，成为一个行当。明代，漂工行当就已形成很大的规模了。

漂工

崇奉：赵昱

缂丝工

缂丝，又称刻丝、克丝或刻色，因这种织物的花纹图案近看犹如纬线雕刻而成，颇有层次感而得名，它是我国丝织工艺高度成熟的产物。

缂丝是一个极其复杂、对缂丝工技术要求极高的行当。但织造缂丝的工具极为简单，只需要一台能织平纹织物的小木机，配上数十把装着各种彩色丝线的小梭子就可以了。能否织成巧夺天工的缂丝，取决于织工"通经断纬"的熟练程度。通常，先由画师将精细的画稿图案描在纸上，然后由缂丝工摹入经面，即根据预定的图案花纹（如绘画、书法、人物等），确定在一根经线上，分出不同段落应显现的色彩，接着用特别的小梭，穿引着各种彩线分块织造，但要注意留出所要表现图案花纹的轮廓位置，这一环节是缂丝能够自由地进行形象表现的关键，最后织成的缂丝就能凸显鲜明的立体感、丰富的层次感，给人呼之欲出的感觉。缂丝工的工艺精妙之处，还在于织品的正反两面完全相同，隔断处犹如镂刻一般，与刺绣中的"双面绣"可谓异曲同工。现在苏州的工艺大师已经能织造出双面不同图案的缂丝作品了。

缂丝工（王继青绘）

缂丝早在汉代就出现了，当时被称为"缀锦"，这种丝织方法，在民间较为普遍，并逐渐从中原向边疆少数民族地区传播。如新疆古楼兰遗址中曾出土多种彩色缂丝物，让人惊叹。在唐朝，缂丝曾经作为高档礼品馈赠友好邻邦，例如日本正仓院收藏了一幅唐代的缂丝作品，表现的是异兽、忍冬、莲，织造技艺已相当娴熟。到了宋代，缂丝工艺登峰造极，缂丝高手不断涌现，最著名的是朱克柔、沈子蕃、吴煦，他们以梭代笔，开创丝织工艺的崭新境界。明清两代上承宋元风格，在用材上，除蚕丝外，还借助金线、银丝、孔雀羽毛等，更加强调其装饰效果。

缂丝，是中国丝织工艺的杰作，缂丝工更是能工巧匠，他们用聪明的才智、灵巧的双手，创造出巧夺天工的缂丝作品。

崇奉：王昭君

王昭君（王继青绘）

王昭君，又名王嫱，西汉南郡秭归（今属湖北）人。王昭君端庄美丽、知书达理，汉元帝时被选入宫。竟宁元年（前33年），匈奴呼韩邪单于来到长安求见汉元帝，提出和亲要求。汉元帝准其要求，把王昭君以公主的礼节嫁给了呼韩邪单于。王昭君出塞后，被封为宁胡阏氏（即王后）。王昭君到了匈奴，教当地人使用汉朝的农具，并把耕作技术教给当地人，使他们粮食自给。之后的60多年，匈奴与汉朝和平相处，百姓也得以安居乐业。

王昭君去世后，葬在黑水旁（今内蒙古呼和浩特市郊），塞草皆白，唯此冢之草独青，人称“青冢”。王昭君曾很欢喜缂丝，所以缂丝行当崇奉王昭君。

织锦（王继青绘）

织锦行当主要流行于南方，特别是苏州的宋锦颇为著名。苏州的宋锦，色泽华丽，图案精致，质地坚柔。它与南京云锦、四川蜀锦一起被誉为我国三大名锦。

远在秦汉以前，我国民间艺人对锦的织造工艺已有相当的研究。宋锦之前的唐代时就有土亥八蚕丝绯绫。到了五代，农业生产有所发展，丝织品中出现了五彩灿烂的织锦，当时称得上是极品档次。宋室南渡后，全国经济重心南移，当时苏州仅次于临安（杭州），成了南宋时期的政治、经济、文化中心之一，因而丝织业更加发达，从事手工操作业的人数倍增。为满足统治阶级文化生活的需要，在织锦中出现了一种极为细薄的新品种，专供装裱书画之用，其种类有40余种，当时苏州就以出产这类织锦著称。现在这些古老美丽的织锦与书画同时被保存下来，人们习惯地称为宋锦。对织锦者而言，从事宋锦行业的技术要求很高，他们不仅为谋生，而且是为艺术做贡献。他们除了生产宋锦外，以后又发展出了漳缎、天鹅绒、苏花绫、八宝带、彩花带等，使宋锦产品更加绚丽多彩，鲜艳夺目。

崇奉：马头娘

马头娘实际上是蚕丝业的始祖神。古代织锦主要原料是丝，故马头娘也是织锦行业崇奉的神明。

关于马头娘的故事，在《集说诠真》《太古蚕马记》《搜神记》《太平广记》等古籍中都有大致相同的记述。

马头娘

相传古代蜀中某女子之父被人掠去，只剩所骑白马返回。其母伤心之至，发誓道：“谁要能将夫救回，我将女儿许配他。”白马闻言仰天长啸，挣脱缰绳疾驰而去。几天后，白马载着其父返回家中。其母见此反悔，不再提及嫁女之事。从此，白马整日嘶鸣不止，不思饮食。其父见状，不但知恩不报，反而起了恶心，取箭乘白马不备，将马射死，并把马皮剥下晾在院子里。谁知那马皮突然飞起将姑娘卷走，不知去向。数日后，家人在一棵树上找到了姑娘，但见那马皮还紧紧包裹着她，而姑娘的头已经变成了马头的模样，正伏在树上吐丝缠绕自己。家人很伤心，但也只能将其从树上取回饲养，养蚕缫丝的历史从此开始。由于这种虫子总是吐丝缠绕自己，人们就把它叫作“蚕（缠）”；又因为姑娘是树上变成虫的，大家就把这种树叫“桑（丧）”。后世人们为感谢小姑娘为人们带来了丝绸锦衣，把她尊为蚕神，称为“马头娘”（或称“马头神”“马鸣王菩萨”）。旧时在江浙蚕桑产区的农村里，随处都可看到供有马头娘塑像的祠庙，年年蚕事前后，包括织锦行当的从业者在内的人们，对马头娘尊崇有加，祭祀不断。

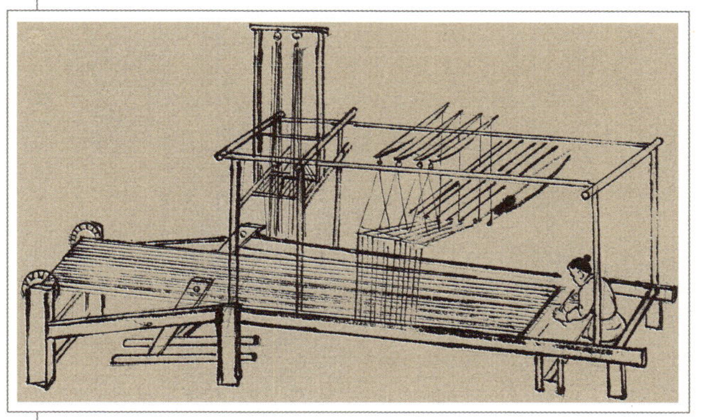

蜀锦业（王继青绘）

蜀锦是传统丝织工艺品，原产于四川。其质韧色丽，具有独特的地方风格。西汉时已畅销中原，为蜀民主要经济来源之一。到了三国时，蜀锦技压群芳，名扬全国。蜀锦行业的发展与诸葛亮有关。

公元214年，诸葛亮帮助刘备击败益州的刘璋，后来以成都为中心，建立了蜀汉政权。为巩固政权，诸葛亮决定从实际出发，在千里沃野之上倡导农桑，把蜀锦生产作为恢复经济、筹集战资的支柱，这一政策使蜀锦行业欣欣向荣地发展起来，很快超过了当时有名的襄邑织锦。从此，商贾趋之若骛，蜀锦远销四方。

宋代李昉等《太平御览》所辑的《诸葛亮集》中有这么一句话："今民贫国虚，决敌之资，惟仰锦耳。"蜀锦的经济价值可见一斑。

今天的蜀锦生产仍沿用传统染色熟丝与染色生丝织造之法。图案大致分"流霞锦""雨丝锦""散地锦""浣花锦""方方锦""铺地锦""条条锦""民族锦"等八类。

崇奉：诸葛亮

诸葛亮，字孔明，三国蜀汉政治家、军事家。他是刘备的主要谋士，刘备称帝后，诸葛亮任丞相。刘禅继位后，政事皆由诸葛亮决定。诸葛亮励精图治，推动蜀汉所辖地区的经济、文化发展。诸葛亮死后被谥为忠武侯。

绸缎庄

绸缎庄

在唐朝，丝绸最为盛行，生意一直做到国外，自长安（今陕西西安）经酒泉、敦煌，一直销往西域诸国，远至西欧，“丝绸之路”上商队来往频繁。

绸缎庄在唐朝之前就有。绸缎庄的货物珍贵，面对的顾客亦多权贵殷实人家，且多是太太、小姐之类的女眷，庄内的设施要高雅，柜上的伙计要谦恭。此行招收学徒也极讲究，须是五官端正、眉清目秀、聪明伶俐的后生，为的是讨女顾客们的喜欢。

嫘祖（王继青绘）

崇奉：嫘祖

嫘祖是黄帝正妃。相传，养蚕治丝是她发明的。

北周以后嫘祖被祀为“先蚕”（蚕神），所以丝绸业崇奉嫘祖。

刺绣

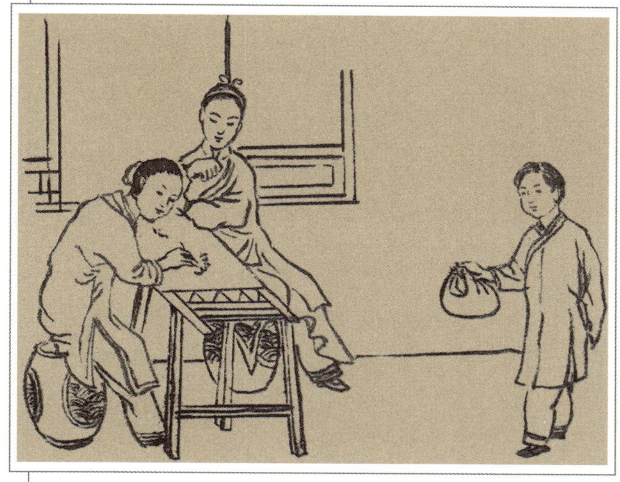

刺绣（王继青绘）

中国刺绣闻名中外，苏州苏绣、湖南湘绣、四川蜀绣、广东粤绣为中国四大名绣。中国刺绣历史悠久，据史书记载，三国时就已出现刺绣这个行当。自宋代以后，刺绣之技十分兴盛，工艺也相当成熟。农村“家家养蚕，户户刺绣”已在苏州一带成风。苏州城内还出现了绣线巷、滚绣坊、锦绣坊、绣花弄等坊巷。刺绣在当时不仅是作生计的，而且富家闺秀也往往以此消遣时日、陶冶性情。所谓“民间绣”“闺阁绣”“宫廷绣”的名称也由此而来。后来，因中国戏曲的发展，又促进刺绣的进一步兴旺，为了制作戏剧服装，出现了刺绣加工的场所，加上宫廷的大量需求，豪华富丽的绣品层出不穷。

作为被欣赏的刺绣工艺品有人物、动物、花卉、山水等各种题材，绣制成画片、册页、插屏、屏条、屏风中堂等，受到消费者的欢迎。清末民初，著名苏绣艺人沈寿在传统基础上又有创新，以新意或新法表现的花鸟、人物富有特色。沈寿绣的一幅意大利王后“丽娜像”轰动国内外。她吸收了西洋绘画中的明暗原理，注重形象的逼真，人称“仿真绣”或称“美术绣”。沈寿结合前人的技艺并融合自身的经验，将苏绣针法归纳为18种，由文人张謇记录为《雪宧绣谱》，使苏绣技术开始条理化。她自己的绣品在世界博览会上获大奖，为祖国赢得了荣誉。

崇奉：蔡女仙

蔡女仙

蔡女仙是晋朝时襄阳人。从小聪明、善于刺绣。据《中国神仙大全》记载：一日有位老翁来到蔡女家，请她绣一幅双凤图案，并特地关照她，凤的眼等他来了后再绣。蔡女刺绣出来的双凤，让人眼前一亮，栩栩如生、光彩夺目。这天老翁来了，一见双凤，顿时大喜，连连说："好，好，好！"老翁高兴地告知蔡女，这双凤是世上绣得最好的，独缺凤的眼，你现在可绣凤的双眼了。等蔡女绣完，便见双凤腾跃飞舞，二人遂各乘一凤飞去。蔡女成了绣花女中唯一成仙的神女，刺绣行当崇奉蔡女仙。有的地区的刺绣行当也崇奉马头娘、黄道婆等。

卖绒线

提起卖绒线，人们都会想到上海老字号品牌“恒源祥”绒线。实际上，卖绒线店在古代早就有了。那时，小绒线铺较多，格局十分简单，一间门面，一张柜台，一架货柜而已。但所陈列的货物品种齐全，应有尽有。有各种棉线、各色丝线、头绳等杂货相配。掌柜谋求的只是蝇头小利，不过是维持生活，伙计或徒弟也只是“混口饭吃”。后来，“羊毛”绒线出现了，这是编织高档衣衫所用的材料。羊毛绒线有各种档次，有钱人家用高档绒线编织衣物，穷人家则买些低档次的线类编织。卖羊毛绒线的利润较之古时的绒线铺更为丰厚了。

崇奉：何二娘

何二娘（王继青绘）

何二娘是唐朝南方人，她从小与父母靠做鞋卖线维持生活，以后拜伊真人为师，二十岁那年修炼仙术方成。一日，何二娘对父母说：“住在这里、干这些活，觉得很闷，想出去玩几天。”之后，据说何二娘上了泰山，修成了真仙。开元年间，唐玄宗派使征召何二娘进宫。行至半路，使者见她貌美,对她动手动脚。何二娘十分气愤地对使者说:“你只不过是主子的奴才,我还未见到皇帝,你就这样的无耻,想必你的主子也不过如此,我应该走了。”说罢,纵身入云而去。从此,人间再也没人见过她的踪影。唐玄宗知道此事后愤怒至极,杀了这个使者。

地毯织造

地毯是一种富有民族风格的传统民间工艺品，颇具艺术价值。中国最早的地毯织造行当出现在西北高寒地区的一些游牧民族中，地毯被他们用来防风、隔潮、保暖和御寒。先秦、汉唐称地毯为“织毛”“织皮”等。元朝开始，地毯织造行当已有作坊、店铺，生意较为兴隆。至明清时期，业内对原料的选择精益求精，织品色泽光亮、着色牢固、久不褪色，鲜艳如初。地毯的图案设计丰富多彩，人物、山水、花鸟等精美细致，让人发出由衷的赞叹。地毯已不仅仅是防寒去湿用品，而且是一种工艺品、装饰品、高档礼品和珍贵收藏品。

如今中国的地毯，以富有弹性、图案丰富、面如锦缎、形似浮雕和规格齐全五大特点，称雄于世界手工地毯市场。地毯的生意越做越大，其行业展现出辉煌灿烂的前景。

崇奉：阿克西凡

东汉时，在今天中国新疆和田的玉龙喀什河畔，生活着一位名叫阿克西凡的农民，他编织地毯的技术在当地非常有名。阿克西凡为了让大家铺上比皮毛更暖和更美丽的毛织毯，夜以继日，废寝忘食，反复尝试，终于织成了用棉线做经线，用羊毛线做纬线的地毯。后来，人们把阿克西凡称为“地毯之父”。

随着丝绸之路的开辟，阿克西凡首创的地毯，集土耳其、阿拉伯与蒙古族、藏族的民族艺术和手工技巧于一体，汲取中外工艺的养分，融合东西方文化精华，展示了中国地毯精湛高超的工艺技术。

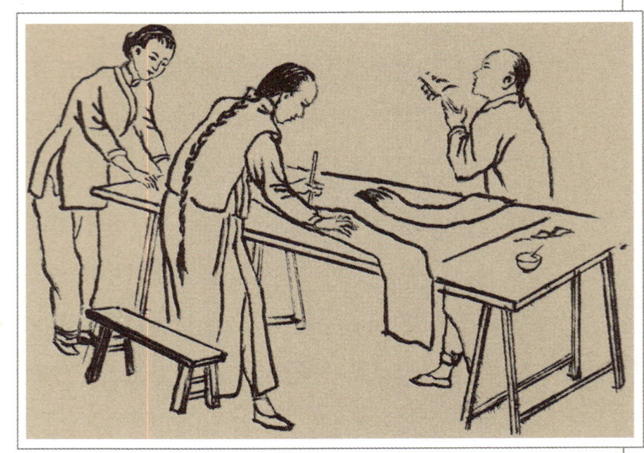

裁缝、卖布（王继青绘）

最早的裁缝出现于汉文帝时，称为“缝人”，专为内廷皇室服务。后来，民间出现了成衣作坊、裁缝铺，承制商贾市民的私人衣物。

卖布业起源于明代中期，当时市井中已是布店林立。到了清代，布店所售棉布的品种分为大布、小布两类。大布幅宽，小布幅窄。

仙姑

崇奉：仙姑

相传，仙姑是黄帝的小女儿，在金色的仙华山修炼，并在那里得道成仙。后来，百姓就在她修炼的地方建了一座庙，凡遇到灾害疾病，便去祷告，求仙姑保佑，非常灵验。

民间传说，仙姑还会给裁缝、卖布人带来智慧和财富。

张小泉剪刀

张小泉剪刀是中华老字号产品，原产地在浙江杭州，已有300多年的历史。它以质量好、品种多、价廉物美驰名中外，盛销不衰。张小泉剪刀在全国各地都有销售。

张小泉剪刀出名与乾隆皇帝有关。传说，清朝乾隆皇帝微服出巡到杭州城隍山时，天下起了雨，他赶快跑进了一间作坊躲雨，见门口招牌上写“祖传张小泉剪刀”字样，便不露声色地买下几把带回宫中，使用后感到非常满意。以后，乾隆皇帝年年派人到杭州来采购张小泉剪刀，作为宫廷用剪。于是其名声大振，身价百倍。据统计，当时杭州打出“张小泉”牌子的剪刀作坊达80多家，形成了“青山映碧湖，小泉满街跑”的盛况。

崇奉：张思家

张思家是安徽黟县人，世代务农。因家乡遭灾，全家逃难到杭州。为了生计，聪明好学的张思家拜师学艺，打制剪刀。学成手艺后，他独立创业，借钱开设了“张大隆”剪刀店。由于张思家采用浙江龙泉的好钢作原料，又经过精心制作，剪刀锋利耐用，与众不同，“张大隆”的生意真的做大了。张思家很快还清了债务，不久还积累了钱财，“优质”“信誉”使“张大隆”打下了扎实的行业基础。张思家去世后，他的儿子张小泉继承父业，将店招干脆改为“张小泉”。张小泉在父亲原来的技术上再作改革，声誉日高，“张小泉”的名气超过了当年“张大隆”的名气。在一次剪刀评比会上，人们曾把50

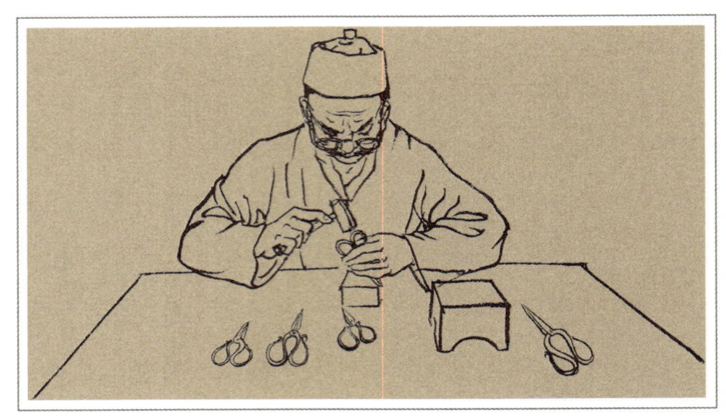

张思家（王继青绘）

层的细布叠在一起，用各种剪刀试。结果，其他的剪刀均告失败，唯独张小泉剪刀“咔嚓”一声，整齐利落，一次剪断。有人不信，当场连剪五次，次次成功。检查刃口，锋利如故，这结果让人心服口服。

张小泉剪刀在1910年南洋劝业赛会和1915年巴拿马万国博览会上接连获奖。中华人民共和国成立后，它在全国的历次剪刀评比中均名列第一。香港一家广播电视公司曾前往该厂采访和拍摄，摄下号称一号民用剪刀一次竟剪断70层白布不缺口，接着剪单层薄丝不带丝的精彩镜头。“张小泉”的优质剪刀，倾倒无数中外观众。

在我国，熨斗最初是作为刑具而问世的。在公元前 17 世纪的商朝，国君纣王是个暴君，好施酷刑取乐，熨斗便是他使用的刑具之一。

据史书记载，真正用于生活之中的熨斗，应该出现在唐朝。熨斗的制作方法较为简单，将高温熔化的铁水注入“熨斗模子”，冷却后即成。由于熨斗以炭火加热，故又称“火斗”。唐代画家张萱的《捣练图》中有一组熨练的画面，表现了几人熨烫绢练的场景。民间运用熨斗，主要功能是熨烫衣服平整。杜甫有诗曰：“美人细意熨帖平，裁缝灭尽针线迹。”

如今，铁熨斗已难以觅见，取而代之的是电熨斗、蒸汽熨斗、电子熨斗……品种让人眼花缭乱。

制造熨斗（王继青绘）

崇奉：黄道婆

卖缝针

卖缝针（王继青绘）

卖缝针行当可以说是三百六十行中不起眼的“小行当”，可是家家户户都离不开这小小的缝针，可谓是“小小缝针连万家”。旧时卖缝针的都是一些走街串巷“货郎担”，或是一些手提篮子、卖些零碎小百货的小商小贩。卖缝针小货一类赚的是蝇头微利，不过贴补家中的开支罢了。

早在旧石器时代，人类就用针来连缀兽皮，制衣御寒。北京周口店龙骨山遗址中，出土了针身略弯的骨针，这可以说是缝针的“老祖宗”了。因为石器、青铜器都不宜制作缝衣针，骨针一直伴随人类进入铁器时代。春秋后期，人们才使用铁针来缝制衣服。唐朝有典故“铁杵成针”鼓励人要有耐心，坚持到底才会成功。北宋时期有了钢针，明代炼钢和制针技术有了较大发展，还促进了刺绣工艺的提高。据《天工开物》记载，明代的钢针已远销到了日本和柬埔寨。直到中华人民共和国成立，缝衣针的生产方式才彻底从手工操作转变为机械生产。

崇奉：风火仙师

风火仙师即风火神，又名广利窑神。他本名叫童宾，是明代浮梁县（今江西景德镇）里村人。因父母早丧，遂投师学艺，执役窑业。明万历二十七年（1599年），太监潘相任江西矿使兼理景德镇窑务，督造大器青龙缸，久不成功。潘相就对窑户进行鞭挞以至捕杀。瓷工们衣食不得温饱，还要受到迫害，处境凄惨。童宾目睹同役瓷工的苦况，非常愤慨，竟以自己的身体为炼瓷的窑柴，纵身跳入窑火以示抗议。据说次日开窑一看，青龙缸竟然烧制成功了。然而，童宾之死激起了瓷工们的义愤，全镇瓷工群起烧毁了税署和官窑厂房，吓得潘相偷偷地只身逃走。事后，朝廷为了安抚人心，不得不在御器厂的东侧为那位因大众利益而死的童宾立祠，并尊号为“风火仙师”，祠名“佑陶灵祠”（至今尚保留有瓷制的“佑陶灵祠”匾额）。祠内供奉的是童宾坐像，两边则是窑厂烧炼工人的塑像，包含把桩、托坯、架表、收兜脚、打杂等不同瓷窑工种。

风火仙师（王继青绘）

卖纽扣

卖纽扣行当在15世纪以后的中国才逐渐发展起来。古人的衣着，只用带而不用纽扣。无论是在古人的画像上、实物上，还是在诗文与史籍的记载中，都找不到使用纽扣的例子。

卖纽扣（王继青绘）

纽扣直至明朝中期才出现。起初，纽扣的制作十分简单，材料仅为贝壳、螺丝、木头。随着手工业的发展，开始改用布质的条子打成葡萄结作衣纽。到了清朝、民国时期，纽扣行当才真正成为成熟的行业。许多家庭作坊、商铺等制作纽扣。小商小贩则成批进货，然后，走街串巷吆喝叫卖。那时相继出现了胶木纽、金属纽、玉质纽等，五花八门，其造型千姿百态，色泽鲜艳缤纷。

卖纽扣行当虽然是小生意，但人们的生活少不了它。

李充（王继青绘）

崇奉：李充

李充是汉代冯翊（治今陕西大荔）人。当时，他自言已有两百岁，藏有五岳仙图，因而也被称作"负图先生"。相传，汉初，伏生曾从其学过《尚书》。别人曾问起李充为何这么长寿，他回答说："衣袜不脱，寒气不入，舒心入睡，长寿也！"

制作中山装

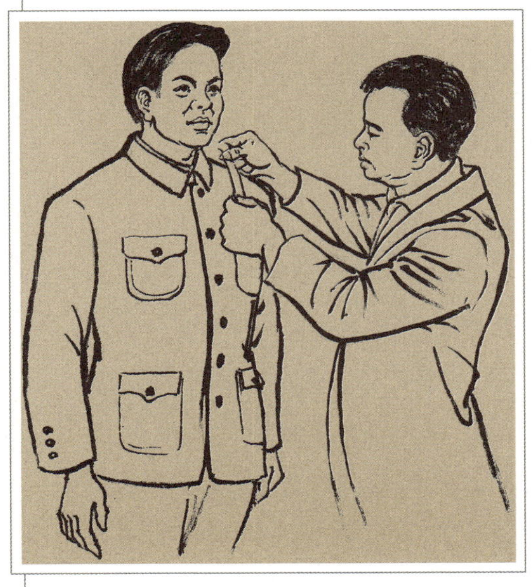

制作中山装（王继青绘）

中山装在20世纪的中国非常流行，它是以孙中山的名字命名的。中山装给人以一种信心和力量。现在有人穿着它，有体现爱国情感在内的需求。制作中山装行当也属裁缝之列，但它又区分于一般裁缝的制衣。中山装造型大方朴实，结构严谨持重。1929年，国民党政府通令，将中山装定为党政官员的礼服。一件中山装的设计，蕴含着强烈的主观意愿和设计理想，并与中国近代史的背景和使命相结合，令人深思。制作中山装行当，不仅仅有经济效益，还有浓厚的政治色彩。

崇奉：黄隆生

据有关史料记载，中山装的设计者为黄隆生。黄隆生祖籍广东省台山县（即今台山市），少年时曾去越南当学徒，先学做鞋，后学裁缝。由于他聪明好学，刻苦钻研，成为当时河内著名的裁剪师，还开设了洋服店。1902年，孙中山赴河内宣传中国民主革命思想，黄隆生接受其革命思想，参加兴中会，之后遵照孙中山的指示，在越南发展了100多名会员。1905年，孙中山领导的兴中会与章炳麟领导的光复会、黄兴领导的华兴会，联合成立中国同盟会。1907年，孙中山再赴河内，把越南的兴中会分会改组为中国同盟会分会，并在甘必利街61号设立了领导起义的总机关。黄隆生捐出巨款，为钦州起义和镇南关（今广西友谊关）起义购买军火。

黄隆生（王继青绘）

1911年10月10日，武昌起义爆发，黄隆生听到这一振奋人心的喜讯，立即从越南回到祖国。当时革命党人服装繁杂，有穿洋装革履的，有穿中式长袍的。因此，有人提议统一服装。但选哪种式样，意见分歧很大。孙中山难以定夺，就委托黄隆生设计一种与众不同的新款式，要求既符合中华民族的传统特点，又有适应当今世界潮流之趋势。黄隆生接此重任后，参考了多种服装的样品，经过一番周密的思考，选中一种以英国学生制服为蓝本设计的，并亲自缝制好的样品，交给孙中山过目，当即受到孙中山和革命党人的一致欢迎。孙中山对着样品服，连声称赞："好！好！好！"

经孙中山亲自选定的统一制服就叫"中山装"。第一批大宗制作中山装的生意，是孙中山亲自到上海南京路，交给声誉卓著的荣昌祥呢绒西服号做的，老板王才运十分高兴地接下这笔生意。中山装这种服饰之后为广大中国人所接受，国民纷纷效仿。

制作旗袍

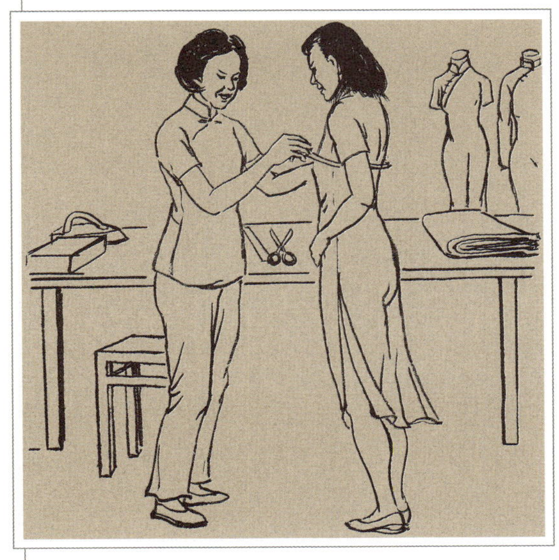

制作旗袍（王继青绘）

旗袍始于清代，盛于20世纪20年代初。制作旗袍设计构思要巧妙，结构十分严谨，造型质朴大方，线条简练优美。制作旗袍的师傅一定是技术高超的裁缝，而一般的裁缝师傅不一定会做旗袍，这是专业行当。旗袍由整块衣料裁剪而成，各部位的衣料没有重叠之处，整件旗袍上没有不必要的带、绊、袋等装饰，能充分体现妇女形体，显现女性曲线的自然美。旗袍的卡腰、门襟、高领等款式，显得妩媚而婀娜多姿。由于比较贴身，使富于青春美的三围曲线隐约可见，下摆侧开衩，不仅行走方便，而且行走时给人以轻快、活泼之感，每当微风袭来或随步移动时，轻盈飘拂、柔和飘逸、舒适典雅之态毕现。紧扣的高领，使人感到分外雅致。庄重束紧的腰部，穿在身上合体服帖。因此，旗袍深受我国女性的青睐，尤其是时髦女性、影视女明星、政治女领袖等对旗袍更是钟爱，连国外的女性也竞相仿效。

制作旗袍行当，由于工艺复杂，要求极高，所以其制作费用也十分昂贵。旗袍深受国内外女性的喜爱，优点甚多，但由于制作时必须度身缝制，作坊、服装厂无法大量制售；同时，缝制一件合身适体的旗袍，手工费用也较昂贵，因此，在一定程度上影响了这一行当的推广与普及。

满族妇女（王继青绘）

崇奉：满族妇女

旗袍为我国特有的服饰，具有独特而浓郁的民族风味。旗袍的发明者是满族妇女。清兵入关后，八旗妇女习惯穿的长袍，是满族妇女的民族服装，旗袍之名由此而来。

估衣

估衣

估衣行当起源于清朝，主要集中于北京，后逐渐发展到各地。估衣即出售旧衣裳。作为一个行业，在经济不发达的时代，估衣也是一项调剂民间生活用品资源的商业活动。

如果估衣太多，尤其是进入当铺、无人赎回的半新半旧或较高档次的旧衣裳，当铺为了兑换现钱，即按号铺顺序，分出三六九等，拿到估衣街市上去售卖。

崇奉：黄帝

黄帝，姬姓，号轩辕氏，是传说中中原各部族的共同祖先。黄帝曾打败炎帝、击杀蚩尤，被拥戴为部落联盟领袖。传说有很多发明创造，都创始于黄帝时期。

黄帝

缝穷婆

旧时，专门为穷人缝补衣裳的贫苦妇女，俗称缝穷婆。她们的竹筐里装着针头线脑和各色洗净的旧布，搬一只小板凳，坐在市井道旁，专门兜揽贩夫走卒、单身汉的生意。

缝穷婆

崇奉：马皇后

马皇后是明朝开国皇帝朱元璋的原配夫人，号称“大脚马皇后”。马皇后原是朱元璋所投义军元帅郭子兴的养女。郭子兴见朱元璋作战勇敢、有胆略，精明强干，就把养女马氏许配给朱元璋。这样，朱元璋成了元帅郭子兴的女婿，身价提升，为他最后取得义军领袖地位打下了扎实的基础。马皇后为朱元璋夺取政权、成为明朝的皇帝，也立下了汗马功劳。尽管朱元璋妃子众多，但对马皇后一直很尊重。马氏出身贫穷，最后成了皇后，缝穷婆行当的人非常崇敬她。

马皇后（王继青绘）

鞋铺

鞋铺（王继青绘）

专门制作鞋子的民间作坊，很早就出现了，明清时盛行。鞋铺则是加工鞋、卖鞋的场所。在封建社会中，穿鞋是分等级的，什么人物穿什么鞋，不仅在款式上，而且在材质上也有诸多不同。鞋铺收来的鞋子，经过加工、粉底、撑楦、周正、定型、鞋底刷得雪白等工序，然后才能上柜出售。

崇奉：路神

相传路神是炎帝的后裔，他的名字叫修。修是炎帝最小的儿子，他喜欢去外地游山玩水。一直到修死后，他的游走才结束。人们听说了修的故事，很是敬佩，便把修敬为路神，希望他可以保佑出行的人们在路途中一帆风顺，人们走路需要鞋，鞋铺便崇奉路神。每年正月初五日是路神的诞辰，天刚蒙蒙亮，鞋铺业主便开始做各种准备工作，敬献牛羊祭品，打鼓、放爆竹，祈求路神给他们带来新的财路，并保佑平安健康。

三寸（合今天的10厘米）金莲即封建社会时妇女“缠足小脚”所穿的畸形的绣花鞋。缠足这一陋习从南唐开始到辛亥革命结束，约有一千年历史。在中国历史上，缠小脚给妇女带来极大的肉体痛苦，可这种残忍的缠足却曾被说成是中国传统文化的“国粹”。于是卖三寸金莲的行当在旧时很普遍。到了宋代，女子缠足开始推广。到了元朝，情况继续发展。到了明朝，缠足风气更盛，坊曲妓女无不以小足为献媚男子之具。

卖三寸金莲

女子缠足，要蒙受极大的痛苦。俗语云：“小脚一双，眼泪一缸。”可干此行的商铺、小贩却不以为然，他们要的是钱财，据记载，卖三寸金莲的利润是颇为可观的。直至辛亥革命推翻了封建帝制，孙中山正式下令禁止妇女缠足的陋习。于是，不少卖三寸金莲的店铺转入卖绣花鞋的行当。但缠足被彻底废止，是在中华人民共和国成立之后。

崇奉：李煜

李煜是五代时南唐国主，宋军破金陵后出降，后被毒死。这位风流皇帝是缠足的祖师爷，据史传，李煜有宫嫔窅娘，纤丽善舞，乃命作金莲花，高2米，饰以珍宝，网带璎珞，中作品色瑞莲。后主令窅娘以帛缠足，屈上作新月状，着素袜行舞莲中，回旋有凌云之态——这就是中国妇女缠足的起源。

传入民间后，视缠足为美，一发不可收拾。女子缠足给她们的生产、生活带来了各种不便，使她们在生活上、人格上更加依附于男子，成为男子的附庸和玩物。女子缠足从四五岁起，缠时先将拇趾以外的四指屈于足心，用白棉布裹紧。等脚型固定后，穿上尖头鞋。白天家人挟之行走，活动其血液；夜间将裹脚布用线密缝，以后日复一日加紧束缚，使脚趾弯曲变形，最后只靠脚端的大拇趾行走。当时的男子们认为，缠足之后，女人就不能轻易地跨越庭院与别人通奸。还有传说是缠足以后，女性的腿部功能严重退化，血液循环不畅，腿部以上、腰部以下就会相对发达，就更能满足男人的性需求。卖三寸金莲行当背后却是中国广大妇女的血泪史。

李煜

卖包脚布

卖包脚布

据史籍记载，女子缠足始于五代，源自南唐李后主的嫔妃窅娘。旧时女子以三寸金莲为美，裹小脚是一种摧残妇女的残酷行径。女孩从五六岁起，家中大人就用宽两寸，长一米左右的包脚布给她缠足包脚。南宋时，妇女缠足之风已经盛行。有缠足就产生了卖包脚布的行当。戊戌变法之后，慈禧太后也深觉陈旧陋俗确有改革的必要。她在20世纪初下诏废除缠足，从此，缠足妇女越来越少，卖包脚布的人随之也改行了。

崇奉：瞿夫人

瞿夫人，隋朝洪州人。瞿夫人的哥哥隋末时是辰州刺史，哥哥亲自为妹妹做媒，将她嫁与黄元仙为妻。后来，黄元仙弃官与夫人隐于州西的罗山，非常穷困。十年后的一天，她突然对丈夫说："昨天夜里，天帝托梦于我，令我与你告别。"说罢，转眼之间便化作青气，腾空而去。

修鞋匠

修鞋匠（王继青绘）

我国出现走街串巷的修鞋匠，是在都市生活较为繁荣之后。旧时在城市街头、弄堂口都能看到“小皮匠”“老皮匠”等以修皮鞋为主的修鞋摊，这里的“皮匠”泛指修鞋匠。实际上，皮鞋出现很早，有文字描述的可上溯至殷周。“鞋”字、“靴”字左边部首从革，本身就说明是用皮革制成的。直至第一次鸦片战争之后，来华的洋人越来越多，西式皮鞋进入了中国，修鞋这一行当就发展起来了。

崇奉：铁拐李

传说中的八仙之一，亦称“李铁拐”。相传原姓李，名玄，本来形貌魁伟，因履约赴老君华山仙会，将其尸魄留在砀山洞中，嘱弟子谨守七日，仅以元神出游。其弟子守至第六日，忽闻家中老母病危，无奈之下，次日火烧其师之尸体，回家探视母病。李玄归后无形魄可依，乃借路边一饿殍还其身，袒腹跛足，形象极丑恶。李玄用水喷其倚身的竹杖，使其变成铁杖，故称“铁拐李”。

因铁拐子是鞋匠的专用工具，修鞋这一行便崇奉铁拐李了。

铁拐李

修阳伞、补套鞋

修阳伞、补套鞋的行当，在旧时很普通，从业者腰间束着一根宽皮带，身上总是胡乱地背上一两把破旧的伞，揣着一包伞骨。也有带修补套鞋的，则另一只手拎着一只不大的箱子，内有胶水，剪刀，旧套鞋胶皮等。他们走街串巷，工作很辛苦，赚的钱却很少。随着人民生活水平越来越高，这个行当逐渐退出历史的舞台。

修阳伞、补套鞋

崇奉：孙膑

我国的手工业中有不少行当均崇奉孙膑，尤其是鞋业，其从业者普遍崇奉孙膑。

打草鞋

打草鞋

打草鞋，又叫推草鞋。这是一种旧社会中穷人干的苦活。草与麻是天然之物，取之不尽、用之不竭，打草鞋也算是无本的生意了。一束稻草，用木槌把草秆、草结打熟，用它来作制鞋的原材料。经过推草鞋师傅的纬、搓、拧、交织等工序，便制成简单实用的草鞋了。一般的贫民阶层，如农夫、樵夫、挑夫、脚夫等均穿草鞋。打草鞋成了一种行业。

崇奉：刘备

刘备，字玄德，涿郡涿县（今河北涿州）人，三国时期蜀汉的建立者。据说，刘备是西汉皇室中山靖王刘胜的后代，按辈分，他比汉献帝还大一辈，所以号称刘皇叔。不过中山靖王这一支传到刘备这一代时，家境已很贫穷，他只得和母亲以贩鞋织席为业。因为刘备曾干过打草鞋的行当，因此打草鞋行当就崇奉刘备。

刘备

缝袜子行当有一个发展的过程。旧时代的妇女从小都要学会做袜子。未出嫁前自己缝成自己用，嫁人后要缝来给家中大人孩子穿用，从来不到市场上去购买袜子。妇女的袜子不到市场买，但男人的布袜在市场上却有售卖，坊间也有专门制作袜子的专业户。专业户皆由贫穷妇女们组成，靠手工挣些零钱贴补家用。袜子积到一定数额，就有行头到家收货，汇总送到店中售卖。晚清时，洋袜子流入中国，因是机器织造，既有质量，又有弹性，且合脚随形。进入民国之后，线织袜子便宜、花色又多。从此，流行了两千多年的布袜子退出了历史舞台。

缝袜子

崇奉：李充

据史料记载，宋代开始流行幼儿穿绣花虎头鞋、帽的习俗：农历五月初五端午节，幼儿都要穿虎头鞋、戴虎头帽。据说是五月百虫活跃，蚊蝇滋生，对人体健康有害，所以古人把五月看作是“毒月”。小孩这一天一定要戴虎头帽、穿虎头鞋，为的是避邪。这个传统风俗，在江苏、浙江、湖北一带，至今还保留着。

卖绣花虎头鞋、帽的行当能流传至今还有一个重要原因，小孩穿这些衣、帽不仅仅局限于端午节这天。在许多地方，孩子的生日、婴儿满月，有喜庆之日等，家长都会给孩子戴上虎头帽、穿上虎头鞋。一图吉利，二图喜气，三图孩儿将来龙腾虎跃，前途光明灿烂。

卖绣花虎头鞋、帽，凭的全是手工细活，功夫深，但赚的利润不高。干这一行的大多是妇女，闲时干些针线、布活，还可以赚点钱，贴补家用。

崇奉：黄道婆

卖毡帽

毡帽起源于关外、口外，即山海关、张家口以外的东北地区和内蒙古一带。自宋以来，这些地方人烟稀少，其民多以狩猎、放牧为主，他们养马、养羊，住毡帐、着毡靴、戴毡帽、身穿皮毛。毡子是他们用以遮风御寒的必需之物。毡帽是用一块毡料挤压而成。毡帽形式多样，不易变形又能保温祛湿、抗风透气，深得各界欢喜。自古在关内与口外的贸易中，毡帽买卖是一宗大生意。

崇奉：徐福

徐福

徐福，字君房。方士。秦始皇二十八年（前219年），上书说海上有蓬莱、方丈、瀛洲三座神山，上居仙人，有长生不老药。他请得童男童女数千人，乘楼船入海求取，然一去不复返。

公元7—8世纪后，日本文献中颇多有关徐福的记载，他被尊为司农耕、医药之神等。

卖缠腰

卖缠腰

“缠腰”是由宽的长条布把出门所需的钱财和干粮往里一卷，缠在腰上。成语“腰缠万贯”足以证明缠腰由来已久。

古时妇女出门挎竹笼，或挽包袱；男人外出做小买卖或搞运输，“一根扁担两只筐”是常见的工具。挑筐多以荆条竹篾编成，圆形平底浅沿，沿口用细绳织一尺多高的网兜，提起缚口可防止货物外倾。有些地方称之“挑罨子”。出门行旅，如果骑驴骡，男人多为“偏偏骑”，即两脚同在鞍头和牲口颈的一边。山区老妇骑牲口时，盘腿稳坐在鞍顶上，伴着牲口一步一顿，悠闲自如。为安全、省力，缠腰是必不可少的东西。

崇奉：哪吒

《西游记》说他是玉帝部下托塔天王李靖第三子，年少却神通广大。《封神演义》说他出生不久便打死龙王太子，为表示与父母无涉，哪吒剖腹而死，其魂魄借莲花得以复活。

因为哪吒本领神通广大，卖缠腰行业崇奉哪吒，祭拜哪吒以求保护行业平安。

哪吒

四 手工业行业

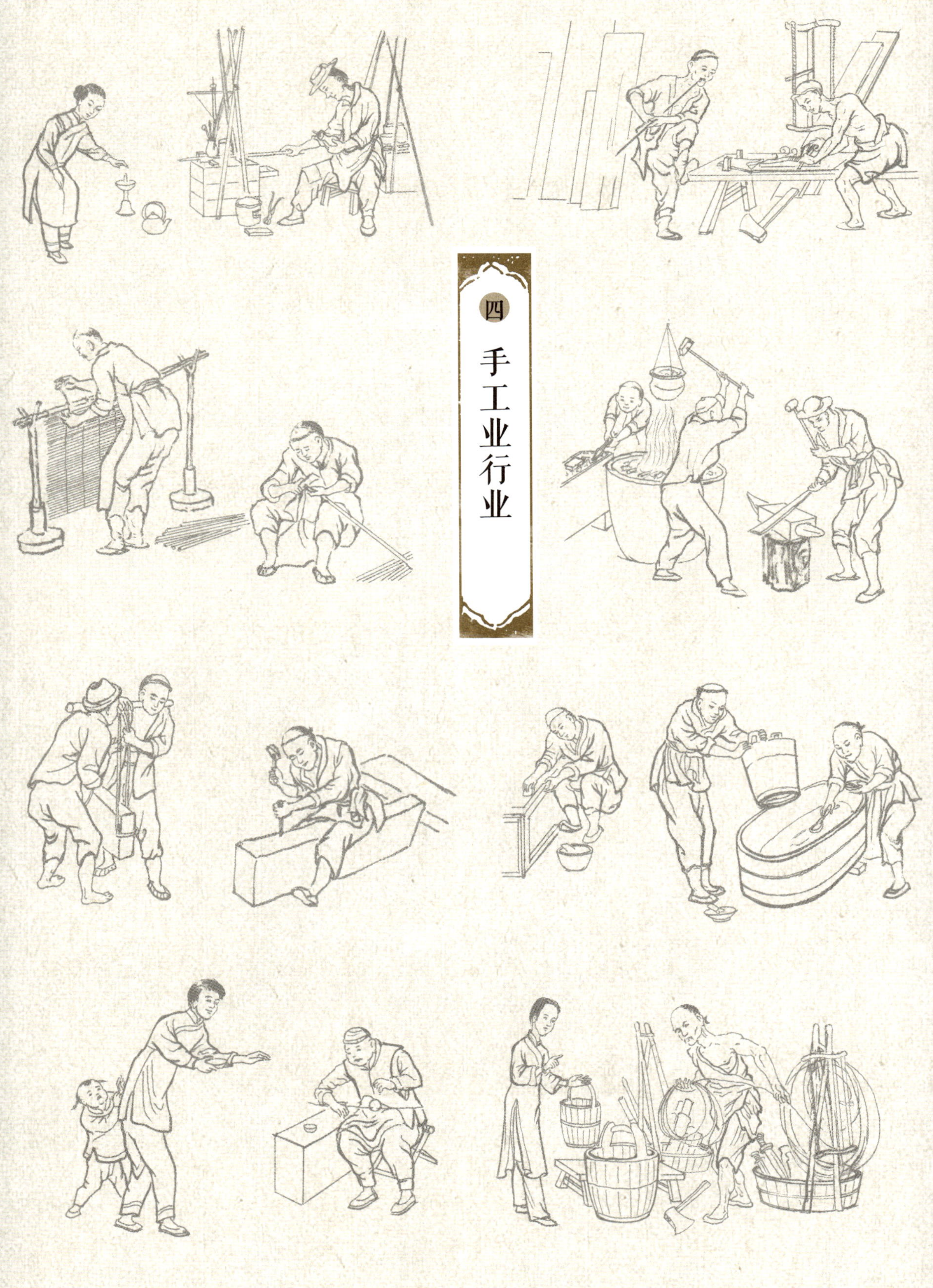

木匠

木匠行当的起源较早。从原始社会进入文明社会之后，人类社会就出现了木匠行当，当时只是自制粗劣的手工制品，技术不高，又无制作工具。当发明了铸冶铁器之后，木匠行当发展进了一大步。据史料记载，秦始皇统一中国期间，木匠行当已普遍存在，他们为平民百姓乃至贵族、皇室造房、宅、府、宫殿等，木匠水平已经很高了。到了明清时期，木匠已发展成有组织的行当了。木匠技术也有了较完整的套路。但旧时的木匠还是以个体为主。如碰到大宗生意，他们则自发组织木匠共同完成。一般背着工具、走街串巷吆喝着的木匠，则是以修理家具等为主。木匠是全凭体力加技术的行当，现在，虽然进入了高科技时代，但木匠这古老的手工行当还是保留至今，生活中不可缺少。

木匠（王继青绘）

崇奉：鲁班

鲁班，姓公输，名般，亦作班，春秋时鲁国人。鲁班是中国古代建筑工匠，被后世土木工奉为祖师。相传，鲁班家世代都是工匠，他自幼跟父亲做活，学会了很多手艺，盖房造桥、雕刻等活也能干。他发明了木作工具，创造攻城的云梯及磨粉的硙等。几千年来，人们世代传颂着鲁班发明创造的故事。为了表达对他的热爱和敬仰，鲁班被工程建筑方面的各行各业，如木匠、石匠、泥瓦匠、雕花匠等尊奉为祖师，称他为“鲁班爷”“祖师爷”，并把古代劳动人民的集体创造或独特发明都附会到鲁班身上。因此，有关他的发明创造的故事，事实上已成为劳动人民勤劳智慧的象征。

鲁班（王继青绘）

车匠

车匠（王继青绘）

车匠是一种手工操作行当。所谓车匠，就是在木制的车床上用旋刀车旋小件圆形木器的那种人。这种车床和现代的铁制车床是完全不同的。它就像一张狭长的木制小床，有一个四框，当中有一个车轴，轴上安有小块木料，轴下有皮条，皮条钉在踏板上，双脚上下踏动踏板，皮条牵动车轴，木料来回转动，车匠坐在座板上，两手执定旋刀，车旋成器，这就是中国古代的车床。

车匠做活所成的木器几乎都是圆的。粗活做出的是量米的升子、烧饼槌子；较细的是布掸子的把柄；最细致的是装围棋子的槟榔木小圆罐，还有三桅大帆船用的大小不等的滑车轮。当然，车匠也会根据顾客加工的要求，车削出各式各样圆形的木制零件。

车匠在旧时的城市、乡镇均能看到，他们一年四季很勤快，赚取维持生活的经济来源。如今车匠已经不见了，只留下了这一行的历史痕迹。

崇奉：鲁班

雕花匠

雕花匠（王继青绘）

雕花匠是木匠行当的一个分支。其所干的活比一般木匠要精细，且带有一定的雕塑艺术性。大的活可"雕梁镂栋"，有落地罩、大隔扇、大屏风等；中等活可雕樟木箱、檀木柜、八仙桌、太师椅、书阁、画架、八宝如意百宝阁等；小的活如小架、花尊、鸟笼、文房四宝盒，以及方盘、圆盒、山子、镇尺等。更细的如粉盒、手球、念珠等。雕花匠用的材料自然是酸枝、鸡翅、紫檀、黄杨等可雕之材。

雕花匠手艺高超，颇受民众敬仰、尊重。顾客一般把他们请进家宅定制雕品；也有雕花匠自开铺面，专售雕品，供客选购。

崇奉：鲁班

143

瓦匠

自人类有住房起，就有瓦匠存在。在原始社会阶段，人类生产力落后，住的是山洞、树洞、窑洞等。后来社会逐渐进步，生产力一点点发展起来，人们盖起房子，住进居室，随之产生了木匠，继而产生了瓦匠。瓦匠要烧制各类尺寸、各种材料的砖瓦等。有的瓦匠还要担负起建房的担子。砌墙、筑顶，少不了瓦匠的辛勤劳动。

据史载，瓦匠行当产生于秦朝，宋朝时达到鼎盛时期，并涌现出一些技术高超的瓦匠，他们为修建皇宫、帝王陵墓等均作出了重大贡献。

瓦匠（王继青绘）

崇奉：鲁班

石匠

石匠的技术要求高，劳动强度高。他们凿出石碑、石坊、石条、石牌楼……用的工具简单，仅凭一把凿子、一把榔头，凭着自己的技术，一点点凿出成品来。据史载，早在春秋战国时期，就有石匠这一行当了。秦汉时期石匠的技术已相当高超。现今出土的皇陵石壁信道、石拱门等，充分体现出古代石匠的聪明才智。

近代的石匠技术更是精湛，令人刮目相看。石匠若与艺术家相结合，就能雕琢出精美的作品。

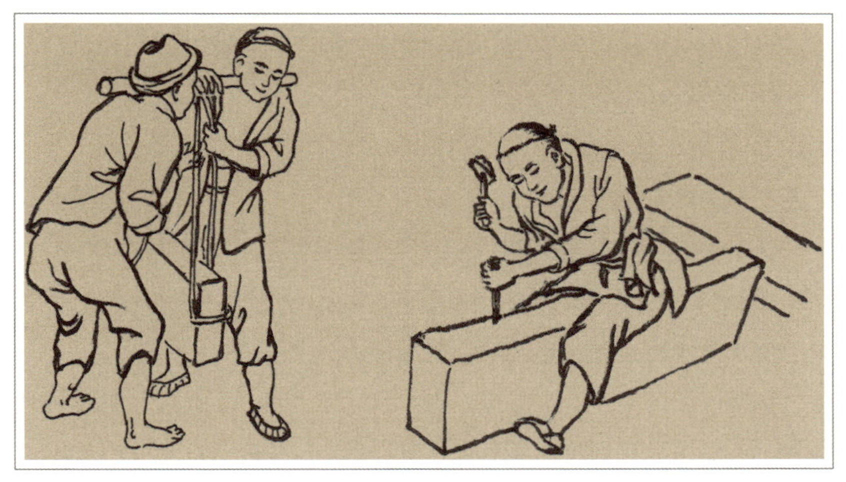

石匠（王继青绘）

崇奉：鲁班

造园业

造园行业是个综合性的行业。它的历史十分悠久，最早可以追溯至先秦时期。以苏州园林著称的江南园林，在布局设计、建筑造型、书画雕塑、花木园艺等方面都有独到之处，苏州的沧浪亭就是其中的杰出代表。到明清则是造园业的鼎盛期，中国的四大名园就建造于这个时期：拙政园、颐和园、避暑山庄、留园，其中两处在北方，是我国皇家园林的代表作品；两处在南方苏州，是我国私家园林的代表作品。

造园业（王继青绘）

造园行业涉及设计、建房、花匠、石匠……但还需有一个造园的总指挥或总设计师，根据园主的意愿，完成造园的项目。

这个总设计或总指挥者就是造园业者，中国许多私家园林、官府和皇家花园等都出自他们之手。

计成（王继青绘）

崇奉：计成

计成，明代吴江（今江苏苏州市吴江区）人，是我国著名的造园家，曾主持建造“寤园”和“影园”等。计成所撰《园冶》一书是我国造园学的经典著作。造园行业的人士称

《园冶》为“世界最古之造园书籍”。计成在此书中总结了他一生造园的经验，对建筑与造园艺术作了科学立论和系统阐述，促进了中国园林特别是江南园林艺术的发展，在日本和西欧的园林建筑业中也有很大影响，所以造园业崇奉计成。

打井

我国掘井有5700多年历史。人们在挖地窖和防护壕时，发现有水渗出。当时，人们就懂得挖坑蓄水，这便是井的雏形。

旧时，人们是自力更生，家人自己打井取水的。后来，打井成为一个行当，打井人为别人挖井取水，付出劳力，得到报酬。打井人成了专业户，技术越来越高，效率也高。尤其是在缺水的西北山区、高原，个人根本无法打井，他们只能请打井人来完成。

打井行当的人，必须身强力壮，并且还要懂得些天文、水利、地理等知识。据有关资料称，打井行当自宋代起就已逐渐发展起来了。

打井（王继青绘）

崇奉：舜

舜是传说中父系氏族社会后期部落联盟领袖。据史籍记载，舜的异母兄弟叫象，为了夺取舜的妻室和财产，伙同其父把舜骗至井边，并对舜说："你看井下有何东西？"当舜往井下看时，象和其父把舜推向井下，并将井用物填满，欲置舜于死地。谁知井壁有一洞，舜忙躲了进去，才免于一死。象以为舜已死，正想逼舜妻归顺于他时，舜及时赶到，怒斥了象的卑鄙恶劣手段。

舜继位后，命大禹治水，又命伯益负责打井事务。打井行当由此崇奉舜。

舜

卖门铃

门铃虽小，其历史悠久。据史载，中国在五代时已使用门铃了。到了宋代，市井街铺已有卖门铃的行当。门铃一般用铜材铸制。小贩手持一串串铜门铃走街串巷叫卖。到了明清，门铃在豪宅、官府、宫内使用较为普遍，而一般百姓家用得还是不多。

在电话出现前，我国还有过使用手摇门铃的历史。如今，有了电门铃和能奏响音乐的电子门铃，那是先进多了。

卖门铃（王继青绘）

崇奉：陈致光

陈致光是五代时期的一个穷书生。他人穷志不短，发愤读书，立志有朝一日，当官办大事。

古代有钱人家，包括做官的，如果有客人来府，总是仆人传话，通报来访客人的姓名。陈致光觉得这是一件很体面的事，但是他雇不起仆人。于是他想了办法自制门铃。他设法安装好了门铃后，很得意，还自嘲地在门外贴了一个告示：“无钱雇仆，客至，请挽之。”陈致光的门铃受到了客人的赞许。一位做官的朋友李鸣当面对他称赞道：“这门铃，多亏致光兄的妙思，雅致极了！”后来，陈致光发明的门铃，作为一种时尚，被皇宫、富门效仿，时兴了好一阵。再后来，卖门铃竟成了一个行当。

煤矿工

煤矿工（王继青绘）

煤矿工成为行当已有近百年的历史，我国采煤以矿井开采为主。清代诗人王鸣盛在《采煤叹》一诗中说：“小车轧轧黄尘下，云是西山采煤者。天寒日暮采不休，面目黧黑泥没踝。”写出了当时煤矿作业的真实情景。旧时，因自然环境险恶，劳动强度大，所以采煤是一项艰苦而危险的工作。

崇奉：窑神

窑神，即煤窑之神，俗称“窑神爷”“窑王爷”。煤矿工行业祭祀的窑神，各个地区不一样。崇奉较多的是老子。因老子是道家的教主，道家长于炼丹之术，炼丹需要烧煤加热，所以崇奉老子。有的地区崇奉女娲，因为女娲补天时，烧煤炼石，她是最早的用煤者。另有的地区崇奉当地的矿工英雄，如“魏老爷”“崔真人”等。

149

烧炭工

烧炭工

古代，以炭代柴、代薪是件奢侈的事，帝王、官家、富人家烧的是“红罗炭”“白骨炭”。这类炭燃烧时间长，又有火力，被视为优质炭。一般贫民只能烧些杨木、柳木、山荆等低质炭取暖。自从有了炭，就出现了烧炭工行业。这一行很苦，要砍山伐木、起窑烧炭，天寒地冻也得挑担送炭，而自己食不果腹，衣不蔽体，黔首墨面，形容枯槁，还被人欺凌嘲弄，外号称作“炭黑子”“黑炭”等，成为社会底层的弱势群体。唐朝诗人白居易的一首《卖炭翁》，充分体现了烧炭工的悲惨生活。

社会的过度压迫与歧视，迫使烧炭工造反的事屡有发生。太平天国的杨秀清、李秀成等领袖都是烧炭工出身，他们率领广西的烧炭工揭竿而起，曾一鼓作气夺得了大清国的半壁江山。

崇奉：孙膑

孙膑是战国时齐国著名军事家孙武的后代。据传，木炭的发明者是孙膑，这是在他未出道之前，拜师鬼谷子学习兵法时的一段往事。

当年，孙膑与庞涓是师兄弟。一天，鬼谷子要考一考他们的智力，命他们两人进山去寻一种“不冒烟的火”。庞涓进山一日无功而返。孙膑则在山中伐木，而后用火焚烧，烧至一半，用土覆埋。第二天再进山，将土翻去，取出烧黑了的木头，重新点燃，就是不生烟的木炭。所以，烧炭行当皆崇奉孙膑了。

炭铺

炭铺一般多见于北方。北方人买炭用途之一是取暖，这是比较讲究的人家用的。炭不生烟，火力耐久，清洁卫生、不秽空气，在客厅置放炭炉、火盆，或是把烧红的炭放置在手炉、脚炉之内，随身携用，很是方便。用途之二是用它来烧火锅。寒冬腊月，在饭桌中央摆一只铜质或是陶瓷的火锅，中间点着炭，锅中鲜汤沸腾，备些什锦、海鲜、切薄的羊肉片等美味食品，用筷子夹起来在锅子里一涮放入口中，那滋味多美啊！用木炭作烧锅燃料，旧时在南方也常见。炭铺专供卖炭，而它的货源来自山林或农村中的樵夫和农民。他们闲时取山林之木材，依山起窑，就地烧炭，烧成后运至城镇，由炭铺发卖。因为炭比较贵，所以买时论斤上秤。20 世纪 20 年代之后，这个行业已逐渐消失。若要买木炭，只能在煤球店或者杂铺店里才能买到。

炭铺

崇奉：祝融

卖灯草

卖灯草（王继青绘）

灯草又叫通心草，是一种多年生于沼泽的草本植物，其茎独具韧性，直长中空。干燥后用来造纸、织席，尤其用它来做蜡烛或油灯的芯子特别好。因为它干茎细直，中空挺括，用来沾蜡做烛，点燃之后，易燃抗风，而且芯子能随火焰下延化为灰烬，既不粘连，也不会使蜡油垂泪，要比使用棉芯、苇芯强得多。用灯草点油灯，没黑烟又不爆花，因为它中通过油，所以走得慢，灯头稳，颇得家庭主妇喜爱。在电灯尚未发明和尚未普及的情况下，灯草成了家家户户不可缺少的日用品之一。平时成束购置，挂在油灯左近，以作备用，故而灯草有“居家之宝”的美称。烛坊则更是离不了它。灯草实是轻微之物，成批供应纸坊、烛坊的批发商姑且不算，而专卖灯草的行街小贩每笔交易获利微小，但灯草又是家家必用之物，日不可离，行街小贩卖灯草虽利小，但积少成多，也能养家糊口。随着电灯的发明和普及，此行当退出了历史舞台。灯草还是一种药材，现在，只有在中药铺才能找到此物。

崇奉：关公

烛坊

烛坊

蜡烛的用途一是照明，二是用于上供神仙、礼佛之用，这些需要大量的蜡烛，于是就产生了制蜡业——烛坊。

制造蜡烛，需用多种动物油、植物油混合，熬到一定的程度，慢慢冷却成乳状的蜡油。制烛的工匠师傅，用灯草捻制好烛芯，放入锅内，使之沾上烛油，稍事冷却，烛油即凝成柱。而后再沾再凝，重复数次。到了一定的粗细，就成了蜡烛。烛坊一直是手工业作坊。直至电灯逐渐普及，蜡烛变成一种工艺品和向神、佛恭敬上供之物。

崇奉：太上老君

太上老君即老子，姓李名耳，字伯阳。春秋楚国苦县（今河南鹿邑东）厉乡曲仁里人，曾做过周朝的“守藏室之史”，著有《道德经》，后世道教将他奉为教主，称“太上老君”。

太上老君（王继青绘）

老子是春秋时思想家、道家的创始者，历代尊奉，地位极高。中国古时许多行业，尤其是地位较低、收入少的，均崇奉太上老君，目的就是期望保佑他们平安、发财。

香烛摊

香烛摊

中国民间多有信佛信道的人，或者虽不信佛信道，逢年过节家中也要祭祖祭神、照明等，因此，销售香烛这一行当也是自古有之。香烛摊、铺多开在寺庙、道观、庵堂一带。香烛摊平时生意较为萧条，但要是赶上庙会、初一、十五、佛道天神的诞生纪念日等日子，那生意就十分兴隆，其利润颇为可观。为填补淡季生意，香烛摊还代售其他物品如化妆品之类的东西，有时还转销些小的手工艺品以招徕顾客。

崇奉：黄升

黄升是宋朝长汀人，传说他自幼得道法，法术神异。若有金钗、玉环之类贵重物不慎沉落河水中，他能一呼即出。他将汞纳入口中，烧香燃烛，口念咒符，即可变成白金。他的师傅蔡道人仙逝前留书给黄升说："我以前有文字留在墙缝里边，你回去后取出来诵读必有好处。"说罢便忽然不见了。黄升得到师傅的文字后，其道法更厉害了，竟能役使鬼神，呼唤天兵天将。

黄升曾家境贫穷，以香烛摊为业，维持生计。故香烛摊行当崇奉黄升。

卖筷子

卖筷子

卖筷子行当何时形成铺子买卖或出现小贩叫卖，已较难考证。一般说法是在南宋前后就有此行当了。古代，筷子叫“箸”，温州人，还有不少南方地区至今还叫“箸”，而不叫“筷子”。“筷儿”是杭州话，而且是南宋时的官话。南北各地叫“筷子”名称的最多，其渊源很远。据语言学家考证，可能是因为就餐时饥饿难耐，连呼：“快快……”这样就叫成筷子了。也有筷子收藏家考证，认为过去船家忌讳说“箸”，因“箸”与“住”同音，有行船停止之意；而反其意称“筷子”，因“筷”与“快”同音，有行船快速之意。

最原始的筷子是古人用两根树干以供夹食之用，后发展成用竹子削成细棒。从最初的自制自用，逐渐形成筷子买卖的行当。以后筷子又发展出高档的银筷、铜筷，甚至还有象牙筷、金筷……四川大邑东汉墓就出土过铜箸。受中华文化影响，如日本等也用筷子。近些年欧美各国出现不少中国餐馆，中国菜推广了中国习俗，西洋人会用筷子的越来越多。

崇奉：彭祖

彭祖是传说中的人物，姓篯名铿，生于夏代。《列仙传》称其为“帝颛顼之孙，陆终氏之中子。历夏至殷末，八百余岁。常食桂芝，

彭祖

善导引行气”。《神仙传》又记述殷王派采女问道于彭祖，曾言“三岁而失母，遇犬戎之乱，流离西域，百有余年”后不知所终。《庄子·刻意》云：“此道引之士，养形之人，彭祖寿考者之所好也。”故后世多以彭祖为长寿的象征。

过去卖筷子行当崇奉彭祖，一则求财，二则求平安，三则求给人给己带来健康长寿。

制作屏风

制作屏风（王继青绘）

远古时我们的祖先在室内装饰方面是极其简洁的，往往屋宇空旷，四壁荡然。随着时代的变迁、文化的发展，人们的审美观念也发生了变化，渐渐地就产生了具有分隔作用的家具——屏风。后来经历了很长一段时间，屏风遍及民间，走入千家万户，成为室内的主要器具之一。屏风于室内常置于较显眼的位置，或于大厅之中，或于床帏之后，既可装饰，又可避风、避寒、避隐私等。在屏风上作画是一项十分重要的工艺，据悉，三国东吴的曹弗兴就善画屏风，后世多画帝王将相，或烈女节妇，唐太宗也将治国之道书于屏风之上，屏风画法甚至流传东瀛。日本近代的风俗画“浮世绘”很多就是画在屏风上的，主要描绘当时的妇女形象，也有以男性人物或花卉入画的。这一艺术对于西方近代绘画，特别是后期印象派绘画产生了极大的影响，但溯其渊源，却是在中国。古人对屏风情有独钟，屏风制作业颇为盛行。

屏风大多皆以木质为框架，蒙以绢帛。屏风的制作，因其质地、取材、式样等要求不一，价格差别很大。古来奢华的屏风，如用琉璃、云母、水晶、红木等制作，镶嵌如珐琅、象牙、玉石、翡翠等，一般用于皇室及贵族、官宦、大户人家。屏风制作越是奢华，作坊的利润就越高。

屏风的形式多样，有立式、折叠式、移动式等。发展到后来，尚有较小巧的插屏，则纯粹用作摆饰。如今，人们的观念起了很大变化，屏风似乎在大多数百姓家悄然消失了，只是在大的饭店、宾馆还能看到。

崇奉：鲁班

156

修棕绷

修棕绷行当在南方市井街巷经常能看到，如在沪地修棕绷的总吆喝着“坏格棕绷修哦？坏格藤绷修哦？”

修棕绷

修棕绷的人装备简单，肩上或腰上缠一卷棕绳，挎一只包，内放榔头、锥子、起子之类的工具。这一行当在北方极少，因北方人喜欢睡炕、板床。而在南方，如上海人旧时则以睡棕绷床为时尚。棕绷床睡久了，难免要松弛，睡着不舒服，就要请“修棕绷的”来抽紧或者换新的棕绳、藤条。人民生活水平提高了，不少人弃棕绷而选席梦思，于是这行当也越来越少见了。

床神（王继青绘）

崇奉：床神

床神有床公和床母之分，相传他们就是周文王夫妇。周文王原本有99个儿子，有一次，周文王前往商朝国都朝歌，途中遇雨，雨中夹杂着霹雳，正巧在这时，周文王在路边捡到一个孩子，便收为义子，取名霹雳子。这样一来，周文王的儿子正好达到一百之数，这也符合古时“多子者多福，多子之人必是贤者”的观念。因为床和生殖有密不可分的关系，作为床神，其职责之一自然是管理生育，保佑百姓繁衍生息，使家庭人丁兴旺。多子的周文王夫妇理所当然地被尊为床神。修棕绷行当和床有密切关系，故崇奉床神。每年农历正月十六日，等迎完灶神之后，人们再开始祭祀床神。

弹棉花

弹棉花

弹棉花行当，自有纺织工艺起，此业就存在了。新花、旧絮不经过弹制，棉纤维舒展不开，就不能纺纱，也不能续里子。

元朝王祯《农书》记载，弹花用的弹弓，称作张棉弹弓，“长四尺许，弓身以竹为之，弦用绳子”。与今日所见的有所不同。现在看到的弹棉花行当，一般形式是夫妇俩弹棉花，男人的腰间绑一根有弹性的长竹片，自背后弯上来，绳上悬吊一弓形弹弓，弓弦是一根钢丝。一手握弓，另一手用木槌捶打弓弦，以弓弦的振动，将棉絮弹开，使之蓬松、柔软。如果用来续被褥，就层层铺好，加纱网使用；如另有他用，就顺势卷成棉团，交与物主。据史料记载，弹棉花、纺织机等技术都是元代黄道婆改良革新的。

旧时，入冬农闲时，农人夫妇携带弹弓进城，为人家弹花劳作，挣些零用小钱。一到此时，单调的“咚咚邦邦”的弹棉花声，响彻大街小巷。

崇奉：黄道婆

卖枕头

人要睡觉，需要枕头，故而做枕头、卖枕头亦是一个行业。制作枕头的材质很多，有木枕、竹枕、瓷枕、棕枕、布枕等，制作枕头原本是女红之一，旧日家庭妇女人人会做，且能描龙绣凤，做出很多艺术品。枕头作为商品出售，自是有品质高低之分。顾绣庄、苏绣庄的制品，是富贵之家婚嫁必备之物，而供平民之用的枕头，多由行街小贩吆喝。大至“合家欢”，即夫妻合用的大枕，小至儿童的“老虎枕”“空心耳枕”，皆有销售。这类小贩把各式各样的枕头依大小排序，而后用两条布带一兜背在肩头或背在背后，走在大街小巷之中，高声吆喝：“无忧啰——”大概是取“高枕无忧”的吉祥之意。

卖枕头

卖枕头行业，除了小贩之外，一些特殊的枕头，如靠枕、倚枕、扶枕、中医看病用来垫在腕下诊脉的医枕、脉枕等，则在专卖枕头的店铺出售。至于人死之后，装棺入殓所用之枕，称为寿枕。这种寿枕只有在寿材铺、纸扎店才有售卖。

崇奉：床神

人们生活起居离不开床或炕，而枕头也是必不可少的。为了歇得安稳踏实，自然要崇奉床神或炕神了。

卖胭脂

卖胭脂（王继青绘）

胭脂是古代化妆用品。产于西域匈奴地区焉支山，故又名“燕支”。“焉支”是一种名叫“红蓝花”的野生植物原料制成的，用以涂抹嘴唇和脸颊、眼睑等部位。隋唐以后，也有用石榴花等代替的。素闻“南朝金粉，北地胭脂”之说，亦犹古语以“金粉”为南朝妇女的代名词，以“胭脂”为北地妇女的代名词。胭脂的制法并不复杂，用红蓝花先榨取其汁，依法炼制，而成嫣红液汁，然后用金箔纸浸于液中，待干即可上市贩卖。如果将液汁制成饼片，则用小器皿盛着供女子用。胭脂历来是妇女的必需品之一，据史料记载：“农商利用之而收十倍之利。”所以，卖胭脂一直是较为红火的行业。

崇奉：张骞

张骞出使西域时，把红蓝花也带回了汉朝，故卖胭脂行业崇奉张骞。在红蓝花引进汉朝后，一个时期内仍不太懂得它的种植和制造方法，故传播仍不甚广。魏晋之后，红蓝花的种植广泛，胭脂的制造也颇精良，为民间一大利源。到了唐朝，胭脂的制造和买卖很普遍了，并且“胭脂”这个名词，也通行于文章之中了。

淘金

自人类开始使用黄金，淘金行当就产生了。淘金行当有一整套的条条框框，南方、北方都有淘金客。这是一个辛苦、有风险，而又能获得惊人收益的行当。

淘金者的工具，一副老簸箕、滤金木器、水瓢、洗金床……就可以淘金了。淘金者一般以家庭型为主。他们先将矿上铲下的褐色灰沙一担担地挑过来。洗金床有一格一格的凹处，像洗衣板。再把挑来的沙，满满地填在凹处，用水轻轻地淋，用滤金器稳稳地接着。淋完了，滤金器中就有了堆细沙。有人捧着滤金器站在江水里，轻轻地，富于技巧地滤掉一些无用的杂质，直到剩下少得可怜的一捧乌油油的细沙。这时，细沙中也许能看到针尖儿似的点点黄金。淘金者会取出一个红布袋，从中掏出一截竹筒，扯掉塞子，非常小心地往滤金器里抖东西，那是水银。接着，淘金者拼命地搓揉乌沙，让水银分散于沙中。十分钟左右，淘金者才端起滤金器重返江水，耐心地过滤。最后得到的是小手指尖大小的一坨白东西，那就是黄金了。晚上过一下火，即是闪亮的黄金。淘金者能这样淘到金真是皆大欢喜。可生活就是那么残酷，有时辛辛苦苦一天，却是竹篮打水一场空。

淘金

有的地方淘金比较简单，是把含有金成分的沙，直接用竹箕在河中不停地洗呀、淘呀，取得极小的金颗粒。之后积少成多，再熔化成金子。

崇奉：比干

比干

比干是商朝的贵族，他是商纣王的叔父。比干为人刚直不阿，他见纣王荒淫残暴，常加劝谏。有一次，比干在朝廷中连站三天不走，非要纣王纳谏不可。纣王早已厌恶这位正直的叔父，又听信了宠姬妲己的谗言，大怒道："我听说圣人的心有七个窍，我要挖出来看看，是不是如此？"说完就叫人剖开比干的胸膛，挖出了比干的心，果然见心上有七窍。纣王瞠目结舌，非常害怕。由于比干坦荡无私，而且人品极好，地位又高，人们相信他掌管财富必定公平可靠，民间不少行业于是奉比干为财神。其中，淘金者就崇奉比干。

金箔工匠

金箔工匠行当的历史十分悠久。据史记载，秦汉时期就有此行当了，当时的工匠主要是为宫廷服务。到了宋朝时，金箔工匠已入民间了。

金箔工匠把金片捶打成厚度不超过 0.1 微米的薄片，其生产工艺独特，制作复杂，用途广泛。薄片主要用于建筑、器物、佛教塑像装饰贴金，包括道教神仙塑像贴金；还有用于名贵中成药的配方，以及装饰画、书签等旅游纪念品。

金箔业用料昂贵，工匠一般技术要求很高，其工艺技术家族传承较多。这个行当，外人俗称是“吃软饭的”，但技术高，其收入较之别的行当要高得多。

金箔工匠制作的贴金薄片，在南京等地区较有名气。

金箔工匠

崇奉：刘海蟾

刘海蟾

刘海蟾，名操，五代时燕山人，《历世真仙体道通鉴》说他曾做过燕王刘守光的丞相。相传，刘操平时好谈养生，崇敬黄老。有一天，有道士正阳子（即八仙之一的汉钟离）前来拜谒，刘操邀他到堂上入座。正阳子要了十个鸡蛋和十文钱来，一钱间隔一蛋地高高叠起。刘操不禁大叹其异：“太危险了！”正阳子说：“相公比这更危险吧！”说后便走了。刘操顿时醒悟，见燕王妄自称帝，屡谏不听，就托病解印离朝而去，改名云英，道号海蟾子。从此，他遍游四方，访仙求道。后遇吕洞宾，学得金液还丹要诀，用金箔入药，因而修成仙道。民间也称他为“刘海上仙”。

卖戒指

卖戒指（王继青绘）

据考证，戒指起源于奴隶社会初期，是抢夺婚的产物。当时，男子只要有武力，就可以随心所欲地抢劫女子。因抢来后怕她逃跑，或被人家再抢走，于是就在女子手上、脚上和脖子上套上铜或铁制的圈套，其上刻有男子的名字，以表明戴上此圈套的女人是自己的财产，这样就可以永远占有她。

随着社会的发展、文明的进步，抢夺婚逐渐退出主流社会，圈套也失去了原有的属性，演变成了脚上的脚镯、脖子上的项链，手上的圈套成了手镯，并进而演变成精巧的戒指。

但在中国，还有另一种说法。据传，在商代就有戴戒指的习俗。当初，戒指并不作为装饰品，而是一种禁戒的标志。它也不叫戒指，而称“指环”“驱环”“环指”。古书记载说，古时妇女在怀孕或月经期间，把戒指戴在手上，以示禁忌男人和她亲近。《五经正义》说：“古者后妃群妾御于君所，当御者，以银环进之，娠则以金环退之。进者着于右手，退者着于左手。今之指环是也。”这就是戴戒指的来历。

在中国的封建社会，戴戒指起初仅存在于皇宫内帝王的后妃群妾之中，后来此习俗流于民间，戒指成了一种首饰，以至于发展成结婚男女所必备的物品。这样，卖戒指的行当就产生了。

戒指一般有金、银、铜、钻石、水晶、白金等品种。旧时，金饰铺、金作坊等处均有戒指销售，后来在金银珠宝专卖店中有售。

崇奉：赵公元帅

制作长命锁

制作长命锁（王继青绘）

长命锁又名“寄名锁”，流行于明清时期。儿童往往从出生后不久，就一直佩戴此饰物，直至成年。民间传说认为孩子戴上此锁，就能除邪去灾，“锁”住生命。长命锁一般多用金银宝玉制成，造型多为锁状，上面錾有“长命富贵”“福寿万年”等吉祥文字；也有将它做成如意头形状，上面錾刻寿桃、蝙蝠、金鱼或莲花等吉祥图案。

制作长命锁成为一个行当，源于明代。当时，京都等地的街市上已有不少店铺和市贩，专门销售长命锁。制作长命锁的家庭作坊、金银首饰店等已很普遍。

关于长命锁的来历，最早可追溯到汉代。据《荆楚岁时记》《风俗通》《岁时广记》等记载，在汉代，每逢五月初五端午节，家家户户都要在门楣上悬挂五色丝绳以避邪。到了魏晋南北朝时，由于战争频繁，加之瘟疫、灾荒不断，广大百姓渴望平安，所以用五色彩丝编成绳索，缠绕于妇女和儿童臂上，以求避邪去灾，祛病延年。这样用丝绳环成妇女和儿童的一种臂饰，之后不仅用于端午，还用于夏至。这种彩丝绳被称作“长命缕”“长生缕”“延年缕”“朱索”“百索”等。到了宋代，这一风俗不仅在民间流行，还传进宫廷，男子也可佩戴。到了明代，这一风俗又有所不同，成年男女者遂不使用，多用于儿童，并成为一种颈饰，一般小儿周岁时佩戴。“百索”进一步发展，就成了长命锁。

崇奉：马成子

马成子是秦代扶风人。相传他因立志修道，离家出走，四处寻师。曾遇一黄盖童子，传给他炼气的方法。之后，他又到蜀地鹤鸣山的石洞中修炼成正果。马成子有驱邪扶正、预知未来成败福祸之本领。晚年时，某神人赠一粒神丹给马成子，并对他说：“气为内丹，药为外丹，服下这粒神丹，可成为神仙。”据说，马成子服下后，白日升天。

修钟表

西洋钟表传入中国是在明代晚期。当时,意大利传教士利玛窦来华,在他进献给明朝皇帝的礼品中,钟表是重要的一项。此后到清朝年间,西洋钟表均为时髦且奢侈的贵族用品。民国后,钟表进口增多,国产钟表也有发展,钟表较为普及。原先,钟表修理是特殊行业,清朝时,宫廷的钟表修理师最初多是从德国请来,专为皇室修钟表。乾隆年间,钟表修理技术传入民间,开始出现以修钟表为业者。鸦片战争后,英美洋行、东印度公司等在华销售钟表。清同治三年(1864 年),法国人霍普在上海创办了亨达利钟表店,其寓意是"亨通、发达和盈利",专门销售和维修钟表。之后,德国礼和洋行收购了亨达利,其规模得到扩大,并专门销售高档进口表。第一次世界大战后,礼和洋行将亨达利转给中国"美丽华"钟表企业的老板孙梅堂等人。孙氏将原企业和亨达利合并,形成了更大的经营规模,加上经营有方,商业渠道畅通,生意十分红火,并先后在各个大城市设有分店,为钟表的推广、维修培养了大批人才。

修钟表

崇奉：利玛窦

利玛窦是明末来中国的意大利天主教耶稣会传教士，于明万历十年（1582年）来到中国，一开始在广东传教。万历二十九年（1601年），利玛窦到北京进呈自鸣钟等，最早把钟表传入中国。他还与明朝自然科学的杰出代表徐光启合作，翻译了《几何原本》前九卷。利玛窦为中西文化交流作出了重要贡献。

利玛窦（王继青绘）

铁匠

铁匠（王继青绘）

民间的铁匠铺较为落后，它的基本形式是铁匠师傅带着帮工和学徒数人一起干活。帮工都是满师的、尚未开炉自立门户的铁匠，充当下手，或是铁匠师傅亲属帮助干活，如拉风箱、堆煤续炭之类的杂活。徒弟数人，都是正式经过铺保、文字写据，拜师学艺的穷孩子。在三年学徒生活中，烧水、做饭、抱孩子等什么都得干。到了能干活时，师傅掌锢、看火候、成型、淬火；徒弟抡油锤、敲砧子、添煤、拉风箱，一天下来，腰酸背疼，十分辛苦。

铁匠行当早在公元前500年就出现了，经过一千多年的发展，形成较有规模的行当。到了明代，从事铁器加工制作的小作坊、铁匠铺多如牛毛，分布于城镇、乡村、军营等处。从事铁匠职业，技术要求高，而收入低。旧时代有句老话：“好汉不打铁，好男不当兵。”体现出铁匠的艰苦生活。

崇奉：太上老君

太上老君是中国古代哲学家老子的化身。在《西游记》等书中太上老君专门炼仙丹，而其炼丹靠的是火炉，而铁匠自然也离不开铁匠炉，所以，他们崇奉太上老君。太上老君的炼丹炉，任何东西入炉即化，只有孙悟空被炼了七七四十九天，却炼就了一双火眼金睛。所以，当每一年铁匠公会的年会演戏时，绝对不会上演《大闹天宫》的戏，怕“孙猴子”搅了当年的生意。

削刀磨剪刀

削刀磨剪刀

“削刀磨剪刀”是南方人对此行当的叫法，北方人的称呼则如现代京剧《红灯记》里吆喝的“磨剪子来，戗菜刀”，两种叫法是指同一种行当。干这一行业的人，肩扛一条长凳，上面嵌了一块磨刀石。衣着也非常一致，总是蓝的或灰的中装，而且一定是四开袋，也许是更便于放些工作时用的小工具。最具职业特征的是腰里的围兜，一年四季，从不取下。他们风里来雨里去，常年奔走在市井小巷，此行当很辛苦，而老百姓也少不了它。由于辛苦又赚不了什么钱，干这行当的人越来越少。不过现在的社会风气好，每年在“学雷锋”日有志愿者在街头、社区等地方，设摊义务劳动为百姓削刀磨剪刀。

崇奉：关公

此行当的人干活时，是骑在板凳上磨刀具，这一行自称祖师爷是关公，关公用的是青龙偃月刀，而削刀磨剪刀者骑着的这条板凳，就好比是日行千里的赤兔马了。

167

铜匠

铜匠

铜匠行当的起源比铁匠还要早。铜矿经过冶炼，成了铜原料，铜匠用炉火高温熔化铜料，根据需要制成各种生活用品、工艺品、装饰品，如酒器、铜盆、铜杯或铜锣、铜镜，等等。令人惊讶的是，闻名中外的工艺品景泰蓝的胚子也是“铜胎”，均出自铜匠之手。

铜匠行当有两千多年的历史，古时候的青铜器，包括鼎、佛像、大钟等，都是铜匠的精心杰作，让后世惊叹不已。

有关铜匠生活的资料，史书上记载极少。铜匠行当到了明清时期，其高超手艺已超过以往任何一个朝代了。

崇奉：鲁班

秤匠

秤匠

秤匠行当应该是在秦始皇统一六国之后出现的。秦作为第一个大一统中央集权王朝，废除了分封制，统一了法令、度量衡、货币和文字。当时，度量衡的统一需要秤匠制作出统一的量器——“秤”，秤匠按政府规定一斤（500克）等于十六两的标准，精心制造木杆刻度的秤，成为最原始的秤，这样就产生了第一代秤匠。

以后历代的秤匠按部就班，代代相传。直至近代度量衡改革，才废除了旧时十六两制的秤，改为十两制的秤。目前，我国已与世界接轨，一般用“克”来计量了。

崇奉：秦始皇

秦始皇

秦始皇，即嬴政，战国末期秦国国君、秦王朝的建立者。秦始皇建立了中国历史上第一个中央集权的统一的封建国家。秦始皇统一法律、度量衡、货币和文字等，有助于巩固统一和推动经济、文化的发展。

因为秦始皇统一度量衡，所以秤匠崇奉秦始皇。

169

制伞匠

《中国名胜词典》中说："伞，古谓之繖，原出于盖。昔日黄帝与蚩尤战于涿鹿之野，常有五色云气，金枝玉叶止于帝上，有花葩之象，固而作华盖。""盖"就是伞的前身，当时"盖"不是作为挡雨或遮阳之具，而是一种权力的象征。"繖"在古代被列为官仪之一，称"罗伞"，北魏时已十分普遍。"罗伞"的颜色和大小，按官阶的不同而严格区分。这习惯一直沿至明代。我国寺庙的天王殿中，其中一位护法天王就是手持雨伞，以伞作为保护"众生"的神圣法宝。美丽的爱情神话故事《白蛇传》中的许仙与白娘子也是通过一把伞，在杭州西湖相识，它成了传递爱情的工具。

制伞匠

制伞行业至宋代已有相当的规模了。随着我国造纸业的发展，人们开始用廉价的纸替代昂贵的丝帛做伞面，并涂上油脂。到了明代，伞已在民间流行，制伞作坊遍及全国各地，市井、街面、庙会、集市等出现小贩叫卖、商人批发，制伞、卖伞的行当生意兴隆。现在，伞已走出国门，遍布世界，而且种类繁多，用处极广。

崇奉：黄帝

卖伞

伞是中国人发明的。古代人称“伞”为“盖”。《孔子家语》中说：“孔子之郯，遭程子于途，倾盖而语。”这里“盖”指的就是伞。《史记·五帝本纪》记有与伞同类的雨具，可见伞在我国已有四千多年的历史了。伞最早被称为“华盖”。唐朝李延寿写的《南史》和《北史》才正式为伞定名。古时的伞，是达官显贵的装饰品和士大夫权势的标志。帝王将相出巡时，长柄扇、“万民伞”左簇右拥，乘坐的车舆上张着伞，表示“庇荫百姓”。官位、职务不同，伞的大小、颜色都存在着严格的区分。这一惯例一直传到明朝。纸伞是汉朝以后出现的，唐朝时传入日本，16 世纪才传入欧洲。

卖伞作为一个行当，有铺子销售、有小贩叫卖。据史书记载，在明代之后，卖伞行当进入鼎盛时期。

卖伞

崇奉：云氏

云氏（王继青绘）

伞的发明者是鲁班的妻子云氏。云氏从小聪明，她从丈夫身上学到了许多知识。古时候没有伞，下雨时穿的是由粽叶、竹叶等植物制成的雨衣，如遇炎热伏天下雨，穿在身上会又闷又热，很不舒服。一次下起倾盆大雨，云氏在大树下躲雨，宏大而密密的树干、树叶使她身上不被雨水淋湿。云氏于是冒出一个念头：如能做成像树那样张开的篷一样的东西，岂不是能遮雨了吗？而且这样既避雨，又透气。她把想法告诉了鲁班，丈夫十分支持她的设想。结果，云氏在鲁班的帮助下，发明了伞。因此，卖伞行业崇奉云氏。

卖竹竿

卖竹竿的小贩以四川、江西人为多，他们从日用杂货栈里批来一批批毛竹，或者向当地山民直接购得。先用竹刀削去竹枝、竹杈、竹叶，刮净竹节，截去竹梢、竹根。然后，根据竹质、长短、粗细的不同，向不同的户主进行推销。成材的可以为梁为柱；不成材的则售给篾匠制箩、制筐、做筷子。长的送到染坊、布肆、洗衣作坊，成为晒衣晾布的支撑；细的则去制篱、捆帚、做竹鞭等。

如今在城市、乡镇居民社区等住宅区，也能发现卖竹竿的小贩，多数是出售居民晾衣用的竹竿。一般南方人家中遇到搬场、乔迁，首先拿入新屋的是几根晾衣用的竹竿，寓意“生活节节高”，图个吉祥。

卖竹竿

崇奉：关公

篾匠

篾匠是制作竹器的一种专业人士。他的随身工具仅有一把砍刀，一柄篾刀。砍刀为长方形，约7厘米宽、33厘米长，专门用来劈竹截木；而那把柄宽约1.7厘米、长约10厘米的小小篾刀，是专门用来劈片、拉丝、刮条的。篾匠行当很普遍，因为竹子在南方遍地皆是，漫山遍野，易生易长。而竹子质地坚韧，不易腐朽，中空有节。从中横向截之，可盛水、盛物；纵向截之，劈丝、劈片用途更广。古代用它制作书写用的竹简，用它做裁纸的竹刀；制作竹箭、竹枪，用于战场；制成日用品的更多，竹席、竹床、竹椅、竹篮、竹箩……篾匠行当有两类：一类是走街的，挑着担子，内中放着竹条、藤条、竹皮、竹料和各种工具，走街串巷，为市民修理各种竹器，如竹凳、竹椅、竹床等。另一类是坐店的篾匠，主要是制作贩卖竹篮等。这些店铺的幌子是高高挂起一个大竹篮，篮下垂着块三角红布。店前的摊子上摆着各式各样的竹篮以及其他竹器杂用品，摊子后边有两三个师傅现场制作各类竹器。

篾匠是中国古老传统的一项手工行业。随着时代的发展，这个行当逐渐向工艺美术品进化，篾匠师傅越来越少，而专业技术性越来越强，也成了中国的一门工艺瑰宝。

篾匠

崇奉：山神

山神

山神即山民的守护神，依山而居的人们为了生存，总要祈求冥冥之中主宰着自己衣食的山神保佑自己。有关山神形象记载最早最多的就是《山海经》这部书。据统计，《山海经·五藏山经》就记录了25个山区的347座山的山神形象及祭祀仪式，几乎所有的山神形象不是怪兽就是半人半兽，因为它们都是由有关地区的民族或部落的图腾演变而来的。

篾匠行当的原料是竹子，竹子大多生长在山上，他们理所当然崇奉山神了。

173

绳匠

绳匠

绳匠是用麻、棕搓成绳索者，其历史很悠久。从定义上讲，用多股棕捻制而成的称为“绳”。两股以上的绳，再进行复捻成为“索”。两股以上的索，再一次复捻成更粗的则叫“缆”。

搓制较细的绳，在旧时普通人家妇孺皆会。这种麻绳用来拴结系物，在日常生活中时刻不能离。妇女用它来纳鞋底、绱鞋帮，更是不可缺少。那时，乡镇常有走街串巷卖麻坯的小贩，背着大捆的麻和搓好的、粗细不等的麻绳，吆喝兜售。

细麻绳、细线绳，用两只手掌反复搓拧麻坯或棉线就能顺势而成。如果要用比较粗些的麻绳，那就一定要到山货店或是专卖大绳的绳索店中去买。脚行、搬运行、船行以及工业方面用的绳索、缆绳，更得到绳店找绳匠们特别加工制作。

绳子铺一般都是连家铺，前店后坊外带住家，院子很大，为的是绳匠摇绳之用。如无大院落，也一定要择以河滩、广场，支开摇绳架摇绳。

摇绳架一般是五个齿钩或七个齿钩。一头固定在墙或树上，另一头的摇架要距之十多米之遥。细长的麻绳分别穿在这几个齿钩上，另一位当下手的人手执一柄探杆在几组绳子中间来来回回地走动，把细绳从一头引回，成双股挂在摇架上。绳匠手握摇把，反反复复地摇，一柄摇把连动着这几个齿钩，摇一下，这几个齿钩一起转动，为麻绳加捻，越捻越紧，最终结成粗粗的大绳。这种大绳不搅、不结、挺括成形。有人统计过，每成大绳一尺，绳匠得摇动数千次，活虽很苦，但许多行业都少不了要用绳子。

崇奉：鲁班

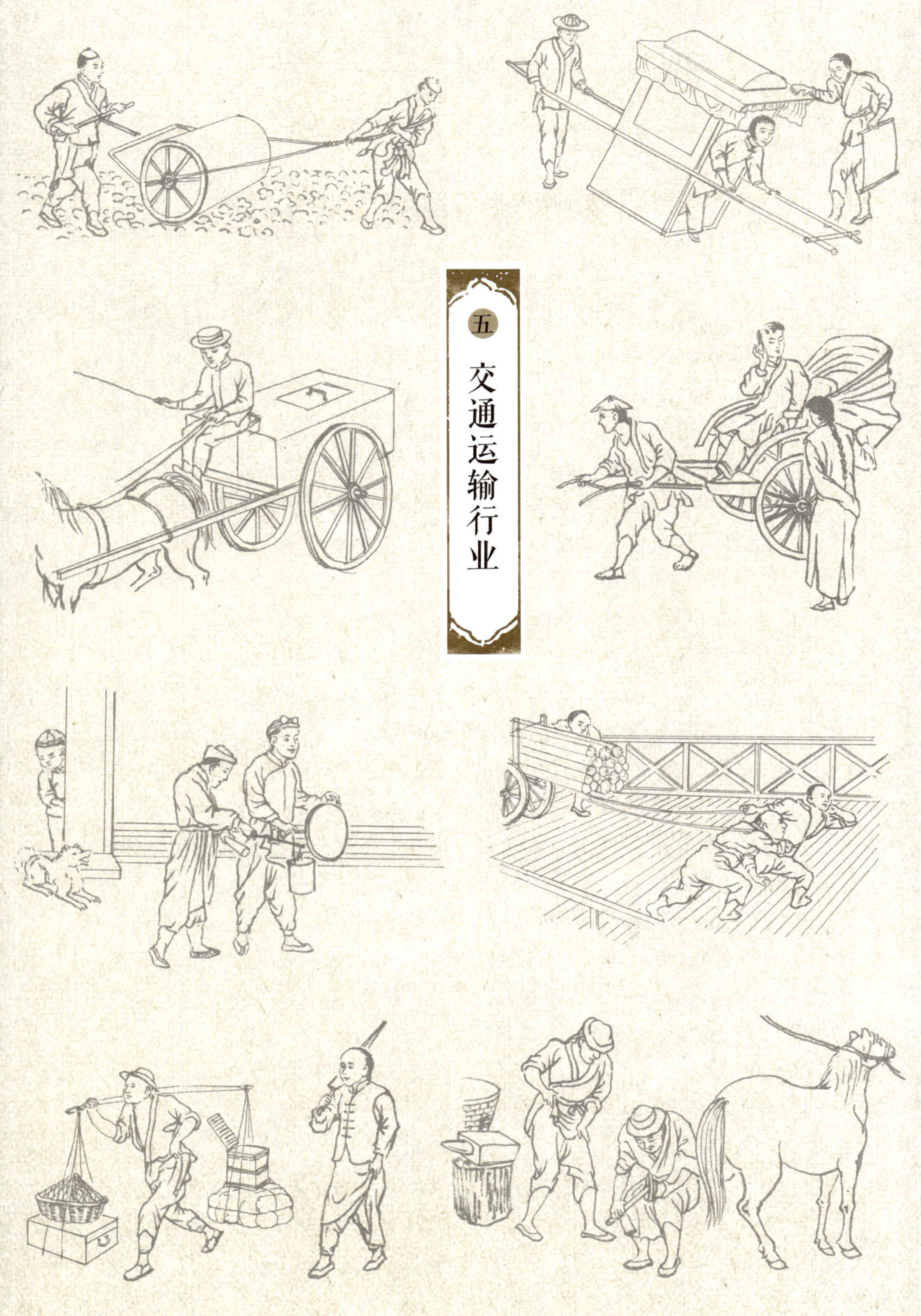

五

交通运输行业

抬轿子

抬轿子（王继青绘）

"轿"是一种交通工具，原不叫轿子，而叫"步辇"。步辇在汉代就已经有了。那时的步辇实际上是一张加两根抬杠的四足床。南北朝时，王公贵族使用步辇更为普遍，有时连指挥作战、打猎都坐在它上面。据《邺中记》载，后赵的残暴统治者石虎，打猎时就坐一种20个人抬的"猪辇"，辇上有蔽阳的曲盖，床下还设有"转关"，坐在上面可以随时转换方向，以射鸟兽。

步辇就是轿子的前身，真正的轿子形式在五代时就出现了，这种轿子是两人抬的。在旧时，轿子的形制也有种种规定，显示出封建社会森严的等级制度。如清初，除了皇帝、后妃乘坐的豪华辇舆以外，亲王坐的轿子是银顶黄盖红帏的；三品以上大官虽可用银顶，但盖帏只能用皂色。在京内四人抬，出京用八人抬；四品以下只准乘锡顶的、两人抬的小轿。至于一般的地主豪绅，用黑油漆头、平顶皂幔。官员坐的轿子叫官轿，娶媳妇用的轿子一般叫花轿。抬轿子的人出苦力，而收入很低。抬轿子行当如今已看不到了，只有在某些有高山峡谷的旅游景区，如黄山、泰山、庐山等处，我们还能看到当地的农民、山民为游客抬轿子。

崇奉：黄安

黄安是古代传说中的仙人。相传黄安为代郡人，长年服食朱砂，全身通红，颜面如幼童。他常骑坐神龟，力大能搬山，行走快如风，自言已经在世一万多年。汉武帝慕其名，诏请入宫论道。黄安曾随汉武帝祭祀泰山，后因不习惯宫内生活，离开京城，不知所终。

抬轿子行当崇奉黄安，一求平安，二求力大无穷。抬轿子行当也有不少人崇奉关公。

拉黄包车

拉黄包车（王继青绘）

黄包车是一种由人拉着行驶的两轮车。拉黄包车的人是旧社会中的下层劳苦群众。拉车者，自己无车，一般均在车铺处租来拉。每月的租金较贵，拉黄包车所得除去租金，所剩无几。于是，他们只能起早摸黑，拼命地干，但还养不活一家人。拉车者常常受到洋人、官僚、军阀、流氓等的欺压，然而，只能忍气吞声，敢怒而不敢言。拉黄包车最早出现在上海城市的街头，随后，天津、北京、济南、成都、大连、青岛等地相继出现了黄包车的身影。

黄包车的前身是人力车。最初，它是木制高轮，外包铁皮，长长的车辆，拉起来“哒哒”作响。这种车据说是日本人发明并被引进中国的。后来随着时代进步，对人力车进行改革，车轮上的铁皮换上了胶皮，车轴上装了轴承，拉起来轻巧无声，跑起来两轮生风，走街串巷也特别方便。这种车的创始人叫米拉，是一位法国人。他看准了中国城市的市场，从日本引进三百多辆人力车，并在上海工部局注册了一家人力车公司，赚到了不少钱。一些精明的外国商人、中国官僚、民族资产阶级看到这一现象，认为这是一种新兴的行业，有利可图，纷纷出资购买人力车，成立车行。工部局为了交通管理方便，曾明令要求将车辆饰以黄色，即车身、车杆都要漆成黄色，车篷也要用黄色油布，为的是明快易识。所以，人们就称这人力车为黄包车了。拉黄包车行当的历史也就仅有上百年的时间，随着中国近代城市中的公共交通发生了重大变化，尤其是中华人民共和国成立后，拉黄包车行当退出了历史舞台。现在，我们只能在影视作品中才能看到这一行了，有时，在旅游景点中，作为娱乐，或者作为一道特别的风景，我们也能看到拉黄包车的。

崇奉：米拉

黄包车的前身人力车实际上是日本人发明的。清同治十三年(1874年)，一位叫米拉的法国人，看准了这种交通工具将会有大的发展，于是，他从日本购进三百多辆人力车并进行了重大改装，这就是以后黄包车的模样。米拉还从日本招来了车夫来上海拉车。该公司开张营业之际曾轰动一时。富商巨贾、绅士名媛以至平民百姓无不竞相一试。米拉改装的人力车为何大受欢迎？原因有三：一是这种车式样新颖时髦，比起平日代步的轿车来得方便、自由。二是坐在车上舒适、有派头，如同在家坐沙发一般，上身后仰，二郎腿一跷，好不神气，而且可以男女同乘，招摇过市，实在风光。另外，还有一个好处，这车的车背上有一个可开可合的油布篷，烈日当头可以遮挡阳光，也可以遮挡风雨。后来，聪明的米拉想到一个问题，车夫全是日本人，语言不通，道路不熟，成本又高。于是，他就甩掉了日本人，雇用的车夫都是清一色的中国人。所以，米拉是中国拉黄包车行当的开创人。

赶脚

赶脚行当实际上是租毛驴给他人骑，从中收取“脚钱”。驴，在旧时是一种绝佳的代步工具。赶脚的驴是经过专门挑选、被阉割后训练过的，温顺听话、好使唤。

做这行生意的人是从小就与驴打交道的乡下人。他们了解自家毛驴的脾性。驴一般一岁时，能驮 40 ～ 50 千克重的货物，给它配上鞍、带上嚼子就能上路挣钱去了。赶脚的人要有个强健身子，腿脚轻便麻利，认路、不会走回头路。安全、省时、舒适是赶脚行当的基本要求。同时还需为人憨厚老实，少言寡语，尤其是在伺候女客时，上驴要架，下驴要搀，走时稳当不颠，才能平平安安做完活，再收取点钱回家。

赶脚行当一般在北方农村地区较多。

赶脚

崇奉：张果老

张果老，传说中的八仙之一。相传他有长寿秘术，齿发衰朽不死，并自言有数百岁。

传说，张果老隐居在中条山，常往来于汾晋之间。武则天时，曾下死命令召他出山。张果老便佯装死于妒女庙前。当时，正值盛夏炎热之际，尸体放久了，臭烂生虫。武则天听说了，相信他真死了。后来人们在中条山中又见到了他，其仍然倒骑白驴，日行数万里。休息时则将驴折叠，放入巾箱之中。

张果老

后世有人专门给张果老题诗一首：

举世多少人，无知这老汉。

不是倒骑驴，万事回头看。

赶脚行当的赚钱工具是毛驴，而张果老能倒骑白驴日行数万里，所以赶脚行当崇奉张果老。

邮差

邮差

邮差是邮递员的旧称。在中国东汉以前,公文书信多写在木板或竹简上,称为“札”,并用绳子捆好,绳的打结处再加一块泥,然后在泥土上盖印章,以防被拆,叫“封泥”。据史料记载,早先的邮递,大多是驿使,驿使是邮差的前身。传递的方法,或徒步或舟车或骑马、驴等。收费则按邮程的远近而定。

真正意义上的邮差行当出现在近代,英国人罗兰·希尔于1837年向英国政府提议:把过去的由收件人交费改为寄件人交费,由国家统一发行邮票,寄信人购买后贴在信封上,作为邮资已付凭证。1839年8月17日,英国议会通过了罗兰·希尔的提议。从此,邮差的职业化正式启动。

在清政府于1896年成立邮政局以后,中国才出现了首批邮差。

崇奉:罗兰·希尔

罗兰·希尔是英国的一位绅士。过去信件是驿使传递,而且由收件人付费。后来,有些人彼此约好在信封上做暗记,收件人一看信封就知道信中的主要内容,遂不接受信件,也就拒绝付费。

希尔是一个热心公益事业的人。他有许多朋友,他们定期会聚在一起喝咖啡、聊天、唱歌。有一次,他的朋友卡尔告诉他一件事:卡尔邻居的一位姑娘某天接到一封信,她往信封上看了一眼,就将信退还给驿卒,并拒绝付费。事后她对人说,那是她弟弟的信,他们已经约定在信封上做一个记号，表示平安，所以将信退还，就省了一笔钱。希尔听了这事后，不安之余，心想这样下去，会影响邮政的收入和发展，于是他向英国政府提议，实行邮资法，寄信人出钱购邮票，由邮差投送。此后，罗兰·希尔成为英国邮政总局的高级秘书。随着邮票的发明、邮资的改革，邮差（邮递员）的职业才真正走上正规化道路。

罗兰·希尔（王继青绘）

信牌是古代信使在传递信件时所带的一种凭证，与今天的介绍信相似。其上写着到达每个驿站的时间，以便驿站官员稽核、督促，使信件及时传递。宋代称作“驿卷”，宋仁宗时又制作了朱漆木牌。后因这种木牌记载有限，又用纸印行，称作“排单”，它不仅可作为递信凭证，且可在排单上按程登注时刻，因而起着传递、登记、介绍持信者身份等作用。

信牌制作，一般为官府所指定的作坊督制。从原料到信牌制成，历朝历代都有严密的程序。这么大的国家，需要众多作坊工匠来制作信牌，每天的工作量是巨大的。信牌制作业直到清王朝被推翻，才逐渐退出历史舞台。我们现在要看到信牌行业的实物，只能去博物馆了。

孔子（王继青绘）

崇奉：孔子

孔子是中国春秋末期的思想家、政治家、教育家，是儒家的创始人。相传，孔子先后有弟子3000人，其中著名的有72人。孔子晚年整理了《诗》《书》等古代文献，还对《春秋》作了删修。《论语》一书记录了孔子与弟子的言谈问答。

自汉代以后，孔子创立的儒家学说成为传统文化的主流，封建统治者把孔子奉为圣人。

更夫

更夫（王继青绘）

更夫，打更报时者也。我国古代的计时方法，是将一个昼夜分成十二个时辰。计算顺序是依十二地支排列，即子、丑、寅、卯、辰、巳、午、未、申、酉、戌、亥。古代没有先进的计时器物，白天是以日晷利用太阳光影的移动来刻度时间，或是用沙漏和铜壶滴漏来计时。可到了晚上，如何来报时间呢？于是，人们就在城镇的高楼、寺庙之内设置漏壶，由专人守夜观察，按时敲击钟鼓通报。一夜分为五更，从晚上 19 点到翌日 5 点，每两小时为一个更次。每到一更，值夜人就在鼓楼内敲击一次，是谓打更。这样，专事打更的更夫一行就出现了。

自汉代直到宋、元，更夫、巡更的、扫街的都是由市井里正、地保等城镇中最小的管理者出面雇用、管理，从管理费中支付酬劳。到了明代，巡更这一行归于丐帮，多数是由老弱病残的穷人充任。廉价雇用的巡更人，两人一班，一人提着灯笼，一手执锣；另一人手执竹制的梆子，按一定的节奏“笃笃锵——笃笃锵——锵”地敲着，串街走巷彻夜巡行。到了清朝，为了加强管理，便从治安缉盗方面强调巡更的作用。巡更的也多用身体强壮、手脚麻利的警觉之人，待遇也提高了一些。民国时期，科学发达，钟表也普及了，更夫这一行也就逐步被淘汰了。

崇奉：城隍

城隍

城隍是掌管城市之神。明代正式列入国家祈典。地方官上任，要首先参拜城隍。地方官有议而未决的疑案也往往到城隍庙请城隍启示。打更行业更是把城隍视作崇敬的供奉神。旧时，在全国各地的城市里，多建有城隍庙，城隍常以人鬼充之，即去世的英雄或名臣，把他们列为当地城隍，希望他们的英灵能同生前一样，护佑百姓，打击邪恶。比较有名的，如最早载入史册的城隍庙，是三国时吴国赤乌二年（239年）修建的芜湖城隍庙，迄今已有1700多年历史。另外，会稽城隍庞玉，他是唐初大将；南宁、桂林城隍苏缄是宋朝大将；杭州城隍周新是明朝永乐年间的浙江按察使，是一位难得的清官、硬汉子；上海有三位城隍，一是汉朝大臣霍光，二是元末名人秦裕伯，三是清朝爱国将领陈化成；北京城隍杨椒山，是明朝的正直大臣；还有苏州的春申君，济南的杨景文，福州、江阴的周奇，和州（今安徽和县）的范增，襄阳的萧何，镇江的纪信……不可尽述。他们都是当地百姓心目中的英雄，赢得了人们的敬重，被视为崇高的城隍。

窝脖儿

窝脖儿

“窝脖儿”是北方人的叫法，南方人统称为“搬场工”。他们为人搬运东西，一不用车辆装，二不用担子挑，而是用脖子和肩头扛着货物在街上行走，被人称为“扛街的”。其工作时的形态好似被人强项一般，故称其为“窝脖儿”。

这一行当的人从小练就一身硬功夫，手执一块宽50厘米、长约84厘米的木板，专为大户人家搬运精细、怕碎、怕碰的物件，如座钟、瓷器、摆件、掸瓶等贵重东西。或平摆，或摞着、叠着，十几件、几十件一起满满地放在板上，再用一根小绳系好。百十斤的东西，双手托起高过头顶，然后脑袋一低，脖子向前一伸，使肩头与脖子形成一个平面，再把高举着的重物稳稳当当地平放在肩头上面。稍定神，一手扶着托板，一手叉腰，便大步流星地走了。这一行讲究走街串巷过闹市，走上三千米不歇肩。待走到目的地时，进了正房堂屋，这才双手托板，把东西举起后，平平稳稳地放在地上，再按屋主的要求，把东西一一摆放到位。这一过程，也是为了让屋主看看所搬之物毫发无损，待主人家验毕，就可以结账取工钱了。以后，随着运输工具的发展和增多，这一行到了20世纪30年代已退出历史舞台了。

崇奉：东王公

道教中的东王公亦称“木公”“东王父”“东华帝君”“扶桑大

东王公（王继青绘）

帝”。东王公是掌管男仙名籍之尊神。据《神异经》记载，东荒山中有个石室，东王公居此，其身“长一丈，头发皓白，人形鸟面而虎尾，载一黑熊，左右顾望”。这是传说中东王公之最早形象。旧题东晋葛洪所撰《元始上真众仙记》具体叙述了东王公之来历：上古之时，元始天王与太元圣母于玉京山中通气结精，生下天皇十三头，号元阳父，居碧海之中，宅地方圆三万里，称为东王公。道经称，众仙登天，必须先拜谒东王公与西王母，才能进见三清尊神。道教又称东王公为青灵始老君，与丹灵、黄老、皓灵、玄老共称“五方五老”。

制造车

相传，车是中国人的祖先黄帝创造的。夏禹时期，有个叫奚仲的人，他驯马拉车，让大禹坐上了马拉车。到了殷代，马拉车又有改进，有四马二人乘坐的，有二马一人乘坐的。战国时，车的牢固性有了很大改进，出现了双轮车，增大了载重量。在漫长的奴隶社会和封建社会里，车主要用于战争和狩猎，很少作为交通工具使用。

制造车

唐朝之后，车逐渐用于交通工具。到了宋朝，制造车的作坊普及，并做起了车的生意。明清已形成制造车的行业，而且车越做越精致，越做越豪华，当然，车行的生意也越来越兴隆。之后，中国制车的式样五花八门，且根据不同人的不同需要，制造出不同类型的车型来，有木制的、铁制的、橡胶的、铜制的……只要客户需要，能制造的，制车业一定能满足其要求。中国成了制造车的大国。

崇奉：黄帝

修马路

马路，顾名思义乃车马所行之路，也就是交通大道。在18世纪中期，英国发生了工业革命，工业的发展迫切需要改善当时的交通状况，于是，产生了平坦宽阔的路，叫马路。

中国自秦始皇统一六国起，开始实施“车同轨，书同文”，按统一的要求修建驰道，为的是方便交通、繁荣贸易及战事战备的需要。从西安出土的兵马俑坑中马车的轨制，便可想象秦朝马路的宏大气象。这应该看作是我国修建马路之始。

旧时，古代城郭、马道、甬道等多是用三合土（黏土、沙子、石灰）或石材、大青砖铺设。其后的千百年中，再无重大变化。由于道路的材质不好，就造成“无风三尺土，下雨一街泥”的景象。两次鸦片战争，列强打破了清朝闭关锁国、妄自尊大的迷梦。外国租界在华的设立和建设，对城市的改造起了示范作用。晚清时期，广东沙面、上海英租界、北京东交民巷的马路，在结构和材质上就有了很大变化，开始使用砾石、沙料夯实，在渗水层上铺砖石，两侧加修下水道。这样的马路平整光洁、坚实耐用，已达到了现代道路的基本要求。

有了现代马路就离不开修马路的行业。旧时修马路，用大碾子滚压砾石，再铺上柏油或加工好的山石等。大城市中，也出现了专

修马路（王继青绘）

业的修路队伍和管理机构。《沪游杂记》称："专司马路工程者为马路管，又称街道厅。"修马路的工人很辛苦，不管炎热伏季还是寒冬腊月，他们是雨里来，风里去，长年累月地铺设、修建马路，而其报酬却很低。

崇奉：约翰·马卡丹

约翰·马卡丹是苏格兰人，从小聪明好学。18世纪英国发生了工业革命，以后又发明了汽车，这些迫使马路要向前进、向现代化发展。苏格兰人马卡丹设计了中间高、两边低的柏油马路，为迅速发展的英国工业和贸易往来提供了方便。人们特意取用设计者马卡丹姓氏，称这种路为"马路"，以表示纪念。

中国修马路行业却并不都崇奉这位洋人，他们有的崇奉关公或者太上老君，在北方修路者甚至崇奉八仙。

摆渡

摆渡的行当除了赚点小钱之外，还带有公益性。有些地方摆渡是不收钱的，纯粹为民服务。为摆渡划船的人，其工资是从族中或集资中支取的。

摆渡

摆渡人家生活在河湖港汊之间，以船替代车马桥梁，渡人渡物、过河过湖。过去有句名谚“救人救到底，渡人渡到岸”，这也是对此行业一种口碑式的褒扬。

摆渡一行起源很早，我国古代便有“舟楫氏”一族，可算是这一行的祖先了。他们是水上人家，在云贵、江西、蜀地、江南等南方一带的偏远小镇、山村，均有摆渡的行当。一般掌船摆渡的是些上了年纪但身体还强壮的男性。至于在西湖等景区使船弄桨的船工，与摆渡的性质完全不同，他们的目的在于兜揽生意，以赚钱为主。

共工氏

崇奉：共工氏

共工氏是传说中的古代部族首领。在中国，对水的崇拜是最古老的原始信仰，各民族中几乎都流传水神的神话传说。摆渡行当直接与水接触，他们希望平安，祈求水神的保佑。中国的水神有好几位，如共工氏、河伯、河渎、柳毅、龙王等，而共工氏是古代最早的水神。共工氏当年奉命治水，采用“壅防百川，堕高堙庳”（见《国语·周语下》）的方法治水，结果没有成功。后来，大禹改用“疏川导滞”的办法治水成功了。共工氏治水虽然没有成功，但他是古代最早的治水功臣，仍被奉为水神。

放筏

放筏（王继青绘）

放筏行当是一个危险、刺激、勇敢的职业。放筏利用河流、江水的漂流，把木材从偏僻的乡村、森林等地方，运向大城市。

放筏前，先把漂木收到一起，开始扎筏子，这种筏子规模极大，一般由 100 多立方米木材扎成。最大的，竟达 200 立方米以上（相当于 60 ～ 70 辆汽车的载运量了）。筏工们先用纤藤和撬棍把一根根木料非常牢固地捆扎成一个长方形平面。在其上，再用木板搭成三个略高于筏面的平台。前边一个叫“梢台”，台上竖有一根粗大的木桩，放筏的人叫它“王爷桩”，掌握方向的前梢条就绑在这根桩上。后边的平台上照样绑扎有一根后梢条。中间的平台是营房，这是一个用木棒和稻草搭起的“人”字形棚子。放筏时，十来个水手做饭、睡觉都在里面。

筏子扎好后，就是“等水”了，恰到好处时，就放筏了。放筏前，由筏主同当地木材公司签订合同，然后再招募水手等。放这种大型木筏，最关键人物是掌握前梢条的前驾长。谙熟沿途水文、经验极为丰富的老水手方能充当此任。掌握后梢条的叫“后驾长”，任务只是配合前驾长行动。成败集于前驾长一身，这就自然形成了驾长负责制。当然，驾长的报酬工资也要高于一般的水手。

放筏工作很苦，航线长，风险大。他们吃不好，睡不香，天天吃浑水加咸菜下干饭，还要战胜险滩恶浪。最叫人揪心的是放筏失事，触礁散架，一分钱赚不到，尚要冒生命危险。

放筏也是一项古老的行当。如今,随着森林面积的缩小和陆上交通的发展,筏子踪迹也只能在影视剧画面上才能见到。

崇奉:周宣灵王

旧时江河一带的船民,包括放筏业主,均以周宣灵王为船神,每条船上或筏子“梢台”内,都供有他的神像,他们认为周宣灵王专司风雨,法力无边,是他们的保护神。

据传,周宣灵王即南宋孝子周雄,杭州新城县(今富阳区)渌川埠人。事母至孝,常行商于浙赣间。二十四岁时,舟行至衢州,突闻母噩耗,因哀伤过度,“失足堕水,溯波而上,香闻数十里”,衢人异之,即奉神周躯,敛布加漆建庙祀焉。南宋端平元年(1234 年)敕封广平侯,淳祐元年(1241 年)封“护国广平正烈周宣灵王”,民间尊为水神。在浙、皖、赣、苏等许多城市都建有周王庙。

拉纤的场面雄浑、粗犷,这是人与自然的抗争,人与命运的搏斗。纤夫大多是穷苦的人,光着脚或穿草鞋;着短裤,为涉水方便,穿厚衣服,不至于被纤绳磨破肩头;头戴小草帽,遮阳蔽雨。几乎一律的姿势是弓腰,哼着纤夫号子,沉重地拖着船只逆向行驶。纤绳细,纤路长,纤夫一上路就像牛上了轭头,只能进,不能退。纤夫偷不得懒,作不得假,也不能奋蹄,一步一个脚印,腿跨两步,船行一尺。

纤夫(王继青绘)

纤夫行当,一般只出现在江、河激流处的地方。比较好走的纤路有大运河两岸的苏州、吴江、平望等。江南绍兴、宁波、湖州南浔等地方也是好的纤路。最艰苦的要算长江三峡、四川一带,常遇恶风大浪,纤夫肩上分量陡加,脚步越发艰难沉重,只能低头弓腰前行。

纤夫不仅活苦,而且报酬极低。如今社会在进步,拉纤行当几乎绝迹。

崇奉:田纯静

田纯静是宋代高道,羽化后被道教供奉为神仙。据传,田纯静是浙江明州(今宁波)人,他为了修得真道,一路艰辛,从浙江到江西景德观修练。有一天，田纯静在朝天门外叫人把他扔到江中。众人以为他疯了，都不愿把他扔进江中。田纯静自己纵身投入江中，江水湍急，他却不动不流，立在江中颂道：“六十八年老拙，平生不会扭捏。今日撒手便行，独伴清风明月。”于是，田纯静从江河中升仙。

纤夫行当崇奉田纯静，希望其能保佑他们平平安安，一路顺风。

码头挑夫

码头挑夫是卖力气的行当，干活苦，收入低。旧时，在码头、轮船公司出入口（也有汽车、火车站等）都有挑夫。这一行中，男人、女人、大人、小人，都靠肩膀吃饭。

码头挑夫（王继青绘）

码头挑夫行头简单，两根绳子，一根扁担，什么都挑。行李、砖瓦、石灰、货物、杂品……因此，一年三百六十五天，天天有活干。俗语讲：干这行，吃不好，饿不死。绝大多数的挑夫无力供养多口之家，仅能维持自己和一个家人的生存。旧时，城市各大码头的挑夫大多来自农村。随着农村经济的日益凋零，自耕农、半自耕农和佃农不断涌入城市，不少人找不到工作，只能当码头挑夫。他们终日劳累、贫苦，而且没有任何社会保障，还经常受到码头恶霸、地痞、流氓的欺压。

崇奉：城隍

造船匠

我国造船的历史很悠久，早在距今约 7000 年前的河姆渡文化遗迹中，就有古代人发明的独木舟。到了春秋战国时期，古人不仅以杨木制舟，而且还善于使用船绳来操作船只。三国时，造船匠已能造出楼船规模的战船，曹操在赤壁之战用的战船已达到当时的世界水平了。回顾历史，能造漂洋过海的大船，技术要求更高，那时已到明朝了。郑和下西洋，舳舻千里，海船浩荡，其规模形制更是可想而知。可见当年我国的造船技术在世界上是遥遥领先的，造船的工匠队伍浩大，技艺精湛。可惜，到了清朝，采取“海禁”政策，闭关锁国，以至于晚清时，国内竟再也找不出能造大船的工匠，更没有一张能造大船的图纸和文献记录。民间的造船匠，只能制造些小型的渔舟、木船和小艇而已。

造船匠亦称船匠师傅。使用凿、斧、锯、锛、油、麻、漆等。造船匠既是体力活又是技术活。通常船造好后，预留一个榫钉不凿，待选个无“土”无“火”的黄道吉日，才凿上最后一个榫，顺入水中，这才算是正式完工。目的是让未来的船主心中欢喜安定，保证日后船只平顺，无波澜之灾。

造船匠

妈祖

崇奉：妈祖

造船匠造好的船，与河、海打交道，祷求神灵保护，因此造船行业崇奉妈祖。同时，造船匠也崇奉鲁班。

制造灯塔

制造灯塔（王继青绘）

灯塔是设置在海上航线附近岛屿或港口海岸上的大型航标，因为具有强有力的发光设备，且通常建成塔形，故名灯塔。

制造灯塔不是一个人能完成的。这个行业有它的特殊性，涉及木匠、铁匠、石匠、建筑工、设计等方方面面，它是一个团体性的综合行业。

我国制造灯塔的历史已经很久了。但是，早期其名不叫灯塔，而叫“烽堠”（即土堡）。建造“烽堠”的时间，据史记载是在明朝永乐年间。

如今，中国漫长的海岸线和众多江湖上有无数座灯塔，凝集着这个行业的工匠们无数辛勤的汗水啊！由于他们的付出，在日落至日出期间，灯塔能发出定时瞬息明灭的灯光，供船定位和指示航向。如今科技发展了，不少灯塔均配置有先进设备，有的还是用电子、电脑等遥控操纵呢。

崇奉：陈瑄

中国制造灯塔史上的第一人是明朝的漕运总兵官陈瑄。陈瑄因助明成祖朱棣建业有功，封平江伯，充任总兵官，兼督海运。当时，凡是郑和下西洋官兵的配置和调动，均由他总掌。陈瑄见宝山海滨地势低，无标志可辨，且又是长江和东海的交汇之处，航道上浅滩多，稍有不慎，郑和舟师便会出事。永乐十年(1412年)春，他上奏明成祖，请于清浦(遗址在今上海高桥镇老宝山城外西南)筑土山，土山方圆百丈，高三十余丈，并在山上立堠以为航海标识。明成祖批准同意，并令陈瑄全权督办这件事。陈瑄于是成为中国制造灯塔的鼻祖。

六 医药卫生行业

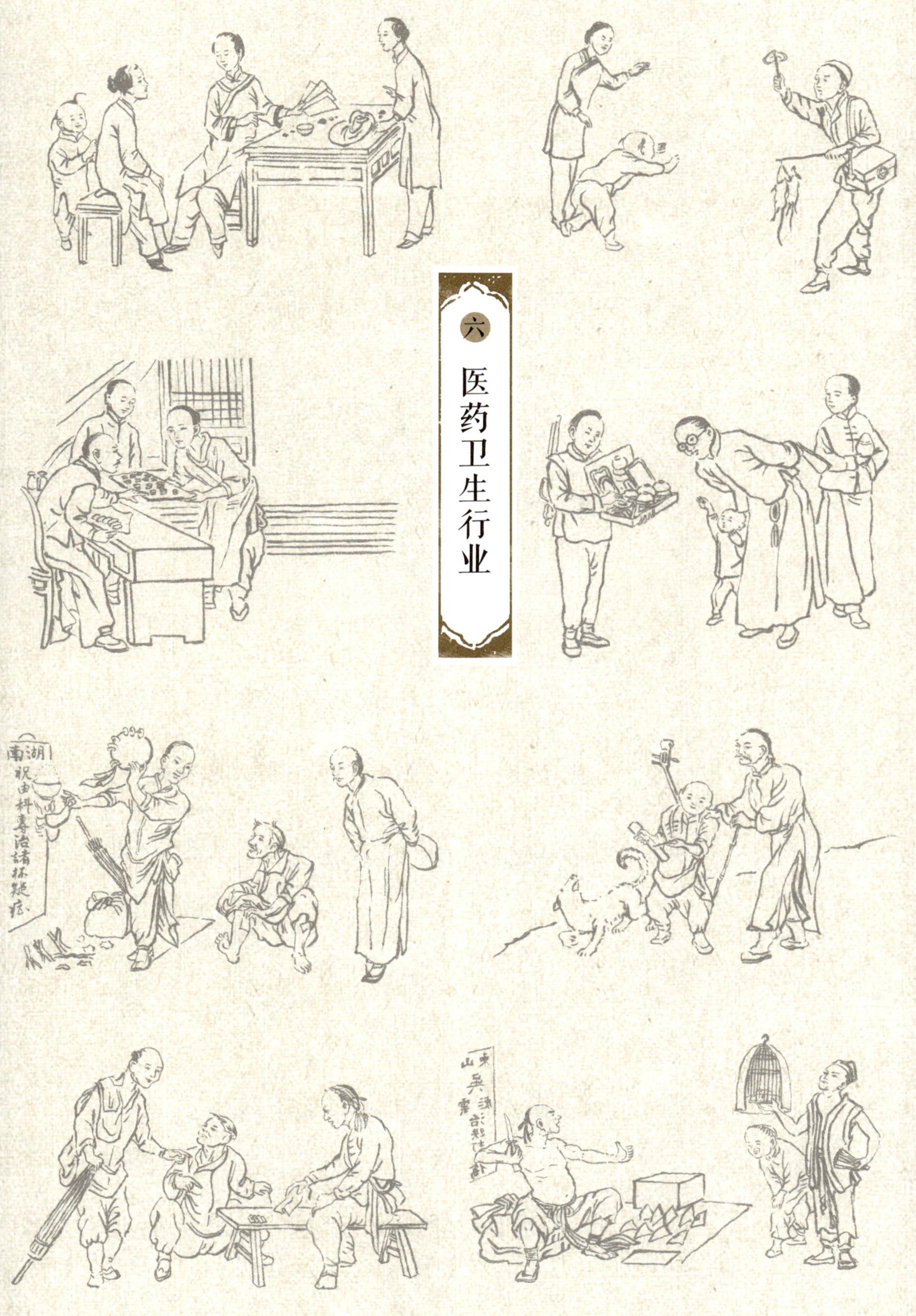

游医

游医

游医又称“江湖郎中”。他们一般身穿长衫，肩背药箱，左手执一布招子，上写“专治一切疑难杂症”，右手摇一串铃，走街串巷为人治病。这一行的从业者虽说医术不高，但在缺医少药的穷乡僻壤，对广大劳苦大众来说也是不可缺少的。

游医凭的是医术，他们整天在外行医，其收入是极不稳定的。游医中不乏高手，千百年来，治愈了不少病人。史书上也曾记录过游医行当中的圣手，如扁鹊、玄俗、壶翁、韩康等。但游医中也有混饭吃的江湖骗子。

中医看病，但凭诊脉，望、闻、问、切等本已不易，如是庸医混迹其中，更会误诊伤人。游医一直流传至今，但游医中那些欺世盗名、卖假药、胡诊滥断、误人性命的虎狼庸医，如所谓的“老军医”“老中医”“性病专家”等，则成为卫生管理部门取缔的对象。

崇奉：孙思邈

孙思邈是唐朝的医学家，号称“药王”，所著的《千金要方》《千金翼方》为中国医学名著。

技术高明的医生指责游医无师无本，无权崇奉医圣孙思邈。有趣的是，游医们都以手中的铜串铃举证，说此“虎撑”是祖师爷亲自留下来的遗物。

传说唐朝皇宫御苑中所饲养的一只猛虎在食肉时，不慎被兽骨卡住虎喉，弄得不能进食，痛苦不堪。皇帝诏谕孙思邈医之，孙思邈面对猛虎，不慌不忙，从袖中取出一个直径半尺的铜环，环上有铃。摇铃，铃响，引得老虎张嘴，他便顺势将铜环撑在老虎张开的血盆大口之内。孙思邈自铜环中伸手进入虎喉，将兽骨取出，老虎得救。皇帝大喜，问这铜环叫何名目？孙思邈称此环名叫“虎撑”。

由此，天下游医皆手持虎撑，充当起了药王的门徒。

孙思邈

拔火罐

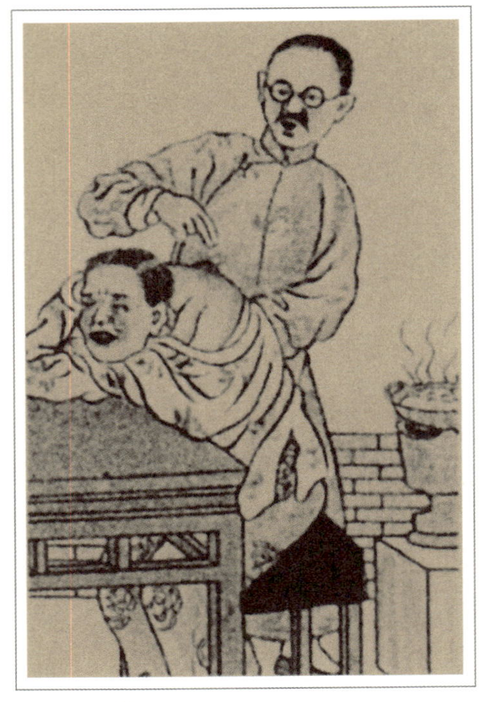

拔火罐

“拔火罐”是我国民间流传很久的一种独特的中医治病方法，俗称“拔罐子”“吸筒”。《本草纲目拾遗》中又叫作“火罐气”，《外科正宗》中也叫作“拔筒法”。古代多用于治疗外科痈肿，起初并不是使罐，而是用磨有小孔的牛角筒，罩在患部排吸脓血，所以一些古籍中又取名为“角法”。后来，牛角筒逐渐被竹罐、陶罐、玻璃器皿所代替，治病范围也从早期的外科痈肿，扩大到风湿病、腰背肌肉劳损、头痛、哮喘、腹痛、外伤淤血、一般伤风感冒及一切的酸痛诸症。

旧时，在民间游医或中医世家中，拔火罐治病是一项专业的行当，有祖传的、有自学的、有从师学的，这行当大有高手、能手、掌握绝活的人在。市井百姓对于拔火罐之类的民间治病方法表示很欢迎，一则方便，二则价格便宜，三则疗效较快。

拔火罐是中国民间医学的一朵瑰丽奇葩。

崇奉：葛洪

葛洪，字稚川，自号抱朴子，丹阳句容（今属江苏）人。他是东晋道教理论家、医学家、炼丹术家。

葛洪自幼好学，因家境贫寒，白天上山砍柴，拿到市场上换来纸笔，晚上抄写默诵。由此，以儒学知名于乡里。葛洪从葛玄的弟子郑隐学炼丹术。晚年时，葛洪率领子侄前往罗浮山（今广东增城东）炼丹。

葛洪

一天，葛洪寄信给当时的广州刺史邓岳，告知近期将要远行。邓岳得信，连忙奔山中而来，希望能与葛洪道别。等他到了山中，葛洪已经静静地坐在那里羽化了。葛洪著述颇丰，著作有《抱朴子内篇》《抱朴子外篇》及《神仙传》等。

中国最早关于拔火罐治疗疾病的文字记载，就在葛洪的《肘后备急方》中。

191

拔牙

旧时的乡下城镇乃至大城市，都有拔牙行当。老百姓患牙疼、牙酸、蛀牙等牙病，贪方便、实惠、价格便宜，往往都在附近的牙医摊拔牙或补牙。这些牙医大多数是打着“祖传”或名牌“医科大学”毕业生的招牌。更让人哭笑不得的是，有的牙医竟自称什么“德国牙科专家”，或某外国医科大学优材生等。但是这些牙医到底有多高水平的技术，就难说了！当然，也不排除有江湖高手，个别牙医竟能为病人装一副漂亮的假牙呢。

拔牙

拔牙行当，在旧时其生意还能维持生活，用他们的行话讲：“拔牙、补牙没花头，装副假牙可吃一月头。”据有关资料表明，拔牙行当的历史也不长：清末民初，才形成这一行当。

崇奉：扁鹊、华佗

扁鹊是春秋战国时的名医，他到各地行医，在赵为“带下医”（妇科），在周为“耳目痹医”（五官科），在秦为“小儿医”（儿科），名气很大。

华佗是东汉末年医学家。他经常在各地行医，治好了许多人的疾病，真是妙手回春、药到病除。因此，到处流传着华佗治病的动人故事。

华佗精通内、妇、儿、针灸各科，尤为擅长外科。为了让人预防疾病，华佗告诫人们在平时要锻炼身体。他发明一套名叫“五禽戏”

的体操，模仿虎、鹿、熊、猿、鸟的动作，对身体各关节起保健作用，至今不少人还在锻炼此操。另外，他还发明了“麻沸散”，为麻醉后的病人开刀。这是世界医学史上最早运用全身麻醉为病人进行手术的记录。

扁鹊

后来，华佗因为不从曹操征召，被关进监狱，不久就被判处死刑。他在临刑之前，拿出几本医书来送给狱卒说：“这里面有可以救人治病的药方，你留下吧！”但是狱卒害怕，不敢接受。华佗对天长叹一口气，一把火把书烧了。现存《中藏经》一书，旧署华佗所作，实是后人托名之作。

绞脸

绞脸行当旧时也称“修面”“插戴婆”等。绞脸是旧时妇女的一种“美容”方法，妇女在人生大典中，如婚嫁、参加盛典等都要绞脸。所谓绞脸，就是拔净颜面上的汗毛。要拔掉这些细小的汗毛，不能用剪刀、镊子，而是用丝线绞拔。绞脸，是一种专门的技术，需要精于此道的人来做。

绞脸

绞脸行当的妇人，她们把一根长长的丝线折成双股对头，用手搓捻，而后交叉缠于十指之间，再将此线压在修面人的脸上来回滚动。这样脸上细小的汗毛就绞到丝线上，一边滚，一边上下提起，汗毛被拔出。如此反反复复，颜面就修得精光。肤洁如玉，女人会显得更加美丽。

待嫁的新娘还要开脸。旧时，待字闺中的少女发式，额前要留刘海，脑后要梳辫子。而一旦出嫁，就要梳起发髻，以表示与少女的不同。梳髻，则要求额上鬓角齐整，见棱见角。所以额鬓发际边上的长汗毛，必须统统拔掉。

会做这些事的妇人，多是由外边请来的喜娘。这些喜娘经常出入豪门大户、内室闺阁，见多识广，能说会道，都是处世老道的妇人。她们凭借这些技术，以此为职业，也可称为旧时的美容师。

这种绞脸的行当如今已难见到了，只有在偏僻农村乡镇也许还能见到。

崇奉：女娲氏

女娲氏是伏羲的妹妹，相传女娲氏与伏羲成婚而产生了人类，但后来他们禁止兄妹通婚，并制定了各种婚嫁的礼节。

女娲氏

伏羲死后，臣民推女娲氏为王，部下共工氏不服，兴兵作乱。女娲氏派兵与共工氏交战，共工氏被打败，心里怨愤，结果用头撞断天柱，天出现缺口。女娲氏使用神力，补好天。据说，女娲氏补天的那日是正月二十三日，所以后世民间在这一天会祭拜女娲氏。后世想缔结美满婚姻的人，以及与婚礼相关联的人常来向女娲氏祈祷。绞脸行当的从业者也崇奉女娲氏。

接生婆

接生婆

接生婆又叫"稳婆"。旧时在民间，接生是一个大行当。女人十月怀胎，一朝分娩，生育需要助产，接生行当何等重要！临产前，接生婆早早被请来，在她的指挥下，将产房所有窗户关闭，闲人一律不得入内，并安排下手在灶间烧满三大桶开水备用。待产妇临盆时，由助手抱腰，接生婆上手工作。所用的工具，即随身带来的刀、剪刀等简单的器具。若是顺产，皆大欢喜。小儿落地，母亲平好，接生婆剪断脐带，收拾胞衣，用温水洗净婴儿，包扎好脐带，抱进堂内，报声是男是女，一切了事。

但是，如果碰到难产、横生、倒产等，则除了接生婆有经验、手段高，或可成喜，或则成悲，一切只能听天由命。另外，在科技与卫生条件不发达的年代，接生婆操作不当、器具不卫生、脐带包扎不好等，产妇因产后感染等导致死亡的也时有所见。

崇奉：孙夫人、送子娘娘

孙夫人是张道陵的妻子。相传，她随张天师入蜀后，于东汉元嘉元年（151 年）到阳平用太乙元君传授的黄帝制法，化炼金液还神丹，得以变形飞化。永寿二年（156 年）九月初九，与张天师白日升天，后道教尊崇孙夫人为上真东岳夫人。接生婆行当崇奉孙夫人，以求她保佑行业平安，显灵排除难关。

接生婆行当中，有的地方崇奉的是送子娘娘。送子娘娘也称“子孙娘娘”，中国南北叫法不一。如广州著名的祈子神庙——金花庙中，主神为金花夫人，并供有张仙、华佗、月老、花王、桃花女、斗姆等尊神，大多与生育有关，庙内还供着20位奶娘。北方的名目有区别，如北京著名的东岳庙内“娘娘殿”中供奉的9位子孙娘娘与广东金花庙的娘娘则完全不同。但不管怎样，送子娘娘保护的是妇女的生命安全，所以，极受妇女们的崇奉。

送子娘娘

中药堂

我国各地的中药店多称堂，如同仁堂、乐仁堂、长春堂、胡庆余堂等。

中药堂

中药是中华民族的国粹之一。从扁鹊、华佗、李时珍，到晚清著名“红顶商人”胡雪岩，他们都为中医的发展作出了贡献。中药堂行业历史悠久，据史载，“坐堂医生”应出现在汉献帝建安年间中期。中药堂的业务一般由看病、配药两大部分组成，中药堂就是旧时的“医院”。它是中国传统医学的标志，至今仍保存了“坐堂”看病的传统。过去的中药堂，一般都是以自力更生为主，包括药材的采购、制作、配售……中药堂有手工作坊，药师们经过治丸、吊蜡丸、切片等各道程序，才能制成药。如杭州胡庆余堂内有中药博物馆，这里展示中药堂内的药材标本、浸渣标本、蜡叶标本、矿物标本和动物标本等。让人惊讶的是，我们还能看到：一副完整的虎骨架，是胡庆余堂当年花8万元从动物园买来的。那灰熊标本来自东北原始森林，硕大的海鸟、丰腴的冬虫夏草、蚕头般大的川贝、碗口般粗的龙骨实属罕见。特别令人瞩目的是，中药堂内出售的中药材，经统计，竟有上万种之多。

崇奉：张仲景

张仲景是汉末医学家。相传他在长沙当太守时，当地瘟疫流行，死了不少人。为了救百姓，张仲景在公务繁忙的情况下，仍孜孜不倦地钻研医学，为民治病。他公然打破官府戒律，坐在办公的大堂上为病人诊脉开方，做到办公、行医两不误。张仲景常在自己的名字前冠以“坐堂医生”四个字，以表示自己藐视功名，为民治病的决心。后来，张仲景写出了《伤寒杂病论》，对中医学的发展有重大贡献。后人十分崇敬张仲景的精湛医术和高尚医德，因此便把中药店称作“堂”，中药堂自然崇奉张仲景。

张仲景

草药摊

草药摊是旧时很常见的一个行当。在经济不发达的乡村集镇，以及落后的城市边缘，缺医少药，没有什么医院、大药房、大药铺，倒有不少游医和草药摊。草药摊上摆着各式各样的有待加工的中草药，如当归、白芍、杜附子、山楂、党参、龟板、兽骨、石膏等各种药材。

旧时，草药摊的小贩也会带着大包、小包，走街串巷地到处设地摊，还经常出现在庙会、集市等处叫卖草药。

穷人生病，尤其是患慢性病，看不起医生，往往抱一线希望，花上些小钱，以求保佑能治好病症。因此，草药摊也能维持下来。当然，也有一部分小贩卖假药、劣质中草药。当你看到药摊上摆出了熊掌、虎骨、麝香等名贵药材，而价格却十分低，无疑，这个草药摊卖的是冒牌货。

崇奉：华佗

华佗一生以游医治病为主，草药摊崇奉华佗。

华佗（王继青绘）

卖三七

三七是一种名贵的中草药。三七，味甘，微苦，性温，无毒。其主要功效是行瘀、止血、消肿、定痛，主治跌打损伤、瘀滞疼痛及各种出血病症，如治疗咯血、眼出血、消化道出血、尿血、外伤出血等。卖三七，在古代是一个独立的中草药行当，因为它很名贵，又很实用，一般贵族，尤其是武士出身的名门，家中必备三七。

从唐代起，三七在市场上已能买到。销卖三七的作坊、药铺逐渐普及。到了明清，三七的价格稍有下降。民国之后，普通老百姓也能买得起了。三七的药用价值，药王孙思邈称其“千金易得，一药难觅”。关于其来历，民间还有一段传奇故事：从前，有两个结拜兄弟。一天，义弟突发大病，又吐血又便血，危在旦夕，义兄知道后，从自家后院挖来一根草药，送给义弟煎汤服用。不久奇迹发生了，义弟的病好了。义弟感激地问义兄：“谢谢兄长的大恩大德，但不知你用何种草药治好我的病？”义兄把义弟带到自家后院说：“就是这种我家祖传的药草。”义弟向义兄讨这种草药，说是自己种上它，以备用之。义兄同意了，并叮嘱他说：“贤弟，此种草药不可外传，你千万保密啊！”义弟拍胸，保证保密。于是他挖回一棵小苗，种在自家后院。

一年后，当地一位大财主的儿子得了“大出血症”，四方求医无效，眼看快死了。财主说：“谁能治好我儿子的病，愿送一半家产给他。”贪心的义弟得知后，马上把家中的那棵药苗送给财主，并要他立下字据，事成后能分得一半财产。可没想到，财主儿子吃了药苗汤之后竟一命呜呼。财主把义弟告到衙门。义弟害怕，就说出是义兄给他的。县官传来义兄，不料义兄在大堂上一番话，差点让义弟晕倒，他说：“我家此药，祖传名曰‘三七’，它要长三到七年才有药效！义弟一年药只有副作用，没有药效的。”人们才知道了这种药材要长三至七年才有药效的秘密，故这药名叫“三七”。

崇奉：孙思邈

卖蒲艾

卖蒲艾

每年五月间，乡间农夫便收割菖蒲、艾草，成捆成担地挑入城镇出售，在端午节这天，能卖出好价钱。百姓为保平安、无病无灾，花点小钱也心甘情愿。还有手巧的民间艺人，用菖蒲编成蚂蚱、青蛙、乌龟等各式草虫，在市井售卖。北方家家户户悬挂“五端”，即菖蒲、艾草、榴花、蒜头、龙舟花，以除瘟避邪、降妖驱鬼。南方人家则为熏蒲艾、门挂蒲艾、儿童挂香袋等，此时的小贩忙于走街串巷吆喝叫卖手中的蒲艾之类的去病降魔之物。

钟馗

崇奉：钟馗

钟馗是中国民间传说中驱妖逐邪之神。

相传，唐玄宗病中梦见一大鬼捉一小鬼，唐玄宗问大鬼是谁？大鬼自称“钟馗”。唐玄宗醒后命画师吴道子画钟馗像，悬于宫门，疾病竟得痊愈。从此，民间便奉钟馗为驱邪逐鬼的神仙，成为年节行事所祀奉的神灵。端午节更是五毒会集、邪祟滋生之际，卖蒲艾行当崇奉钟馗，以图驱邪除鬼，保佑平安。

卖枸杞子

枸杞子是一种中药材，功能为补肾益精、养肝明目，主治目眩昏暗、肾虚腰痛等症。

从宋朝开始，卖枸杞子行当已十分普遍，市井街面的商铺、小贩推着板车，挑着担子，吆喝叫卖。枸杞子在中国的出产胜地是宁夏。这里有则关于食枸杞子的历史故事：宋初，有位朝廷使者赴宁夏银川办事。途中看见一乌发红颜少妇，手握竹竿追打白发老翁，使者上前阻拦责问："你为何打老人？"她答道："我这孙子不食家备传餐，年纪不大却已老态龙钟，今天他又不食枸杞，怎能不教训他？"使者惊奇地问："你多大岁数？"答曰："年过百载。"使者续问："以何法获得高寿？"她笑答："只是数十年不停食枸杞子罢了。"

如今，卖枸杞子行当已经发展为集团化、专业化、系列化的现代产业。百姓保健养生，需要枸杞子，它的市场越来越大。

崇奉：孙思邈

卖杭白菊（王继青绘）

杭白菊主要产地在杭州，故称杭菊或杭白菊，古时与龙井齐名，并列为贡品。

杭白菊不仅能冲泡当饮料喝，更重要的是有药用作用。李时珍在《本草纲目》里也特别提到它的中药作用。尤其是在夏季，杭白菊宜作保健饮料，开水冲泡后，其色泽天然，汁水清香，味甘爽口，花形完美，具有降温、消暑、利尿和益神的作用。杭白菊还具有氨基酸、菊甙及多种维生素。它性寒，味甘苦，作为药用有平肝明目、散风清热和解毒消炎的作用，主治感冒风热、目赤和头痛。

专卖杭白菊的商贩，每年秋后，涌向杭州产地和浙江桐乡地区采购，然后运往全国各地。

李时珍

崇奉：李时珍

李时珍，字东璧，蕲州（今湖北蕲春）人，明朝医药学家。他历时二十七年，撰成闻名中外的《本草纲目》。《本草纲目》是我国中医药学的一份宝贵遗产。杭白菊的药用价值，乃是由李时珍首先用文字记录在《本草纲目》中，故卖杭白菊行业崇奉李时珍。

卖蒲公英

蒲公英是一种野草，又名“黄花地丁”，南方又叫“黄花郎”。蒲公英是多年生草本，叶从根部抽出，有些像鸟羽，叶边有大锯齿，齿形向下。早春时节，叶从中间抽一茎，顶上生花，色作深黄，形如金簪头，因此有地方又称作“金簪草”。花谢飞絮，絮中有籽，这些籽落在哪里就生在哪里，繁殖极快。

卖蒲公英

蒲公英的药用功能是清热解毒，主治乳痈肿痛、疔毒等。据李时珍《本草纲目》记载，蒲公英还可以制成牙膏以固牙齿。年老人服用后亦能壮筋骨，须发还黑，齿落更生；少壮人服了可葆青春防衰老。

蒲公英不但入药，也可当作蔬菜吃。早春叶苗初生，十分鲜嫩，即可尽量采取，上锅炒吃，或用盐、花酱、麻油拌和，是一道绝妙的凉菜，并有消滞健胃的效能。古人曾有“十步之内必有芳草”之说，用蒲公英治病救人是一例。卖蒲公英行当者多是农村妇女。初春一过，她们手拿蒲公英到街头市井叫卖。

崇奉：李时珍

卖百合

百合是一种中药材，也是一种蔬菜。中医学上以百合鳞茎入药，能润肺止咳、清新安神，主治痨伤咳血、虚烦惊悸等症。李时珍在《本草纲目》中称百合为中药的“奇物”。

百合味糯而甘，亦可当蔬菜食之。卖百合行当的历史十分悠久。宋朝时卖百合已很普遍，小贩、商人，以及农人都在卖百合。因为百合是老少皆宜的佳品，其销路自然就好。

关于“百合”的来历，民间有这么一则故事：从前，东海上有伙海盗。有一次，他们洗劫一个渔村，杀尽了村里的男子，把这里的妇女、儿童劫到一座孤岛上。后来，这伙海盗又出海抢劫，不料遭风暴翻船，全淹死了。被困在孤岛上的妇女、儿童，不久就断了粮。有个妇女饿急了就挖些像蒜头一样的草根回来，煮熟一尝，有香甜味，挺好吃。于是，大家都在岛上采挖这种草根来煮着吃。过了些日子，一些原来身体虚弱、痨伤咳血的人吃了“蒜头草根”竟然都恢复了健康。

一年后，有条采药船偶泊此岛。采药的人见这些妇女儿童个个脸红体壮，听了事情的经过，十分惊奇。后来他们找来大船接他们回陆地，并带回许多“蒜头”。经药农使用，才发现这东西有润肺止咳、清心安神等作用。那么给它取什么名称呢？采药人灵机一动，掐指算来，岛上被困的妇女儿童正好合一百人，于是，就将此药取名为“百合”。

崇奉：李时珍

卖云南白药

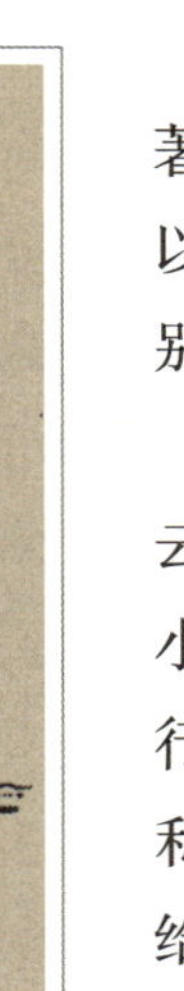

卖云南白药

云南白药是中国著名的跌打损伤药，以其止血、止痛的特别功效而闻名中外。

旧时，有专门卖云南白药的药贩子或小贩在城市、乡村中行街叫卖。有的售给私人诊所，不少是卖给普通老百姓，百姓买后以备急用。

这个行当的经营特点是“戒假”，他们卖的药必须货真价实，绝不能卖假药。

随着时代的发展，卖云南白药行当中的个人游街叫卖已难以看到，现在出现的是由卫生部门出具证件的专卖店销售云南白药了。

崇奉：曲焕章

曲焕章是清末民初时人。他从小聪明，爱钻研学问。据传，他原是云南的一位猎手，擅长打虎。但是他几次打中了老虎，请人去抬，回到现场却不见老虎的踪影。人们议论纷纷，疑是“神虎”。曲焕章不信。一次他又打中一只老虎，立即跟踪观察，只见受了重伤的老虎去寻到一种草药吃了，伤口很快止住出血。曲焕章如获至宝，就把这种草药采回来试验，治疗损伤果然有特效。后来，曲焕章干脆改行做民间医生，多方搜集和整理民间有效的疗伤草药，反复筛选配制，目的是为民造福。最后他成功了，于1914年正式生产“曲焕章白药”，也叫“百宝丹”，最后命名为“云南白药”。

卖狗皮膏药

卖狗皮膏药

“卖狗皮膏药”是南方人的称呼，北方人叫“卖跌打损伤丸”。旧时，市井街头或是每逢庙会集市，经常能见到这干这一行的人。无论冬夏，他们上身光着膀子，拉开架子，吼着嗓子吆喝：“快来看，走过路过不要错过，祖传秘方，太上老君造，药王老爷传。华佗医圣降此，为你解难，保你医好各类跌打损伤，吃了跌打丸，立即不痛跳三跳……”吹得天花乱坠。见人多了，卖药的还会使出绝活，什么铁蛋下胃、刀刺喉咙、当场割指，鲜血淋淋……用了他的药，立即见效。此时围观的人群中，就有人出面捧场，买上两包药。其他人也跟着这位买两包，那位买几包，不多久，几十包药销售一空，至于买回去的药灵不灵，那又是另外一码事了。

中国有句俗语，批评人家华而不实，就叫“卖狗皮膏药”。在中药中有一副专治伤的中药膏，两张用纱布胶组成，中间夹着黑色的伤药，则是传统的中药膏，其疗伤效果很显著，当然它与卖狗皮膏药行当不是一回事。

崇奉：吴云彪

吴云彪，传说是跌打损伤丸一行的祖师爷。吴云彪出生于山东的一个穷苦农民家庭，那年山东遭受天灾，饿死了许多人，吴云彪为了生计，只能投奔军营。一次他偶然遇见一位高道，也是山东人。老乡遇见老乡格外亲热。临别时，道士传授给吴云彪治伤的偏方说："战场残酷，随时会受伤、流血，以至死亡。带上这药方，胜过你打几个胜仗啊！"吴云彪高兴地接受了道士的偏方。

吴云彪使用此偏方，救了许多兄弟将士，名声大振。后来又在郑成功麾下当教官。吴云彪在随军征战中，屡创奇迹。用了此药，刀伤、枪伤立刻止血止痛，救死扶伤，立下赫赫大功，被主帅封为大将。此药的配方，被视为军中奇珍。当然，这只是民间传说而已。至于市井中跑江湖、卖狗皮膏药、卖跌打损伤丸的，是否沿用吴氏秘方，那就无法细考了。

卖蛇酒

卖蛇酒（王继青绘）

卖蛇酒者，一般是捉蛇的人，因为他懂得蛇的习性，知道蛇的毒性。毒蛇咬伤人，可能危及生命。但在医学家和营养师眼里，毒蛇也是药材，其毒可治病，其肉可保健。把蛇浸泡酒内，成为药酒，历来可治风寒、风湿、关节炎，通经络、活血脉等功效显著。卖蛇酒者，通常还是了解医学知识，或者是专业医生。买者必须在医师的指导下，方能喝蛇酒。

中国蛇酒，世界闻名。关于蛇酒的来历，民间有这么一段小故事：说是几百年前，大别山区有一家酒店，生意兴隆。有一天，店小二李波到地窖里取酒，突见一条大蛇横在梁上，蛇头伸向酒坛正喝着酒呢。李波正迅速抓蛇时，不料蛇重心向下，滑进酒坛，李波马上盖上坛盖，又压上块大石头，且不去理会它。两年后的一天，本地的一个患严重风湿病的刘癞三到酒店讨酒喝。李波才想起酒窖里还有一坛蛇浸入的酒，他告诉店主，店主推脱说："就让他喝这酒吧，反正留着也没用。"没想到，刘癞三喝了蛇酒连连叫"好酒，好酒"。接着就倒下了。店主与李波有点慌张，认为他死了。慌忙了一阵子，店主正叫李波去请医生，不料，刘癞三苏醒了。他嘴上还说："主家，今日你这酒特别香，而且还减轻了我的病。"店主只能"唔唔"敷衍着，他也弄不清是什么道理。刘癞三又讨了一大碗酒，哼着小调走了。没几天，刘癞三拿着鸡和礼品特来谢店主，一进门就说："喝了您的酒，我的腰痛病全好了，今日特来谢您！"店主这才恍然大悟，"蛇酒"能治病。实际上，蛇酒能治病，早在明朝李时珍《本草纲目》中就有详细记载了。卖蛇酒行当在明清时期就形成了。正规的药堂铺子、酒店，不正规的地摊卖艺，都有卖蛇酒的生意。

崇奉：李时珍

卖凉烟

卖凉烟

凉烟是一种由中草药配制而成的粉剂制品，是为戒烟而发明的“烟”。凉烟不含尼古丁，内含冰片、薄荷等清凉剂，代替鼻烟，嗅之能达到清脑提神的作用，故称之为凉烟。

旧时的卖凉烟者以新派自居，声称推销凉烟的目的在于宣传科学，提倡戒烟戒毒。他们都头戴礼帽，身穿半中半洋的衣着，标榜维新，站在繁华的街道侃侃而谈，介绍吸烟的害处和改用凉烟的好处，向路人推销凉烟。

凉烟的包装像个小牙粉袋，呈长方形，每包500克，售价也不贵。一些吸过鸦片或纸烟的人有意戒烟，就购买这种凉烟来吸用，作为一种戒烟的过渡办法。在清末，凉烟曾风行一时。卖凉烟行当在此一时期的获利是可观的。

凉烟最初的功效只是戒烟，后来到了民国初年，因逐渐滞销，经过改制，易名为“避瘟散”，最终成了一种有名的中成药，一直延续至今。

崇奉：孙振兰

孙振兰是山东招远人。当初为了生计，他经人介绍来到北京当伙计。不久，聪明、活络的孙振兰凭着祖传的中药秘方等资本，在北京开了间长春中药堂。他始终诚信经营，生意也兴隆。

卖凉烟行当的出现，有一定的社会原因。自鸦片战争后，各种毒品，自海外大量流入中国。这些毒品严重地危害人们的健康，引起无数正义人士的强烈不满和抵制。他们成立了无数的禁烟、戒烟组织，不仅要戒除毒品，还要戒除一切形式的烟草制品。孙振兰参加一个反清复明的民间秘密组织“理教”，其头目是明末遗民后裔杨如山，在山东即墨发展该组织。“理教”有一条至为重要的教规，即入教必须戒烟戒酒。这一条教规深得人心，与当时的戒烟运动相呼应。于是，士农工商、老少妇孺纷纷入教，一时会众无数。孙振兰笃信“理教”，他以自身之能，发明了凉烟，用它来代替各种烟草品，帮助教友戒烟。孙振兰也因此为戒烟运动作出了重大贡献。

孙振兰（王继青绘）

卖耗子药

“卖耗子药”是北方人的叫法，南方人则叫“卖老鼠药”。走街串巷的卖耗子药小贩，身着旧衣，手执一尺多长的竹竿，上面倒穿着不少死老鼠，为的是证明他卖的耗子药货真价实，老鼠吃了必死。旧时在庙会上、市井街上，凡是卖耗子药的，不论摆摊的还是肩背的，放的全是死老鼠，也算是这一行的商标广告。古人缺少科学知识，消灭老鼠，用的是砒霜拌入食物制成的耗子药。人若误食也会死的，所以卖鼠药的药包总是用大红纸包着，为的是提醒买家注意，千万不能与他物混杂，尤其是要当心小孩误食。

卖耗子药（王继青绘）

仓鼠大王

崇奉：仓鼠大王

民间传说仓鼠乃益鼠，是老鼠的祖宗。民谚曰：“仓无鼠，地无谷。”仓鼠是保护农民丰收的喜神。因为它能使亿万生灵无饥无馁，所以他在十二生肖中位尊第一，比牛的功劳都大。但是他的子孙们都不争气，养成了好吃懒做的坏毛病，还要糟蹋东西。

灶王爷上天向玉帝汇报了仓鼠在人间的种种劣迹。玉帝大怒，责问仓鼠大王，仓鼠大王自责，声称："自作孽，孽自赎。"决定大义灭亲，依律惩处不肖子孙，并赐予此药，尽除孽种。于是卖耗子药的从业者崇奉仓鼠大王了。

卖香包

香包，古时又称“香囊”“荷包”等。佩戴香包历史悠久，古代人十分喜欢它，香包既含辟邪之意，又有药香之味，起到杀除病菌、清爽神志的功能。尤其是我国农历五月初五端午节这天，家家户户除了吃粽子、划龙船之外，最富于静态美和温馨气息的莫过于制作和佩戴香包。于是专卖香包的行当出现了。卖香包行当有商人坐店经营者叫荷包铺；行中更多的是串街小贩，他们用小竹竿挑着各式各样的香包、荷包，后来又发展到把扳指盒、表套、怀镜套、眼镜盒等都挂在一起，边走边向路人荐售。卖香包这一情景在北方常见，南方则少见。

卖香包

崇奉：西施

西施（王继青绘）

西施一作先施，姓施，春秋末期越国苎萝村（在今浙江诸暨南）人。

吴越交战，越败于吴，越王勾践被迫入吴为人质三年。归国后，勾践卧薪尝胆，发誓复仇雪耻，于是采用“美人计”，把西施献于吴王夫差，西施在范蠡的授计下，消耗吴国的财力，麻痹吴王的意志，很快吴国被越国打败。西施是忍辱负重，以身许国的绝代佳人，赢得后世人的尊重。相传，西施与范蠡本是一对情侣，破吴后，西施即与范蠡入五湖而去。

卖眼镜

有关眼镜的记述，是到明朝才有的，并说明来自西洋欧洲。到了清朝末年，各大城市已出现了专门制作眼镜的铺子。戴眼镜尤其戴水晶眼镜、平光眼镜，一时成了时髦的事情。卖眼镜行当除了坐店经营的以外，还有许多行街小贩。这些小贩最早做小生意，是卖香包等东西，后来香包、荷包等不时兴了，于是就改行卖眼镜了。卖眼镜发展成品牌，是近代的事情。老字号的眼镜店，要数上海南京路上大名鼎鼎的“吴良材”了。

卖眼镜

崇奉：罗格·贝肯

在欧洲，公元10世纪开始有人使用放大镜。这种放大镜是平凸镜片，外形如同扁担一样。13世纪，人们开始用玻璃滴注的方法来制造镜片，矫正视力。最早使用这种平凸镜片矫正视力的，是1268年的英国人罗格·贝肯。不久，英国配镜师爱德华·斯凯莱特设计制作了眼镜的框架，成为现代眼镜的雏形。到了1784年，本杰明·富兰克林用两副镜片制作了第一副双光镜片，架在鼻子的上端，从此，标准眼镜诞生。随着中西文化的交流，眼镜逐渐进入了中国。

209

理发

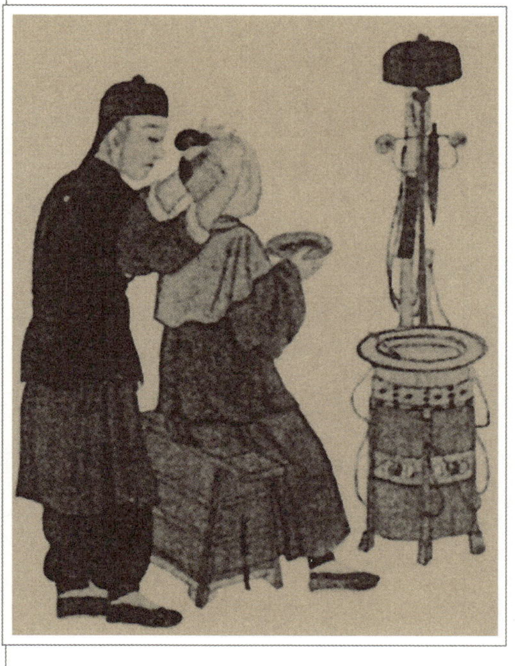

理发

理发俗称“剃头”。理发行业的历史不长，也就是清朝入主中原后，强令汉人男子剃去前额的头发，以示归顺新朝。当时的剃头师傅都是由清兵充任，他们手持剃刀立于街头路口，执行剃头命令。头发剃了还会长，需要经常修理。于是，这些行伍出身的剃头师傅，复员后便以此为业，剃头这一行当就此应运而生。

旧时，剃头师傅行具简单：一只脸盆，一壶水，一把刀，一条围裙。随着清朝灭亡，民国兴起，剃头的内容也有了大发展，其手艺也不凡，“剃头”两字逐渐被“理发”替代，从而转变为一种卫生美容行当了。理发已不局限于男人，理发店里女子也不少，烫发、剪发、染发……理发成为日常生活中必不可少的普通行业了。

崇奉：关公

剃头（理发）行业者将手中的剃刀比作关公的青龙偃月刀，用之当快，可以削发如泥。再者，关公是武财神，剃头（理发）行业者崇奉关公，祈望生意兴隆，财源滚滚。

卖假发套

卖假发套行当想要实现稳定的经营，必须保证作为原料的头发的来源。但是，中国老百姓从来遵守圣人教训，身体发肤，受之父母，不得损伤丝毫。尤其是女人的秀发能增添其端庄美丽，在一般情况下是不会出卖头发的。因此，古时要弄到一假发套是较难的，以致从事卖假发套行当的人是很稀少的。

据先秦古籍记载，中国古代使用假发的历史至少可以追溯至东周初年。《左传》记载，卫庄公在城墙上见到一个美发女子，就派人剪了她的秀发给夫人吕姜做了假发，称为“副发”。假发在汉代时，主要是王公贵族使用。到六朝时，假发在民间盛行起来。卖假发套的生意渐渐兴旺。青丝卖钱，晋时可以换米数斛。穷苦人家的姑娘，在遭遇天灾人祸等不得已的情况下，剪断青丝，换得银钱，以解急困之难。头发卖给制假发套业者，双方得利。

如今，卖假发套的生意越来越好。人们生活水平的提高，追求形体美观，买副假发套调节一下情趣，还有演员扮演角色的需要，伤残病人美容的需要……卖假发套行当受到消费者的青睐。

卖假发套

崇奉：卫庄公

春秋时期，卫国有一位国君卫庄公，他有一个非常漂亮的王后叫吕姜，美中不足的是，她的头发稍稀些。一次，卫庄公在外巡视时，突然在城墙上看到一个美发如云的年轻女子，立即派卫兵强行剪了女子的秀发。卫庄公得意地夺得秀发后，制成一副假发套送给了吕姜，称为“副发”。

卫庄公（王继青绘）

卖木梳

卖木梳行当的历史十分悠久。中国常州的木梳闻名天下。常州的木梳多以黄杨木制成，这是一种很好的中药材，对头部具有良好的按摩作用。常州木梳选材精良，做工考究，至今仍为海内外客人所喜爱。

卖木梳（王继青绘）

全国各地的小商小贩，以及专售木梳的店铺，均要去常州老西门古运河北岸的篦箕巷进货，然后到本地售卖。商人卖木梳赚取地区的差价，其利润不薄。尤其是一把高档的木梳，利润更高。卖木梳行当到清朝是鼎盛期，除了普通百姓人家要用外，皇宫、官府、贵族豪门等需求量也很大。常州篦箕巷每年进贡朝廷的木梳数量相当惊人。清光绪年间，太监李莲英为慈禧太后梳理头发，用的便是常州的梳篦，现存北京故宫博物院。据说，北京皇宫中的皇后和妃子，拿篦箕篦头，水碰到篦箕就会飞溅起来。因此，宫廷中把篦箕看成避邪的宝贝。于是，宫梳名篦更加脍炙人口了，慕名而来采购梳篦的客商不绝于道。每到日落西山时，篦箕巷一路店堂高挂的宫灯，与家家户户制作梳篦的荧灯，竟彻夜通明。晶莹亮闪的灯光，倒映在古运河水中，与客船上的灯火交相辉映，宛如一条金色游龙，这就是常州西城八景之一的“篦梁灯火”。

崇奉：鲁班

木梳据说是鲁班和他的妹妹发明的，故卖木梳行当崇奉鲁班。但也有些地方卖木梳的商家，还崇奉关公。

卖耳勺

卖耳勺行当赚的只是蝇头之利。在旧时代，常见有孤苦老翁擎着草把，或者背着小木箱，销售此类东西。

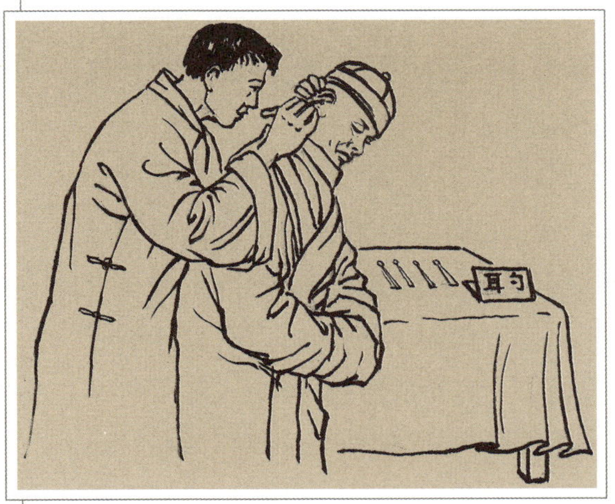

卖耳勺（王继青绘）

卖耳勺行当虽小，但生活中少不了它。耳勺一般与剃头师傅配套。旧时，剃头师傅在给人剃好头之后，还有一项服务项目就是掏耳朵，又称“净耳”“取耳”，也就是取耳垢、取耳茧。在日常生活中，人人都会长耳茧，耳茧积多了，会影响人的听力，会积秽发炎得耳疾。有的老年人还生耳毛，也需要按时清除。

卖耳勺者，一般出售的若是大众化产品，就是用竹、木制作的，中档的是用铜、铁、瓷器等，再高档的是用金、银制成的。耳勺顶部掏耳处是椭圆形、有凹坑，如勺状的，便于取耳茧。

如今市场上也有专门制作售卖耳签、耳勺、耳绒球这一行当的。

崇奉：关公

“穿”牙刷的小贩，穿戴很整洁，肩背一只木箱，内有牙线、锋利刮刀、牙刷毛等，手拿一长凳，用于“穿”牙刷操作时能坐。这种行当利润十分薄，主顾一般为穷人。穷人的牙刷旧了但不舍得扔掉，花点小钱让“穿”牙刷者去掉旧刷毛，再重新“穿”一下新毛，这把牙刷由旧变新，经济实惠，故而颇受欢迎。

早在我国东晋时就出现了以柳枝削成扫帚状的牙刷，用其蘸药刷牙，但多限于佛门僧人使用。到了唐代，以这种柳枝牙刷刷牙已经很普遍了。南宋时，植毛牙刷问世，人们以皂角液作牙膏，每日清晨刷牙。到明代出现了棕榈牙刷。清代则以马鬃制牙刷，使牙刷有了发展。17 世纪的欧洲人还只是以亚麻布蘸浮石粉擦牙，直至 1780 年有个法国传教士将我国的牙刷带回去，才使植毛牙刷渐渐在欧洲普及开来。可见我国使用牙刷要早于欧洲。如今，牙刷已得到全民使用，但“穿”牙刷行当已退出历史舞台，因为买一把牙刷比“穿”一把牙刷反而便宜了。

崇奉：关公

卖手杖

卖手杖（王继青绘）

手杖在我国出现甚早，三国时魏文帝曹丕曾用甘蔗作手杖，且随时可解渴，可谓一物两用。手杖是我国老年人的“伴”。清代《老老恒言》一书还对古人使用手杖的年龄和场合作了详细描述。

卖手杖行当在宋代已形成。当时的手杖主要以木、竹、藤等材料制成，一些铺子从制手杖作坊进货，赚取差价获利。而一些小贩则是直接上街吆喝叫卖。随着社会的发展，小小的手杖行业还是继续存在，因为人们还需要它，而且还有许多独特用途的手杖问世：如有盲人手杖，遇到障碍会自动报警；有闪光手杖，老人夜行有红光闪烁，防止交通事故；有灭火手杖，发生火灾，可喷出灭火剂灭火……凡此种种，手杖的用途在人们的开发利用中呈现出多样化的前景。

崇奉：铁拐李

卖蒲扇

蒲扇，又叫芭蕉扇、葵扇、蒲葵扇。它是用蒲葵叶子做的，价格便宜，耐用实惠，最受老百姓的喜爱。拉车的、挑担的、修鞋的、卖西瓜的等各行各业的人员，人手一把，扇风纳凉。顺手拿放，十分方便。

卖蒲扇

这类扇子是农家闲时制作，卖蒲扇的小贩也多是乡间农人。农闲时，摘蒲叶、晒蒲叶。蒲叶要长到八年之后，方能用来制作扇子。蒲叶加工制作成蒲扇，存至第二年暑伏，挑到城中售卖。价廉实用，深受市井大众的欢迎。卖蒲扇的小贩们走街串巷地吆喝“卖蒲扇啦”“送风的来了！”不一会儿，百姓们便接踵而至，于是，你一把、我一把地争购着。暑天时，山货店、杂货店也有售卖蒲扇的。当今虽然进入高科技时代，但传统的蒲扇在普通老百姓生活中还时有所见，尤其是一些中老年消费者，每逢夏季，还是喜欢扇蒲扇取凉快。

崇奉：关公

卖羽扇

过去的羽扇是用鸡翅羽和鸡尾羽制成的，现在的羽扇一般用鹅毛制成，俗称“鹅毛扇”，民间用此扇在蚊帐中驱蚊。另有道士、术士、算命先生用它，为的是让人觉得他们高标睿智、深不可测。最典型的是三国蜀汉丞相诸葛亮，他手中摇的就是一把羽扇。

卖羽扇

卖羽扇也有高档次的，价格很昂贵。据清代文人王廷鼎《杖扇新录》记载：“雕翎扇：咸同以来，都下盛行，王公大臣皆用之。一羽长尺外，阔一二寸。扇形长方，一扇列九羽为率，价须十金。若七羽、六羽者尤贵。羽出北口，赭质而白章，亦有黑白过半，又有上下全黑，中间寸许白者，名‘玉带’，值十金。甚有至百金外者。”这种羽扇的扇柄一般皆用象牙制作。羽扇有单柄的团扇形，也有椭圆形、长方形，还有多股的折扇形。

一般质地的羽扇多数是小贩上街吆喝售卖，如果是上档次的，是由专卖羽扇的店铺售卖。卖羽扇行当到了清代是盛行期，例如在老北京就有“云林斋”“水玉斋”等百年老店。南方杭州、上海一带最著名的有“王星记扇店”等。

崇奉：周昭王

羽毛扇至今已有两千多年的历史了，而使用第一把羽毛扇的是周昭王。

西周的康王死后,他的儿子姬瑕即位,叫作昭王。昭王跟他的祖先不同,生活上奢侈浪费,政治上糊里糊涂,因此国势开始败落。周昭王最喜欢的是奇花异草、飞禽走兽。谁要是给他搜罗来这些东西,他就给谁升官或赏赐。

有一次,外国使者送来十只雌雄丹鹊给他,昭王大喜,赐给来使许多财宝。夏令时节来临,昭王有个大臣善拍马屁,他吩咐用丹鹊脱落的羽毛、翎毛制成漂亮的扇子,献给昭王。时人称为“条融”“灰影”。

由于周昭王是我国最早使用这类扇子的第一人,因此,古人据此意创造了“扇”字,“户”下从“羽”,证明了在扇子大家庭中,以羽扇出现为最早。

制团扇

唐朝诗人杜牧在《秋夕》诗中吟道:“轻罗小扇扑流萤。”这里的小扇就是团扇,又名“纨扇”“罗扇”,它出现于折扇之前,传说西汉前已有制团扇的行当了。

团扇一般是圆形的,也有椭圆形、桃形、方形等。扇子作坊的师傅们把竹股折弯制扇。一般团扇正中置扇股一根,正好把团扇一分为二。扇面糊以绢纸,绘有花鸟、仕女、山水、人物等,非常精美。扇柄多用梅枝、湘妃竹、棕竹,也有用洋漆、象牙等。这种扇子一般是少女、妇人使用,一是轻巧适手,二是文雅娴静。在诸多的文学作品中,如王实甫的《西厢记》、蒲松龄的《聊斋志异》、曹雪芹的《红楼梦》、孔尚任的《桃花扇》等,多有以扇传情、借扇明志的描写。团扇也是历代文人墨客书法、绘画的重要载体。自从王羲之为买扇子的老妪书扇之后,苏东坡、唐伯虎、祝枝山等名人才子书画扇面的故事层出不穷,成为美谈。

制团扇行当既高雅又能赚钱,从中也可以看到我国“扇文化”的悠久历史。

制团扇(王继青绘)

天仙

崇奉：天仙

天仙是传说中居于天府，能举形飞升的神仙。《仙术秘库》将仙分为五等，《抱朴子》将仙分为三等，天仙都列为第一等。《汉武帝内传》云：西王母乘紫云之辇，驾九色彩龙，别有五十天仙，侧近鸾舆。后世传说中，多用以指称美丽超凡的仙女。

制团扇行当崇奉天仙，寓意天下女子，若配以一把罗扇，则锦上添花，丽质美姿。

卖折扇

扇子扇凉风，逍遥在手中。

谁来问我借，请君过立冬。

这是一首打油诗，从幽默的词语中可以知道，扇子生风驱暑，是伏天里常不能离之物。在没有发明电风扇和空调的年代，制作扇子、批发买卖扇子可是一个大行业。卖扇子的店铺常挂有这样一副楹联：“举处随时消酷暑，动来常伴有凉风。”这副对联对扇子的功能赞誉得恰如其分。

卖折扇

折扇由扇骨、扇面组成，其工艺颇为讲究。扇骨用竹、骨、棕、象牙等制成，以竹骨最为广泛。大骨两支，中间夹有小骨十几支，下端有孔，用轴固定，糊以绵纸或绫绢的扇面，可开可合，随心所欲。扇面可书可画，既可扇风，又宜操在手中欣赏，平添风雅，最为文化人、商人、职员等喜爱。扇子不仅是日常用品，在戏剧表演中，还用它来刻画不同的人物角色，也是入木三分。在表演中，文生扇胸、花脸扇肚，小生不过唇、黑净到头顶，丑扇目、旦掩口、媒婆扇两肩，僧扇衣袖等，给戏剧艺术增添了不少色彩。

折扇的制作，早在南宋时已有相当规模了。明清是折扇发展的鼎盛期，尤其是江浙商人往返南北贩扇，生意红火。

日本僧人（王继青绘）

崇奉：日本僧人

关于竹制折扇的发明人是谁的问题，学术界争论不一。一种说法是在唐代，由日本僧人带到我国，从此折扇才开始流行。另一种说法称，折扇是在宋代，由高丽（朝鲜半岛古代国家）人传入的。支持此说的依据是，当时的皇帝曾下过诏书，并派工匠去高丽学习制扇。苏东坡称高丽白松扇“展之广尺余，合之止两指”，赞美折扇设计的精巧。

卖冰

卖冰

过去卖冰的从业者均为城市的贫民。每到盛夏，他们便拉着一辆破架子车或平板车，用一些小本钱到冰窖或冰库批发冰块，然后推到市井中叫卖。买冰的也是城里普通的平民百姓，那时家家没有冰箱，为消暑，富裕些的家庭买块大冰，放在大木桶里散散热，冰上还可以冰镇瓜果之类，供全家享用。穷苦的人则买些小块冰，敲得粉碎，撒些糖当冰激凌，给孩子冰冰心、甜甜嘴。卖冰的手握一把凿子、一把锤子，根据买冰人出钱多少来开凿冰块的大小。

卖冰行当后来逐渐发展到大型的专卖店、巨型的冰仓库，一年四季能供应冰块，其买主对象不光是个人，还有药店、医院、工厂、企业等。

崇奉：纪晓岚

卖鸡毛掸子

卖鸡毛掸子

每年年节之前，家家扫房除尘。此时，卖长竹掸子的小贩出来了，满街吆喝。旧时鸡毛掸子是家家户户必备之物。在商店柜台上、货架上，以及家中的茶几上、书架上，均摆着专门插掸子的掸瓶，高级的则用花瓶。

常用的掸子是用 84 厘米左右的细竹竿，上端用杂色鸡毛缠绑盈尺，顶端有一层整齐的长翎覆盖。用的时候，方便称手，价格便宜。另一种掸子是用藤为柱，顶端缠绑黑色鸡毛长翎，约 17 厘米宽窄，质为中等。再有高级的，掸子上鸡毛必须从活鸡上取，毛翎光鲜，并且精选直挺藤条，工艺十分精美，价格不菲。一般用的掸子，杂货店均有出售，小贩时而也会来兜售。

崇奉：周文王

周文王

周文王姓姬名昌，是商末周族领袖，周王朝的奠基者。商纣王时，他被封为西伯，建国于岐山之下。姬昌在位 50 年，一直推行仁政，勤于政事，重视发展农业生产。他拜姜太公为军师，礼贤下士、广罗人才，使得天下诸侯多归从他。他儿子姬发取得天下后，追尊他为文王。

卖夜壶

夜壶是旧时代男人夜里用的小便器具。古时候的夜壶造型、规格等各有不同。大约到了明代，夜壶开始定型，质地提高，有了提手，里外都上了黑釉，既可防渗漏，又可清洁。夜壶在民间使用普及，于是到了明代中叶便有了专业烧制夜壶的工匠和炉窑了。在市井百业中，卖夜壶的行街小贩，多是傍晚出去，每到一处，把担子放好。左手拿着一只不易碎的样品夜壶，右手持着一根木棒，一边敲打样品，一边吆喝："方便啦！方便啦！"人们一听就知道卖夜壶的来了。后来随着人们居住条件和卫生条件的改善，使用夜壶的人越来越少了。这行当虽已退出日常生活，只是在医用器械商店里尚有夜壶（小便器）的一席之地，不过材质已变成搪瓷和塑料的了。

卖夜壶（王继青绘）

崇奉：喜神

夜壶、便盆都属于阴物，窑工们甚为迷信，忌讳最多，怕污窑、崩窑，阴阳不明，上下不分。烧制阴物的匠人与烧制普通日用锅、碗、瓢、盆的工匠是两类窑工，泾渭分明。烧阴活的在点燃每炉窑内都要附带上一对男女交合状的喜神，为的是调和阴阳，确保不出差池。

喜神

喜神也叫吉神，就是吉祥如意之神。关于喜神的传说很玄，说他的外貌很特别，形状像人，却长着一条老虎尾巴，喜欢居住在接近太阳之处，能呼风唤雨。人们用种种方式迎接喜神，但谁也不知道喜神以什么形象、形式出现，他是在人们心目中享有崇高地位的一个神。喜神的本事很大，凡是结婚、生孩子、造房子、做生意开张等都少不了要向喜神祈福。

粪夫

粪夫

粪夫正名清洁夫，绰号“倒老爷”，北方人又称“掏粪”。他们原是农村种田人，因为家境不好或灾荒等所迫，跑到城市来做这行当。以上海为例，旧时上海粪夫就有4000多人。他们全靠住户的倒马桶费来维持生活，收费不高，干活很苦，一辆粪车满载就有200多千克，粪夫把车拉到靠河边或江边各粪码头“卸货”。船只、码头、粪车均为“粪大王”霸占，他们财源滚滚，最苦的是粪夫。北方人与南方人生活习惯不同。北方淘粪夫终日肩背一只半人高的木桶，左手拿一把长粪勺，一柄提尿桶，右手提着一盏油灯，挨家挨户地清理厕所，把居民粪坑掏净，挑出城外，售给粪户，粪户在化粪池中将其发酵，再渗上黑土、秫秸末，摊成粪饼，晒干后，当成肥料卖给农民肥田。

崇奉：厕神

厕神名叫紫姑。传说，紫姑是山东莱阳人，原名叫何媚，字丽卿，自幼聪明颖悟，知书达理。何媚长大之后，被寿阳刺史李景纳为侧室，李景的正房夫人忌妒心很强，竟下毒手，把何媚杀死，并抛到厕所的粪坑中。何媚屈死后，天帝怜悯她，封她为“厕神”。再说李景家杀死何媚后，厕所屡屡出怪事，有时候里面明明没人，却传出

厕神

女人哀怨的啼哭声，有时还夹杂着兵戈撞击之声。不久，李景夫人生怪病而死。李家吓坏了，以为是何媚冤魂不散，他们烧香祭祀，祈祷亡灵早日安息。为了使冤魂早点离去，更是在厕所供奉何媚。何媚是正月十五日被杀害的，民间往往在这天祭祀厕神，以求厕神佑护，保佑家人平安。

澡堂

澡堂行当很普遍。由于旧时住房紧张，除了少数家庭有卫生设备外，大多数人家到了冬天都要上公共浴室洗澡。上海人把这种混在一起洗澡的地方也称为“混堂”。早在周代，中国就出现了澡堂。当时的澡堂最先设在王宫、寺庙、驿站，供帝王、僧侣及大臣们斋戒时沐浴净身。唐朝有专供帝王用的澡堂。唐玄宗为杨贵妃修建的华清池就是杨贵妃“洗凝脂”的天然温泉澡堂。到了明朝，澡堂渐渐扩大到民间，已有澡堂行当出现。那里设施简陋，去洗澡的人大多是车夫、苦力等社会较底层的人。澡堂从业者生意亦好。但也有供人享受型的高档澡堂，除了环境幽雅、服务到位外，还有浴时供擦背、浴后有扦脚等服务。最高级的还有单人间包房的盆浴等。清末民初时期，澡堂行当生意已十分红火，如旧上海比较出名的“浴德池”“日新池”等。如今澡堂行当的内容更加丰富多彩了，澡堂的名字显得落伍了，兴起的是大浴场、桑拿浴，在其中休息时还能欣赏到艺人的歌舞表演呢。

澡堂（王继青绘）

唐玄宗（王继青绘）

崇奉：唐玄宗

唐玄宗，名李隆基，亦称唐明皇。当政期间，唐朝达到了鼎盛时期，出现史上有名的“开元之治”；后来又于天宝十四载（755年）爆发了安史之乱，唐王朝从此由盛转衰。

唐玄宗在位前期曾励精图治，使唐朝一时经济繁荣、国力富强，但自开元二十五年（737年）后沉湎声色，荒废朝政，耗费巨资为杨贵妃修建华清池，专供他俩享用。唐玄宗修建的浴池豪华、独特，故澡堂业崇奉唐玄宗。

修脚

"修脚"是北方人的叫法,南方人叫"扦脚"。这个行业为无数人解除了足疾脚患。俗语说"树枯根先竭,人老脚先衰",又有"千里之行,始于足下"之说。脚的保健对人的生活、行动有着极其重要的意义。

操此业者,北方以河北定兴人居多;而南方,则多是扬州人。人所皆知,扬州"三把刀:厨刀、剃刀、修脚刀"自古有名。修脚刀共18把,这一点是南北一致的。专修指甲的、专旋老茧的、专挑鸡眼的……专刀专用,不可混同。但常用者无非六七把而已。

修脚行业一般分三种人,第一种是夹着刀包走街串巷上门服务的,叫作"吃宅门的"。其实,不光吃大宅门,小门小户的呼唤,他也去。第二种是在街头设摊或跑码头、走庙会的,叫作"吃活食的"。如有要按摩脚的,他当场打开刀包,设摊就地干起活来。第三种是与澡堂有合同,专门在浴室内,给洗完澡的客人修脚,按合同分账。

修脚行业的历史较悠久,据记载,从宋朝起就有此行业,至明朝已形成规模了。

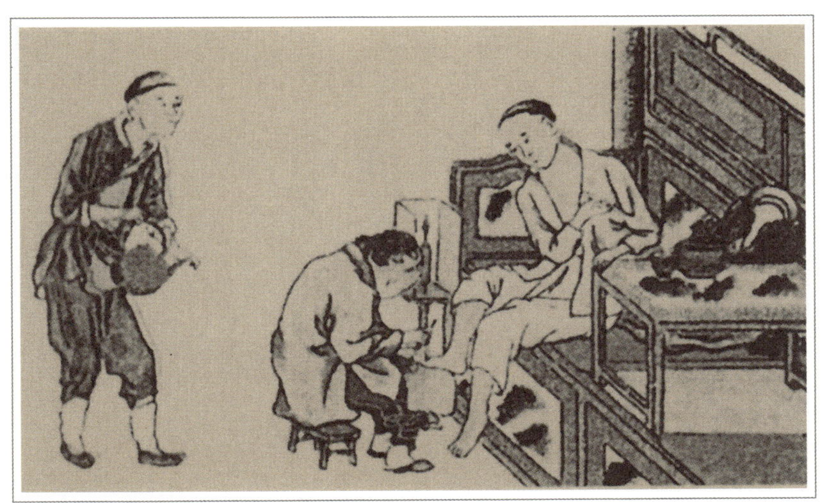

修脚

崇奉：罗真人

罗真人（王继青绘）

罗真人是晋朝江西南昌人，名罗文佑。其父罗塘曾与高道许逊一起学道。罗文佑自小受父亲影响，喜好神仙之术，访求仙迹。太康年间，他到安徽歙县的黄山采药，偶然发现了黄帝的遗迹，兴奋不已。从此，他便隐于深山老林，炼丹修道。丹炼成后，罗文佑乘白狼仙去。当地人奉他为呈坎天尊，道教中称为“罗真人”“罗天尊”。

修脚行业崇奉罗真人。

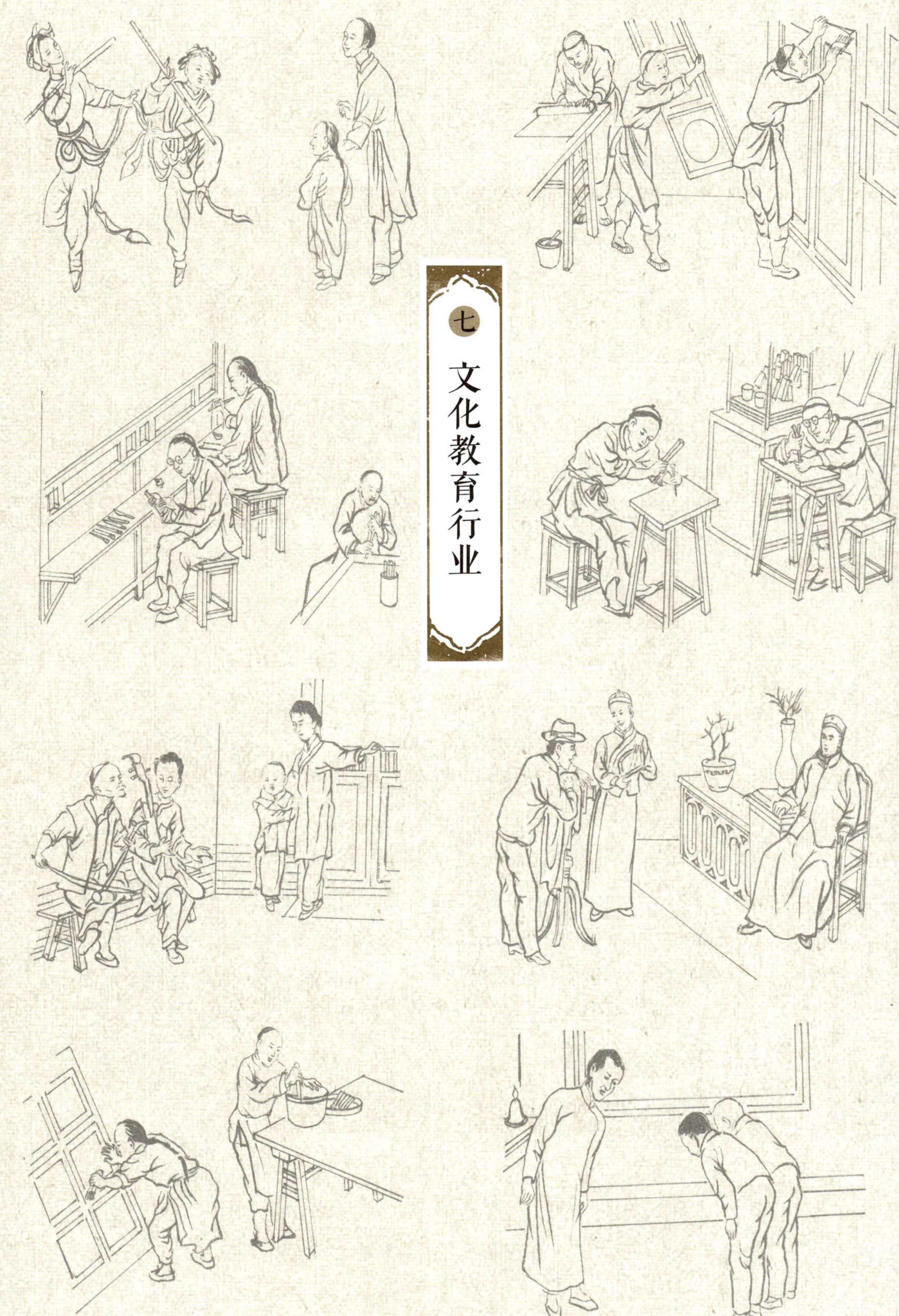

七 文化教育行业

私塾师

私塾师是一个古老的行业。过去有点文化的古稀老人，差不多小时候都上过私塾学堂，接受过私塾师的启蒙教育。

私塾师（王继青绘）

私塾师有自己办的学堂，也有被大户人家聘到府上教子女的。上过私塾的孩子们都知道，第一次进私塾学堂的典礼不过是择一个吉日，由大人带着他和香烛、贽见礼到那里去，向那贴在墙上的红纸写的“至圣先师香位”，也向私塾师，磕两个头。香烛是敬神之物；贽见礼是钱，敬先生的；至于学堂，虽然叫起来名头很响，不过一间大屋而已。至于大户人家请的私塾师是包银两起价的。如果教得好，子女今后成了人才，大户人家会再一次重赏私塾师。

私塾师一般以教识字明理为主，教书的内容十分枯燥乏味，从《三字经》《诗经》《左传》等读起。除了功课单调不合理外，私塾还施行体罚。最普通的是罚跪、打手心、打屁股、敲脑袋、揪耳朵，最普通的工具是先生的手和竹板子。鲁迅先生的一篇《从百草园到三味书屋》把私塾师与学生的关系刻画得惟妙惟肖，令人难忘。

崇奉：孔子

孔子是中国古代伟大的教育家，他曾周游列国，宣传恢复礼乐，讲究天道人道、平息争斗的主张。他还在曲阜办了我国第一个学馆，学生中有贵族，也有平民，众多的穷人子弟有了学习的机会。孔子当时据说有学生3000人，其中比较著名的有72人。孔子晚年集中精力编写了古代的文化典籍。孔子死后，他的弟子及后学把他和部分学生的言行记录下来，编成《论语》一书，并继承了他的学说。孔子被称为“万世师表”，他是教师的祖师爷。

绍兴师爷

绍兴师爷

师爷，是明清时代地方官署中由主管官吏聘请的，专门帮助自己处理刑名、钱谷、文案等事务的无官职的佐理人员。师爷靠自己具有的刑名律例（法律）、钱粮会计（财会）、文书案牍等方面的专门知识和才能辅助主官。师爷又被称为幕友、幕宾、幕客、幕僚、老夫子、幕府朋友等。师爷，是社会上对幕友的俗称。由于绍兴人当师爷的极多，且遍布全国，名声极大，故久而久之形成了一个专门的行当，称为“绍兴师爷”。这个称谓，除了指绍兴籍师爷以外，又经辗转流传，成为一般师爷的统称。

绍兴师爷始于明代中晚期，兴盛于清朝一代，没落、衰亡于清末民初，在中国古代社会中活跃了大约300年的时间。

绍兴师爷虽不是吏，但有时发挥的作用比吏还要大。一部电视剧《绍兴师爷》把绍兴师爷刻画得活灵活现。绍兴师爷行当随着封建王朝的覆灭，已被淘汰了，其行当的影响却仍然存在。

崇奉：姜太公

办学校

近代上海开埠后，将原来的私塾和书院遂改为西式学校。从此，中国大地上出现了现代意义上的学校。大学有教授、副教授、讲师、助教；中学、小学有各种专科教师；另有专科学校，如美术、体育、戏剧、聋哑等学校。

办学校

学校分两种体制，一类公办的学校由政府出资，一类民办的学校则由民间或个人兴办。

学校的崛起，逐步形成了一个“新型文化人”群体。与传统的士大夫相比，他们的共同特点是：有较新的知识结构，较好的西学素养，有较近代的价值观念和人生观，不再把读书做官视为实现人生价值的唯一取向，而往往凭借新的知识，服务于新式的报社、书局、学校（留校）、图书馆、博物馆等文化机构，从而实现自已的人生价值。这就是有了学校之后，中国文人的观念有了一个突飞猛进的变化。

崇奉：孔子

书贩

汉朝之后纸张逐渐普及，又加之印刷技术的发展，书坊书店也随之多了起来。书贩作为一种行业就此形成。及至宋时，孟元老的《东京梦华录》对当时书肆、书坊、书摊等的记述颇为详细。据记载，当时仅京城大相国寺的殿前殿后，售书、卖画的摊档就热闹非凡，汴京城内更不必说了。贩书这一行，历来分坐店经营和流动经营。坐店经营讲究有字号，资本大、底子厚，店主博学儒雅，通古博今，对善本有研究。除了为一般客户服务之外，更偏重对名流、饱学之士、收藏家、鉴赏家的需求给予满足，从而获取丰厚的利润。而书摊则本钱小，书也不多，随进随出，只有数箱。逢集市庙会生意会好些，其他日子则是赚取蝇头小利，维持生计。还有一些走街串巷的小书贩，这些人脚勤、嘴勤，常为顾客寻找书籍，更可以订购书籍。他会送书上门，如家中有不要的旧书，也可卖给他。

书贩（王继青绘）

书贩行当历史悠久，至今还保留着，对我国的文化传播有着很大的贡献。

崇奉：柳君

据说，贩书行当中最早的从业者是唐朝的柳君。柳君是今重庆人。他自小喜读各类书籍，这是受家庭影响。柳君的父亲曾做过朝廷小官，由于没有什么靠山，又过于死板，不会拍马奉承，不久就丢了官。唐朝人普遍重视读书，不但自己刻苦读书，还教育子弟、子女勤奋学习。柳父临死前嘱咐儿子：“好好读书，做官就要做大官，光宗耀祖。”柳君牢记了父亲的话，更加发愤读书。每每公休就到城东南的书坊去选购图书。日子长了，他发现自己读的书多闲置了，而新的书又需银两购置。如果把旧书卖掉，再换回自己需读的书，岂不是一举两得吗？于是，柳君干起了“换书”的行当。尝到了甜头后，他一边贩书，一边读书，“以书养书”。柳君是史上贩书第一人。

卖报

在中国，最早的报纸应算是邸报、塘报。不过，这类报纸是不卖的，只是局限于录写宫廷奏折，包括皇帝谕旨、臣僚奏议等，从汉代起一直沿用到清朝。

卖报

我国真正意义上出售叫卖的商业报刊，最早是上海美商字林洋行创办的《上海新报》，它诞生于1861年。不久《申报》创刊，1893年又出现了《新闻报》《强学报》《苏报》《时务报》《农学报》《游戏报》等。这些报纸，反映社会、时事、商业、民生等各方面新闻，抨击政治，匡正时弊，深得社会关注。报纸发行的数量很大，读者也多，于是卖报这一行也顺时而生了。

民国之际，一批社会底层的平民、贫苦人家的儿童纷纷加入了这一行当。卖报要赶早，在太阳刚刚出来的时候，他们从报馆批出报纸，争先恐后地送向茶馆、集市或市井人家，边喊边跑，向路人兜售。遇到刮风下雨，报纸卖不出去，只得自己倒霉，还得亏损钱。卖报纸所得只是有些蝇头小利。

20世纪30年代，安娥和聂耳曾创作了一首著名的《卖报歌》，至今还是耳熟能详：

啦啦啦，啦啦啦，我是卖报的小行家。
不等天明去等派报，一边走一边叫：
今天的新闻真正好，七个铜板就买两份报。
大风大雨里满街跑，走不好，滑一跤，
满身的泥水惹人笑，饥饿寒冷只有我知道。

这一首歌真实反映了旧时报童的生活。

崇奉：戴宗

戴宗

戴宗是小说《水浒传》中梁山好汉108将中的一员。戴宗号称神行太保,不仅武艺高强,而且是飞毛腿。卖报行当崇奉戴宗,也许是崇拜他日行千里,跑得飞快的缘故。

卖碑帖

卖碑帖

《礼记》中说，碑原是立在官府、庙宇门前，作为日影计时用的竖石。后来，这一形式转化为朝廷记录文治武功或发表文告之用。此用途始于秦始皇巡行中的“勒石”。现在发现最早的一批有文字的碑刻，多是汉代的遗物，上刻有汉代的隶书。人们用宣纸蒙在碑刻上，再用沾有黑墨的棉锤反复锤拓。使有字迹之处凹进，不着墨而呈白色，无字之处成黑色。拓毕，揭下来晒干，依一定尺寸装裱成册，就是碑帖。

历史上曾出现“书圣”王羲之，楷书大家欧阳询、柳公权、颜真卿、赵孟頫等。历朝历代的读书人写字无不宗法承袭名家，古代的印刷术又不发达，古人发明了碑帖拓片为读书人提供了教材。民间流传、书肆售卖的《九成宫醴泉铭》《圣教序》等碑帖，都是初学书法者的指导教材。自古以来，一笔好字是进身仕途的必备技能，所谓“自幼临帖”很有必要。拓刻碑帖、装裱碑帖、售卖碑帖原是一个大的行业，从业人口亦众。

卖碑帖行当至清末民初时，已日趋没落。他们身着长衫，腋下挟着几块碑帖，来回于文化街中的店铺之外，遇有斯文行人，主动赶上前去荐售。不过，这行当为时不长。到了 20 世纪 40 年代，诸业萧条，行街兜售碑帖的人也逐渐退出历史舞台了。

现在，我们见到的碑帖大多是印刷本、影印本等，无论是在网店，还是线下的新华书店、博物馆等处均可购得。

崇奉：王羲之

王羲之是中国东晋时期书法家，他曾担任过右军将军，所以人们又叫他“王右军”。

王羲之自幼酷爱书法，他父亲是他的启蒙老师。后来，王羲之游历了许多名山大川，见到了晋朝以前许多有名书法家的手迹，他发愤地用心临摹，刻苦地学习他人长处，以至把洗笔的池塘变成了墨池。在浙江绍兴的兰亭有王羲之的墨池。

王羲之

由于长期坚持勤学苦练，王羲之的书法艺术达到了炉火纯青的境界，获得了很高的评价。他的字不仅广泛吸收了晋朝以前许多书法家的特点和精华，更重要的是，他摆脱了传统的束缚，开创了一种新的境界。《兰亭序》是他的书法艺术的代表作。人们称赞他写的字是“龙跳天门，虎卧凤阁”。后来，王羲之还将书法艺术传授给自己的儿子。他儿子王献之也是很有名的书法家。

碑帖行当崇奉王羲之，一则表示源出正宗，再则希冀由“书圣”保驾，事业发达，平安求财。

231

卖贺年卡

元旦、春节之际，人们少不了要相互道贺，而道贺最常用的礼物在旧时首推贺年卡。

卖贺年卡（王继青绘）

从明朝天顺年间起，互相赠送贺年卡在我国就很常见。小商小贩趁时做起了卖贺年卡的生意。据《蒿庵闲话》载，明代的贺年卡，大多用梅花笺纸裁切而成，宽约 7 厘米，长约 10 厘米。上端写收片人的地址、姓名，下面署祝贺者的地址、姓名，中间大多写些“新年愉快”“恭贺新禧”“万事如意”等祝词。以后，至清朝、民国，几经变化，发展成单片、合页、连页、书笺等式样。图案有山水花卉、名胜古迹、鸟兽虫鱼、戏曲杂技、工艺美术等。题材新颖，造型别致，印刷精美。

卖贺年卡虽然是小生意，但从侧面反映出中国的传统文化，经久不衰。如今，此行当还存在。随着人们的生活水平和文化素质不断提高，贺年卡的内容也越来越丰富。

现在世界上许多国家都有送贺年卡的习俗。有关资料表明，这种习俗是从中国流传出去的。

崇奉：刘伯温

刘伯温，姓刘名基，字伯温。刘伯温是元末进士，弃官归隐后加入朱元璋的起义军，是朱元璋的重要军事参谋。明朝建立以后，刘伯温曾参与商讨朱元璋的治国大纲，提出了许多改革措施，受到朱元璋的赞赏。

刘伯温

朱元璋为防下属谋反，严厉禁止下属官吏，尤其是在京大臣互相间聚会、串联等。刘伯温为加强官僚之间的情谊，又不违背朱元璋的圣旨，他第一个自制贺年卡，在新年之际，送达知己好友，受到大伙的欢迎。之后，朱元璋得知刘伯温的这一创举，称赞说："刘伯温真是一个聪明绝顶的人。"

照相馆

照相馆（王继青绘）

照相馆行当是近代出现的。古代无照相，只有“绘肖像”这一门技艺。画师把人的容貌如实地绘制下来，也可以算作古代的人像了。

中国近代史上，照相是从西方引进的一门技术。第一个将照相机购回并献给皇室使用的中国人是德龄女士的父亲裕庚。德龄女士在《御香缥缈录》一书中详细描写了她的哥哥勋龄多次用照相机为慈禧太后、皇帝、皇后及王公大臣们摄影、冲洗照片的情形。这段史实发生在1890年前后。当年，照相是件十分奢侈的事情，平民百姓不仅难以涉及，而且对照相还有一种莫名其妙的畏惧心理。人们传说，照相能“摄人魂魄，伤人元气”。此说一直流传到民国方渐收敛。尽管障碍重重，照相机传入民间还是很快速的。

在19世纪末叶，上海租界内就有了洋人开设的照相馆。除了为西方人服务外，也为华人缙绅商贾、士子名流拍照。当时，沪上报纸竞开花榜，选举花魁。此风所及，不少名妓、明星、戏子等也争拍玉照，所以，她们也留下不少倩影照片。1892年，一个叫任景丰的人在北京开了第一家照相馆，它就是丰泰照相馆。任景丰的照相生意红火。不久摄影技术很快传开，中国大地上从事照相馆行当的人越来越多。后来居上的，大名鼎鼎的如上海的王开照相馆，是百年老店，受到国人的称誉。

崇奉：任景丰

任景丰（王继青绘）

中国第一台照相机是清政府驻法公使裕庚引进的，但他不是做生意，只是作为礼品送人。而北京人任景丰才是中国照相馆行当的祖师爷。他当时在琉璃厂土地祠内创办了中国人开办的第一家照相馆。因为独家经营，生意火爆。任景丰脑子活络，言语得体，除了以戏照为主要业务外，还是当时内务府指定为皇家摄影的唯一服务商，甚至得到慈禧太后的欢心，被老佛爷赏赐四品顶戴，可自由进出紫禁城，风头一时无人能比。以后，全国各地的照相馆遍地开花。旧时有位文人用很生动的诗句描写了当时照相馆的样子：

明镜中嵌半身像，门前高挂任人观。
各家都有当行物，花界名流大老官。

233

卖相片

卖相片

自从有了照相馆之后，照相普及得很快，民国时期一些花界人物以拍艳照招摇来抬高自己的身价。她们的照片刊登在报纸上，悬挂在照相馆的橱窗里，招得路人驻足私议。美女们的照片，大大提升了相片的魅力。人们稀罕这些照片，照片就有了市场，有市场就有商机，卖照片这一行就出现了。

卖照片这一行人衣着入时，手里拿着一个匣子，里边放着一沓沓从照相馆弄来的相片，驻足街头，向行人兜售。相片虽小，可赚取的利润却不少。

美人照片供不应求，还要不断翻新，于是，不少良家妇女的照片也上了市场，标准只要美貌。

1917年，梅兰芳大红，遂使京剧剧照流行。未几，电影盛行，明星照便踊跃上市，都成了卖相片的赢利热点。另外，还有一个下三流的卖相片热点，就是偷着卖黄色照片。黄色照片分半裸、全裸和春宫三等，价格也分三等。有的从西洋画报翻拍，有的是从妓院摄得，分装在纸袋内，藏匿在货箱夹层当中。交易时看风使舵，因人所好，议价而定。又因为这一行是行街的小贩，行无定所，政府屡屡禁止，却也难以杜绝。

崇奉：赵公元帅

234

小书摊

小书摊

小书摊是当时都市弄堂口的一道风景。凡中年以上的人，孩提时都喜欢去小书摊看“小书”。所谓的小书就是连环画。小书摊的业主以老人居多。规模稍大些的业主就放在屋里供小朋友们阅读小书。看小书价格十分便宜,新书一般一分钱看一本,旧书则一分钱能选择三至五本。我们常常可以看到有的小朋友,省下零花钱,宁愿饿肚子也要在弄堂口看小书。小书摊行当利润十分微薄,但长年积累,收入也较为可观。随着改革开放,城市建设的飞跃发展,令人难忘的小书摊行当也退出了历史的舞台。

崇奉：孔子

235

装订制书

装订制书自汉代纸张发明后，其行当随之诞生。到了唐代，标准的中国传统线装书籍出现了。

一册书或一卷书，由数十页对折的叶子组成。除正文叶子外，每书有扉页，书衣即书皮。图书装订的一边，锥眼钉线的地方叫书脑，装订的侧面叫书背或书脊，打开的一面叫书口。书的最上端叫书首，也叫书头；最下端叫书根。因为古代图书在书架上的摆放大多是平放于架上，所以往往把书名和卷数写在书根上。外加书套，则一部书遂告装订完成。

由于印刷技术的进步，读书人的增多，书肆、书店的繁盛，南北书局、印书的作坊，如雨后春笋般地发展起来，于是装订制书的作坊也随之兴起。据史记载，到了宋元时期，其行当处于鼎盛期，不少装订制书的作坊成规模了。宋、元版本书的定式，使我国线装书的形式一直沿用至今。

装订业与印刷业多是毗邻相接，形如兄弟，不能分离。但它们又是不同的行业，从属不同的东家，订书社承揽印书局的业务，从来是一单一结，不能拖欠，业务上如胶似漆，而算账时泾渭分明，毫不含糊。

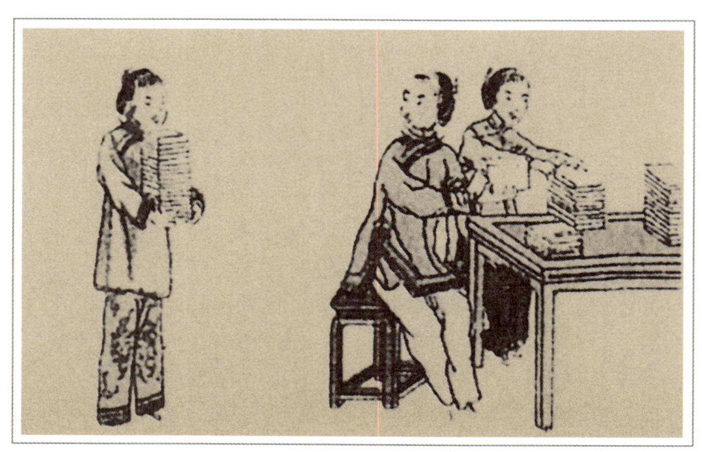

装订制书

崇奉：魁星

魁星（王继青绘）

魁星是北斗星之第一星。也写作奎星。在民间中，魁星被认为是“文章之府”，是主宰文运的神仙。其信仰盛于宋代，是古代社会读书人除文昌帝君之外崇信最甚的神。装订制书业的客户对象就是广大读书文人，所以他们祭祀的神也是魁星，其形象为蓝面赤发。

雕版

雕版业的起源，应该是在唐朝之前。可以追溯到古代先民的岩画、龟板上刻画的甲骨文，以及青铜器上的铭文。到了汉代，出现了封泥制印，应该说它是专门用来印拓作品的泥板了。盖印是代表签字画押，且可反复使用，应算是印刷制版的先驱。

雕版是一种专门的技术。古代的印版有石版和木版之别。雕刻石版的匠人属于石匠行。至于木版，则是千百年来印书、印布告、印画的主要手段。木版多选用纹理细腻的硬材质的横断面，经特殊处理，不裂耐腐，称之饾版。善书者可直接反书于纸上，或书于纸上，然后再复拓在木板上，有师傅操刀雕刻。雕版完毕的字或画皆是反向。经过处理就可以印书印画了。

雕版行业从属于书坊、画坊，是以师傅带徒弟的方式传授。当然也有父子、家族相传的家庭作坊。雕版业中也有不少小刻字铺。柜前的橱窗内摆设着田黄、寿山等石材，主营是为顾客刻制印章，同时兼雕书版。有时还会接雕刻戏单、小广告等小印版。民国后，石印、珂罗版、照相版的引进，使雕版业大受冲击，许多从业者只得改行。

雕版（王继青绘）

崇奉：文昌帝君

文昌帝君

文昌帝君是道教神仙。相传为中国古代学问、文章、科举士子之守护神。追溯本源，文昌帝君应是“文昌星神”与四川地方“梓潼神”相结合而产生之神。

由于文昌帝君地位甚高，又贴近老百姓的心愿，故历代帝王、百姓都信仰这位神仙。自汉代起，一直延续到清朝，对文昌帝君有各种各样的封号。每年农历二月初三日是文昌帝君生日，朝廷都要派官员前往祭祀。旧时全国各地建有大量文昌庙，奉祀文昌帝君。四川梓潼县七曲山有一座古文昌宫，殿堂结构宏伟，乃文昌帝君信仰发祥之地。雕版行业崇奉文昌帝君。

造纸匠

造纸匠行当在东汉时期已经形成。之前，世界上是没有纸的。东汉蔡伦改进造纸技术，用树皮、碎布、麻头等原料，经过精工细作，制成“蔡侯纸”。纸与指南针、火药、印刷术一起成为我国古代的“四大发明”。早先，人们写字、著书用的是丝帛和竹简。丝帛太贵，穷人用不起；竹简笨重，使用很不方便。纸发明后，社会上的需求量很大，一大批造纸匠就应运而生。他们在造纸的各道环节上辛勤劳动，赚取微薄的利润。全国各地都有大批的造纸匠。四川省夹江是著名的纸乡，造纸作坊众多，造纸匠的技术一流。后来，中国发明的造纸术传遍了五大洲，大大促进了世界科技文化的传播和交流，深刻地影响着世界历史的进程。

造纸匠（王继青绘）

崇奉：蔡伦

蔡伦是东汉时期桂阳（今湖南郴州）人，我国造纸术革新家。

蔡伦自小聪明，什么东西都要问个究竟，东汉建初年间，进入宫廷为小黄门（宦官中的低级官员）。永元九年（97年），他掌管宫廷所有手工作坊，这为他以后革新造纸技术打下了扎实基础。元兴元年（105年），经过他的研究，反复实验，终于造出新纸，后人称为“蔡侯纸”。他把这项发明奏报朝廷，得到汉和帝的赞赏，并责成蔡伦全权组织监制造纸，从此造纸术得到了推广。一位外国著名的学者所著《造纸学》一书指出：“中国蔡伦在一千八百多年以前发明了纸。其他任何发明，对于世界文化的促进，都不能和纸相提并论。”

后世的造纸业崇奉蔡伦，不少地方于每年农历三月十七日和十月初十日，纸坊都要停业欢庆，敛资唱戏，以示纪念。

蔡伦

制毛笔

制毛笔（王继青绘）

毛笔的制作，是中国特有的一门技艺，千百年来，也形成了独特的行业。旧时的制笔业多是家庭手工业作坊，分布遍及大江南北。以文风久盛的浙江、江苏、北京、天津等地的大作坊毛笔最为精良。湖州的“王一品”毛笔闻名中外，还有如“胡开文”“戴月轩”等，他们制作的毛笔，料精质实，享誉全国。

制笔是以师傅带徒弟的方式进行的。他们一起劳动，一起制作，师傅循序渐进地培养帮教徒弟。从选料到成笔，需经过梳、结、蒸、煮、择等72道工序，制成的笔才能达到“尖、齐、圆、健”的基本要求。

制作毛笔，全靠拣毛。因为毛本身并非圆润，而是呈不规则形的。拣毛全凭笔匠手指感，把不规则的毫端聚成锥形，把不用的贼毫剔除，这样方能使笔出锋。随着时代的进步，用毛笔书写的人越来越少，能精心制笔的人更是凤毛麟角。浙江南浔古镇有家毛笔博物馆，这里展示的各式各样的毛笔，会让你大开眼界，有几支特大的毛笔还获得吉尼斯世界纪录认证呢！

崇奉：蒙恬

蒙恬是秦朝一名大将。他作战勇敢，曾经为秦国立下赫赫战功。秦朝为保边境安宁，不受外来入侵者干扰，决定派大将军蒙恬镇守边关。

蒙恬

秦朝的国都与边关要经常保持联系，公文往来和文牍繁多。蒙恬经常忙于这些公务，感到很头痛。尤其当时还没发明纸张，不少重要的公文，都需要用利器在竹简上刻字，一往一返，则要花去大量的精力和物力。

一次，蒙恬大将军打猎骑马回来，突遭大雨，他带领马队躲进山洞里。蒙恬在洞内发现，岩石壁上有黑、黄、红颜色的条纹，他奇怪地问军师，这是什么东西沾上去的？军师告诉他，这是岩石本身流出来的。实际是岩石中的矿物质所为。蒙恬心中一动，如果用东西沾上颜色写公文和文牍岂不是省力多了吗？他大喜，马上找人试试。于是蒙恬发明了“以枯木为管，以鹿尾为柱，以羊毛为被”的毛笔了。用这种毛笔沾上黑色的墨汁，在竹简上书写就方便多了。

砚，俗称砚台，是研磨用的器具，也是中国文房四宝之一。追溯它的产生和发展过程，经历了数千年的历史，秦汉时期就有专为研墨的器具。

形成制砚业，砚作为商品买卖，据史记载是在唐代。那时候，市井、街面上的不少店铺，以至小贩都已在买卖各式各样的砚台了。如广东肇庆斧柯山的端石制成的端砚、江西婺源龙尾山的歙石制成的歙砚、山西绛州的澄泥砚……宋代石砚更进一步发展了，明清两代，中国制砚业进入了鼎盛时期，砚材的选料增多，除石、瓷、泥之外，还有砖、瓦、铜、铁、木、玉、漆砂等。砚的形状也趋向复杂多样；构图和制作，也随着质地的不同而变化多端。花纹雕刻可谓百花齐放，表达内容更是相当广泛。日月山川、鸟兽虫鱼、花卉树木、金石书法等，都可以作为主题，雕刻在砚台上，出现了许多制作砚台的名家。砚台原是实用品，是属于文房四宝的书写工具之一，逐渐演变成为欣赏品或工艺美术品。由此，也出现了许多砚台收藏家，他们把砚台作为艺术品，珍藏起来甚至作为传家宝。

崇奉：真武大帝

真武大帝为道教神仙中的玉京尊神，道经中称他为“镇天真武灵应佑圣帝君”，简称“真武帝君”。明朝以后，在全国影响极大，近代民间信仰尤为普遍。

真武大帝

制墨

笔、墨、纸、砚是中国特有的绘画、书写工具，合称文房四宝。墨是中国的特产，它的使用与制造，源远流长。

据考古发现，3000 多年前的商周时代已使用墨了。大约在战国时期，人们开始用石墨作为书写工具。到了东汉时期，出现用松烟和胶的墨。魏晋时，石墨与墨并存使用。魏晋之后，由于制墨技术的发展，以后绘画、书写就专用墨了。也就在此时，制墨行业逐渐形成。唐宋时期，制墨业达到鼎盛期，并出现了一些制墨专家，如张遇、沈圭、潘谷、吴滋等人，他们所创制的墨，各有所长、各具特色。明清之后的制墨业，无论是原料，还是制作工艺，都达到了历史最高水平，所制作的墨，不仅为当时所推崇，更为后世所珍视。有些名家制作的墨，还加入各种药材，甚至还有加入黄金的，令人惊叹。制墨业不仅满足文房书斋的实用需要，还体现了墨文化。

崇奉：真武大帝

卖八宝印泥

八宝印泥，由珍珠、玛瑙、珊瑚、麝香、梅片、金箔、猴枣、茭绒等八种珍贵物品配制而成。闽南名城漳州的八宝印泥，历来被中外书画家视为珍品。

卖八宝印泥（王继青绘）

八宝印泥不同于一般的印泥，它不仅以色泽红艳、久用不干、永葆原色著称于世，而且令人叫绝的是，还不怕火烤、日晒、水浸等，它曾多次在国内外举行的展览会上荣获特别奖、优等奖，海外华侨称之为“国货之宝”。

卖八宝印泥行当的历史不算长，据传，清康熙年间的福建漳州是其发源地。

八宝印泥为书画界的珍品，其价格自然就高。如今，八宝印泥在生产规格上仍按传统习惯分为特级贡品、一级贡品、贡品、极品、珍品、上品六大类。产品不仅畅销全国各地，包括香港、台湾地区；还远销美国、摩洛哥、瑞士、英国、日本、韩国等地，誉满全球。

崇奉：魏长安

魏长安是清康熙年间的闽南漳州人。他从小帮助父亲经营魏氏药材，平时尤爱书画，年纪很小时就为自家商店自题匾额“丽华斋”，让人刮目相看。

父亲去世后，魏长安继承父业，他经过多年研究，精心研制出一种红色药膏，是特选了珍珠、玛瑙、麝香、梅片、金箔、珊瑚、猴枣、茭绒等八种珍贵药材，再加入陈年蓖麻油配制而成。此药膏专治刀枪伤、灼烫伤、疯狗咬伤等外科疾病，疗效神速，受到患者欢迎，大伙称之为“八宝药膏”。但因成本高、价钱贵，平民买不起，销路自然受影响。

有一天，店里来了个脚趾溃烂的老翁，自称是山上猎人，不慎弄伤脚，无钱治病才成这样。他听说魏长安店内有神奇药能治伤，但他没有钱，猎人试问魏，是否能免费为他疗伤。善良的魏长安二话没说，无私地为他治伤，并且在临走时，还给了猎人银两，猎户感动得泪流满面。没多久，猎户脚全好了，特地送来一张虎皮给魏长安。魏长安说什么都不接受猎户的礼品，他说：“我虽是商人，但我更是喜欢书画的读书人。帮人不求回报，这是我做人的原则，望你不要坏了我的准则吧！”猎人见他这么坚决，也就作罢了，但他又说出让魏长安吃惊不小的话。猎人说：“我世家曾也是个喜欢书画的读书人。你爱书画，却做药生意。你应该知道书画上所用的印是密敷朱，颜色易褪。如改用八宝药膏作印泥，可永葆原色。这样岂不是一举两得吗？”魏长安大喜。从此，魏长安便把“八宝药膏”改为“八宝印泥”。为求平安，还用铁拐李的画像作标志，没想到自此印泥生意兴隆，后来还惊动乾隆皇帝，乾隆皇帝把“八宝印泥”列为贡品，魏长安的名声大震天下。

242

卖算盘

卖算盘行当在旧时市井十分普遍。一种是小贩背着肩褡装着木制算盘，沿街叫卖；另一种是店铺自制、自销。算盘的历史在中国很悠久。根据文献记载和出土画像拓片推断，早在汉代以前，我国就出现了珠算，至今已有2000多年历史了。最小的算盘犹如手掌那么大，最大的算盘一架长达306厘米，共117档算珠，现陈列在天津历史博物馆。明朝时，珠算传入朝鲜、日本、东南亚各国。国外称我国珠算是“中国的计算器”。

卖算盘

崇奉：范蠡

代写书信

我国古代妇女在“无才便是德”的桎梏下，大多不识字。城乡间贫苦的男子识字的也不多，于是代写书信这一行当就出现了。

这行从业者的文化水平并不高，大多是年过半百的老者，以此挣钱来营生。他们身穿一件褪了色的破长衫，以示腹有经纶，与小贩、车夫等无知之辈有别；他们头戴一顶毡帽，用一张折成四方的信纸，压在毡帽前头遮挡脸上阳光。他们常年坐在旧庙门前或集市口一张破桌前，桌上摆有两管毛笔、一只墨盒、一个水盂和一叠元书红格八行笺；正上方摆着牛皮纸信封，还有一本《常用尺牍》，老远一看就知道是代写书信者。

代写书信行当在城市的邮政、闹市等处也常见，这个行当直至中华人民共和国成立后，在20世纪五六十年代还能看到。

他们的服务对象，大多是无文化的老者、中年妇女以及不识字的劳苦大众。除了代写书信之外，此行当从业者还代写打官司的诉状、情书、总结，等等。

代写书信

顾欢

崇奉：孔子、顾欢

代写书信行业者大多崇奉读书人的圣人孔子，也有地方崇奉南朝宋齐时的道教思想家顾欢。

顾欢字景怡，一字玄平。吴郡盐官（今浙江海盐）人。顾欢出身贫寒农家，自幼聪明好学。二十岁时，他师从雷次宗研究“玄儒诸义”。顾欢性格内向，不善多言，可善于著述，曾向齐高帝进《治纲》一卷，受到好评。齐武帝永明元年（483 年）征为太学博士。

顾欢为了谋生，曾经以代人写书信等维持生计，故此行业亦崇奉顾欢。

写春联行当有一定的时间局限性，一般在每年的春节前半个月左右。书写者多为公认毛笔字写得好的书生、秀才或有点学问的人，收点微薄的劳务费当属蝇头小利。

写春联（王继青绘）

春联起源于“桃符”。桃符本是周代悬挂在大门两旁的长方形桃木板。据《后汉书·礼仪志》记载，桃符长六寸，宽三寸，其上刻有“神荼”“郁垒”二神。“正月一日，造桃符著户，名仙木，百鬼所畏。”所以，有本古书《燕京岁时记》上说：“春联者，即桃符也。”

到了明代，桃符正式改名为“春联”。

崇奉：朱元璋

清代陈云瞻《簪云楼杂话》中载：“春联之设，自明太祖始。帝都金陵，除夕前忽传旨：公卿士庶之家，门口须加春联一副，帝微行出观。”朱元璋不仅亲自微服出城，观赏胜景，还亲题春联。有一次，他

朱元璋

经过一户人家，见门上没贴春联，他生气地上去询问，才知道这家是杀猪屠户不识字，还未请人代写。朱元璋原谅了屠户家，反倒兴致勃勃地为屠户家写了一副春联：“双手劈开生死路，一刀割断是非根。”联意贴切幽默，引得众人齐声叫好！经明太祖这样开导，春联便一代一代流传下来，写春联行当也流传直至今日。

卖『福』字

卖“福”字行当，是从“写大字”行当中分列出来的。春节在门上贴“福”字，百姓从欢乐中讨个吉利。旧时，一些秀才、有学问的读书人，专为人写大字，其中不少写些吉利的大字、楹联、春联等。

卖“福”字（王继青绘）

人们贴“福”字习俗起于明代。传说朱元璋有一次微服出行，在一个村镇上看见许多人围观一幅漫画。画面上绘着一个赤脚女人抱着大西瓜，意思是取笑淮西妇人大脚，恰好马皇后也是大脚，正是淮西人。朱元璋十分恼怒，回宫后便马上派人到村镇调查，了解此画为何人所绘，围观者何许人，查得一清二楚。对于没参与其事的人家，一律在其门上贴上“福”字作标记。两天后，镇上突然来了一帮人马，到没贴“福”字的百姓家捉人。人们感到贴“福”字能保家宅人丁平安，于是每逢农历除夕，便纷纷写“福”字贴门上，讨个吉利。日久，有专人写“福”字，有人图方便直接购买，于是这个小小行当形成了。

崇奉：福神

商家门首都悬挂牌匾，斗大的金字，用来宣传堂号或店中经销的产品。书写牌匾者可都不是等闲之辈，不是名冠一时的书法家，就是名人学士。

制牌匾

牌匾是商行的“门面”“招牌”，因此除了字要写得好之外，对其制作也很讲究。有的“泥金涂粉”，有的“以斑竹镶之”，有的“彩绘镂刻”，不一而定，但追求的都是新颖别致，引人注目。牌匾制作原料多选用质紧纹细的上等木料，也有的用铜、铅等金属材料，一方面是防止牌匾的风化雨蚀，另一方面比喻商家像牌匾一样百年永泰。牌匾的大小，因店堂的大小、书写的内容以及其他原因也各不相同，有“高丈余者”，也有仅几尺之大者，有圆有方，还有三角、菱形等。最风趣的一块匾，其制作者竟是不认字的文盲。此人叫江阿狗，宁波人，做猪油汤团的。他的店招牌是画上一口缸（江），一只鸭（阿），一只狗，后面还画上一个“◎”，寓意为“江阿狗汤团店”。路人见了不解，怀着好奇心，进店内才知道是卖汤团的。既来之，就吃之，汤团味道也不错。从此，宁波江阿狗猪油汤团远近闻名。

制牌匾行当讲究的是质量，一分价格一分货。此行当经久不衰，自有其生存基础的。

崇奉：鲁班、王羲之

制牌匾行当是由木工和写大字者组成的，故此行当把木工的祖师爷和字写得最好的名人抬出来，所以崇奉鲁班和王羲之。

作家

作家（王继青绘）

古代的“作家”与现代的“作家”含义不同。三国至晋代“作家”是指“治家”而言。《晋书·食货志》载：“桓帝不能作家，曾无私蓄。”意思是汉桓帝登基前，因不善治家，弄得家中没有积蓄。

从晋代开始，逐步把写文章有稿酬的人称之为“作家”。到唐朝时，“作家”才有了如今的含义。北宋时的《太平广记》记载这么一件事：唐朝宰相王玙经常替人写碑志。有人来给他送稿酬时，误敲了右丞王维的门。王维给送酬人指路时，说了一句话：“大作家（王玙）在那边。”可见“作家”一词符合现今含义，始于唐朝王维之口。

北周末年发生另一件事。有个叫郑译的人，被封为沛国公。郑译想请当时擅长文辞的高颎写篇庆贺的文章。高颎半开玩笑地回答说：“笔干，写不得。”并且又说：“不得一文，何以润笔？”从此，人们便开始用“润笔”一词来指代因写文章作字画而获得的报酬。

到了明清时期，社会上有人专写小说、出书等获得稿酬，维持生活。之后，形成一个行业，才有了真正意义上的作家行当。

崇奉：孔子

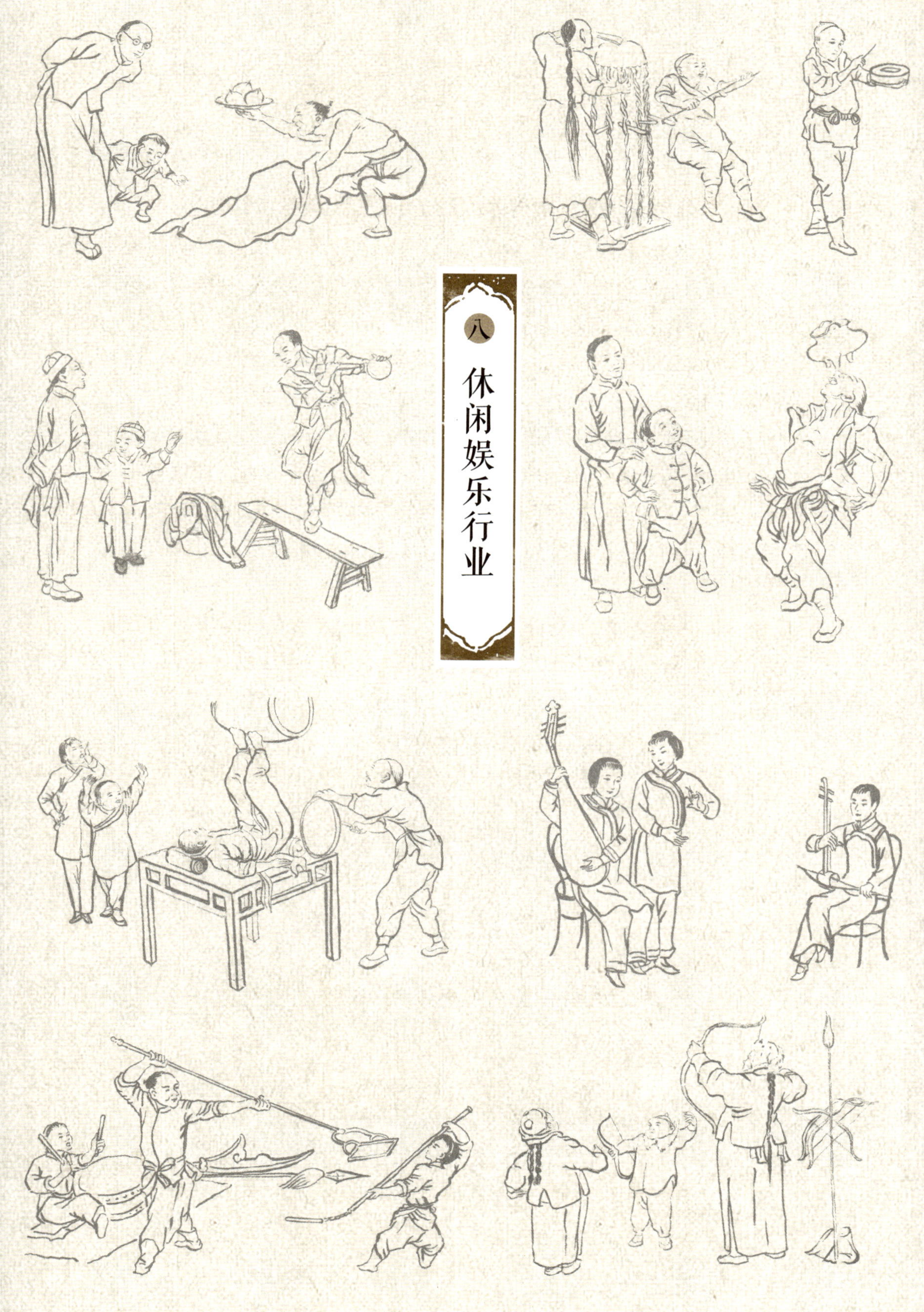

八 休闲娱乐行业

卖毽子

毽子别看它小，其历史相当悠久，在汉代开始就有踢毽子的运动了。据史记载，卖毽子行当从四川开始有专卖店出现，小商小贩走街串巷，吆喝兜售，赚得小钱。当然，这些卖毽子者，还兼卖一些其他小商品，如针线、荷包、香袋、小玩具，等等。

早期的毽子，由家庭自制的较多，它分毽铊和毽羽两部分，毽铊多用铜钱或圆形的铅、锡、铁片等制成；毽羽多用鸡的翎毛、羊皮、羊毛制成。毽子后来发展到专业制作的作坊，其质量、品种趋向于优质、多样化。如山西各地毽子的品种竟达十多种。而踢毽子的活动，从古到今，一直不衰，男女老少都会踢毽子，套数多达二十余种。他们会甩、踢、把、丁、拐、鼓、站、跪、端、骗、拦子、二板等几十种技巧。此外还有其他难度较大的花样，如“金鸡转弯”“将军大上马”等。每到冬季，随处可见成群结队的男女老少，在校园、街头、巷尾、场院踢玩，踢毽子可以记次数、赛花样、比技巧，形式多种多样。

卖毽子（王继青绘）

崇奉：孙武

孙武是我国古代伟大的军事家，曾为吴王以宫女试演兵法。卖毽子行当崇奉孙武。

孙武

249

套圈圈

套圈圈行当在旧时市井街头较为常见。摊主在一块空地上安放许多瓷器物品、陶器工艺品、杯子等，前后排列，摊主画定一条线，玩主付一角钱或五分钱均可取得五只、十只不等的藤圈圈，站在线上，不得超越，然后用圈圈向内抛套。若套中，则物品就是玩主的了，不中者，摊主获利。套圈圈行当，北方人叫“套圈儿”；南方人，如上海人则叫“套老爷头”。如今，套圈圈行当不多见了，只有在一些乡村偏僻地方还有。大城市则把它当作娱乐游戏的节目了。

崇奉：比干

转糖博彩

转糖博彩

转糖博彩小贩的利润是极微薄的。旧时，操转糖营生的人常可见到，随便哪条里弄巷子，一闻到炭火炙烤饧糖的香味，就知道有转糖的人在。与别的小生意不同，转糖行当有规矩：“先钱后转，半转不算，压线重转，三个半转算八坨。”醒目黑字，围圈写在转盘内。

转盘是一块比桌面稍小的木盘，中有轴，轴上横着转棒，一头坠着指针，转盘四周画有十二生肖图案或花鸟虫鱼等，手拨转棒旋转，指针最终指定什么，老板就做什么给你。但转得最多的也是转糖者最不想要的“八坨”，即八坨糖。老板用铁勺从热糖锅里舀出点糖稀，在石板上点八下即是。不过八坨趁热也好吃，又软又香又甜。八坨糖于老板最省工，用糖也最少。老板赚的就是这点毛利。有时运气好，转糖者也会偶然中了个蟠龙大奖，老板则不敢怠慢，老老实实破费整片的糖，做成首尾一尺半高、绝对威风八面的龙，做工也绝不马虎。类似转糖摊的行当，还有转盘博彩，形式大同小异，不过奖品换成吃的、玩具或其他实物等，有的干脆中的是一沓钞票。

崇奉：赵公元帅

卖花炮

卖花炮

自古以来，每年的正月十五日前后，从皇家宫苑到民间街巷，都要张灯结彩，喜庆一番。到了夜里，要燃放爆竹烟火，表演歌舞，热热闹闹，欢天喜地。同时，遇到喜事、寿庆、生日、生子等佳时，也要放爆竹、燃烟花以示庆祝。

花炮行业迎合了民俗的需要。据史记载，卖花炮历史悠久，在宋、元、明三代，烟火制造业已十分发达，而且制造的烟花精巧，行业已有相当规模。烟火业的兴起，也造就了一大批燃放烟火的技术人才。烟火艺人高超的技艺还能运用到烟火戏中去，如八仙过海、七圣降妖、十面埋伏、狮子吐火、二龙戏珠等。

至于烟花爆竹的作坊，中国不少地方皆有，如江西、湖南、安徽、山东等地，其成品繁多，有盒子连环炮、花炮、飞鼠、夜明珠、烟龙等不下数十种。而南方作坊制作的烟火爆竹很精细，广东、福建、云南等地产的花炮还远销国外。

中国是最早发明火药的国家，花炮行业与它有着千丝万缕的关系，而且花炮的数量、质量都是世界第一。2008 年，中国北京举办第 29 届夏季奥运会，开幕式、闭幕式上燃放烟花，其精彩的画面，让全世界人民为之倾倒，惊叹不已，并给大家带来了无尽的欢乐。

崇奉：石敢当

传说五代时刘知远手下有一名勇士，姓石，名敢当，取所向无敌之意，是民间崇奉的镇邪压灾之神。卖花炮、制造烟火等行当危险性很高，一不小心弄不好就要爆炸，酿成灾祸、发生惨剧。卖花炮行当崇奉石敢当，希冀能压邪、壮胆，求安全、保平安。

石敢当（王继青绘）

卖象棋

象棋的发明，学者一般研究认为，在我国的南北朝。北周武帝宇文邕著有《象经》一书。他得意地向百官讲解过此书的内容，引起众人的兴趣。可惜这部书早已失传。之后，象棋演变到了唐朝，已经接近现代象棋的形态。到了北宋，规制多变，至南宋逐渐定型。象棋是大众娱乐斗智斗技的一种游戏。古代象棋均是自制的，用木、竹、石等都可做。到了清末民初，市井才出现正规的商家出售的象棋。象棋的制作从低档发展成中高档。有的象棋用玉、水晶、铜，甚至金、银等制作。卖象棋行当的利润是有限的，但象棋作为中国文化的结晶之一，凝聚人类智能所产生的影响是无限的。

卖象棋

崇奉：鬼谷子

鬼谷子（王继青绘）

鬼谷子，相传是战国时楚人，隐居于鬼谷，因以自号。他擅长养性持身和纵横捭阖之术。苏秦、张仪等曾向他问道求学，他面授机要。苏、张二人后来成就一番事业，鬼谷子也因此名声大震。据说，鬼谷子的寿命很长，后来不知去向。

围棋手

围棋是一种起源于东方的棋类运动，在很早以前中国就有下围棋的记载。按古书所说，西汉时期就已经出现了围棋。《西京杂记》记载，戚夫人陪伴汉高帝，于八月初四日出雕房北户竹下围棋。

围棋发展到明清时期臻至顶峰。市井中已发展到有专业棋院，有专业棋手，并有一定规模的比赛了。

时至今日，围棋已成为我国乃至东亚竞技体育的比赛项目了。日本、韩国等国均有九段高手。

尧

崇奉：尧

传说，围棋是上古帝王尧发明的，起初，尧是用围棋来教孩子游戏的，它的形成和发展，渗透着古老的东方哲学思想和聪明才智。

摆棋局

摆棋局，是一桩很儒雅的生意。棋局有象棋、围棋之分。设局之人多是棋坛上有两下子的人物，或是出于恃才赌胜的心理，或是因为落拓不羁而想出的一种生财之道。围棋是我国的一大发明，起源极早，据说是尧为教育培养他的儿子而发明的。到了唐朝，围棋已成朝野的一大比赛项目，并有国手的评级规定。象棋定型较晚，据考为北宋末年，南宋初年始为普及。摆棋局是为了生存的一个行当，旧时在茶馆、棋社、地摊等场所可见。

摆棋局

崇奉：孙武

孙武是我国古代伟大的军事家，摆棋局者自称祖师爷是孙武，其《孙子兵法》会使他足智多谋，随机应变，百战百胜。

卖麻将牌

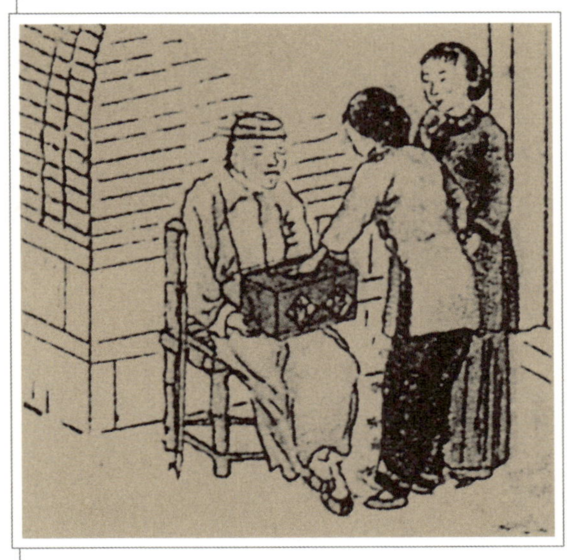

卖麻将牌

麻将源于中国古代的博戏。中国的博戏发轫极其古远，在任何时代，尤其是在封建社会中，一直是游戏王国中的“名门望族”，经数百年发展，蔚为大观，不绝不灭。博戏主要有一大主流，两大支流会合而成。一大主流是以骰子为标志，骰子经历了一个极为漫长的发展过程。两大支流为诗牌和叶子戏，当骰子以及由它的发展而带来的种种博戏演进到唐宋时，忽然奇峰突起，出现了叶子戏和诗牌。叶子戏一旦出现便势不可当地迅速发展起来，明清之际已登上博戏的霸主地位，由叶子戏而演变出来的各种游戏流传于大江南北。而诗牌一项，至宋代已发展为“宣和牌”。到了清代中、末叶，以纸牌为基础，吸收骰子与宣和牌中的成分，杂交融合，形成了一种新的牌戏——麻将。麻将一出，立刻风靡了全社会。

有人玩，就有人卖。麻将牌生意十分红火。麻将牌产地比较著名的是江苏泰州、泰兴一带。到了民国年间，麻将得到进一步发展、普及。当时，不论是烟馆、妓院、茶楼、酒馆、旅店、商店、家庭，甚至一些高雅场所，如行业会馆、学会、通讯社、律师事务所等，都摆设有麻将。

崇奉：陈鱼门

陈鱼门，浙江鄞县（今宁波）人，居蒋家塘后。从小聪明过人，精通英文。道光二十九年（1849年）拔贡，以功叙内阁中书，加三品衔。

陈鱼门（王继青绘）

陈鱼门“广交游，琴酒无虚日”，极喜玩耍，精熟纸牌。因纸牌有诸多不便，于道光二十六年（1846年）改为竹骨。陈鱼门整合、改造后的麻将是对前代博戏的继承和发展，其打法也由繁到简，一经问世，便盛行南北。

麻将牌本是一种游戏工具，但用于赌博则是消极的。赌博危害社会，是有目共睹的。

卖响铃

卖响铃（王继青绘）

响铃是一种娱乐玩具。扯响铃既是娱乐，又能锻炼身体，这是男女老少皆喜爱的一项运动。

响铃的制作材料，一般用竹、木，以至于发展到现在用塑料等。扯起响铃，一阵阵悦耳的响声，常引起路人注目。在中国杂技节目中，还有扯响铃的专项表演呢。

响铃的起源历史悠久。据传，在春秋战国时就有扯响铃的娱乐习俗，到了宋代，市井街面上才有专门卖响铃的店铺。清朝时，卖响铃行当中已出现小贩走街串巷吆喝叫卖。

崇奉：刘海上仙

257 旅游业

旅游业是人到异地去游览名山大川和名胜古迹，领略民风、民俗和多彩的民情，其过程中包括吃、住、行、游、购，产生商业利润的旅游经营活动。1841 年 7 月 5 日，英国人托马斯·库克精心安排，利用包租火车的形式组织了 570 人从莱斯特前往拉夫巴勒参加禁酒大会，从中赚到第一桶金。之后的 1845 年，他成立了世界上第一家旅行社——托马斯·库克公司。

中国现代意义上的旅行社是 1923 年 8 月由银行家陈光甫在上海商业储蓄银行创立的旅行部。1927 年 7 月，该部从银行独立出来，更名为“中国旅行社”。但是，旅游业的创始人应该是宋代的政治家、文学家范仲淹。

北宋皇祐三年（1051 年），杭州知州范仲淹因江苏南部遭受洪灾抗洪赈灾，精心策划了一次大规模的旅游业活动。他把太湖、杭州一带的景点打点一新，还整修了寺庙、道观、酒楼等，亲自带头自费出游太湖。附近官民也纷纷涌入景区，参与了庙会、划船比赛等活动。范仲淹主政的杭州因此赚了一大笔钱，用这些钱购得粮、衣，赈济灾民。商业性的旅游是范仲淹首创，它比英国人托马斯·库克 19 世纪 40 年代开办的旅游业早了 700 多年。

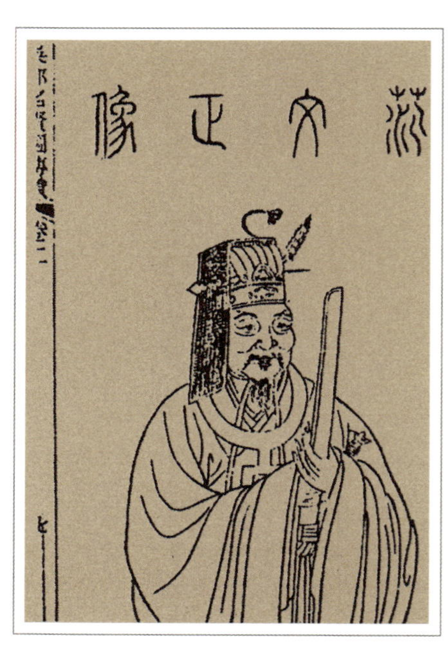

范仲淹

崇奉：范仲淹

范仲淹，字希文，谥号“文正”，苏州吴县（今江苏苏州）人。范仲淹任官期间，北宋王朝表面上虽然还算安定，但是国内矛盾十分尖锐，封建官僚特权大得惊人。许多官员为非作歹，无恶不作，朝廷已是十分腐败。范仲淹以“先天下之忧而忧，后天下之乐而乐”的大无畏精神，向皇帝提出了十项改革方案，因保守派反对，不能实现。范仲淹被罢相，去当地方官。宋人钱公辅说范仲淹是一位“忠义满朝廷，事业满边隅，功名满天下”的杰出人物。

养鸟

养鸟、调鸟的历史很久远。在历代的文学作品中,也有颇多关于养鸟的描述。养鸟行当到了清代达到鼎盛期,养鸟、调鸟、遛鸟成了不少旗人生活中的一部分,在他们的带领下,养鸟成风,尤其在北方一带城市中,养鸟、卖鸟的集市颇热闹。

养鸟

养鸟最讲究调教驯养,调教好的鸟能学人言,能按主人的要求,做各类简单的动作,如叼旗子、叼信、开信、卜卦算命等。养鸟的笼子有讲究,一般分四档:画眉笼,竹制圆形,高约67厘米,对门;百灵鸟笼,状似画眉笼,上端隆起,中有圆形小台;靛颏笼,比百灵鸟小,中间无小台;黄鸟笼亦称金丝笼,高仅约34厘米,十分轻巧。养鸟也带动出售各类笼子的生意,此行至今在各花鸟市场可见的,生意仍较为兴隆。主人在清晨气暖风和的时候,拎着鸟笼去遛鸟。一则让鸟晒太阳,呼吸新鲜空气,鸟会更健康,羽毛光洁,鸣声嘹亮;二则以鸟会友,趣味相投,为生活增添一些情趣。

崇奉:昌容

神话故事中传说昌容是商王的女儿,她不满父亲的所作所为,离宫出走。她与鸟兽为伍,隐居常山,吃蓬虆根,达200年之久,其面容仍像二十来岁的样子。昌容特别喜爱与鸟相聚,而且懂得鸟语,经常与鸟对话。她还有一颗慈善之心,常做紫草粥,周济贫病之人。昌容修得一身功夫,能化形隐身,能与鸟上蓝天飞翔,能与鱼下水游戏,后来修成正果,成了神仙。

斗鸡

斗鸡行当在中国的历史很悠久。据《列子·黄帝篇》记载，斗鸡活动的历史有三千年以上。斗鸡盛行于唐宋时期，尤其是在唐朝，斗鸡作为一种娱乐活动，从皇帝到平民百姓都参与其中，不仅男性爱好斗鸡，女性中也有热爱此行者。

斗鸡双方放入两只鸡入场，相互示威，跳起进攻、周旋、啄斗、拼搏……观看的人挤满大街，呐喊助威声一浪高过一浪。这种斗鸡表演只是在几个重大节日才举行，而更多的则是一般性的斗鸡活动。斗鸡初期纯粹是表演性质的，直到五代时，遂发展为带有赌博性质的活动，而且下的赌注还很大，颇有现代赌马的意味。斗鸡专业户对鸡的训练的确有一套本事。他们似乎能懂得鸡的语言，对鸡无论壮、弱、勇、怯、病等都了如指掌。参斗的鸡完全听从主人的指挥，斗鸡时双方的主人穿上特制的“斗鸡服”，为各自的鸡壮胆助威。斗鸡的结局当然是胜者为王，获得一笔丰厚的钱财。

斗鸡行当遗留至今，现在有的地区，每年总还要举办斗鸡比赛，是为了丰富百姓的娱乐生活。大多斗鸡比赛是在旅游景区出现，如苏州的定园、海南岛的民族风情园等。这种斗鸡表演是给游客增加一些好奇心与以供观赏的娱乐节目罢了。

斗鸡（王继青绘）

崇奉：纪渻子

纪渻子是专门培养斗鸡的人。据《庄子·达生》记载，纪渻子本事大，他不仅懂鸟语，更懂鸡语，是个了不起的培养斗鸡的专家。周宣王十分爱好斗鸡娱乐，他召见纪渻子进宫，就是要求他培训出好斗、勇胜、威武的优质鸡种。经过纪渻子的严格训练，果然培育出一种叫"木鸡"的良种鸡。两只木鸡相斗，其精彩、激烈、壮观的场面，几乎让周宣王及其他贵族大臣为之倾倒。

周宣王（王继青绘）

当然，纪渻子培育出好斗的木鸡并非一帆风顺。周宣王性急，每隔十天就问培养训练的情况，纪渻子连续三次都说不行，弄得周宣王心烦，纪渻子差点被周宣王当成骗子杀头，亏得大臣们的劝阻，纪渻子才躲过一劫。经纪渻子的调教、训练，终于培育出一批好斗威猛的木鸡，让周宣王高兴得手舞足蹈。

斗蟋蟀

斗蟋蟀也叫斗蛐蛐。上海七宝古镇就有一家蟋蟀博物馆。蟋蟀是一种善于振羽而鸣，并且好争善斗的小虫。早在2500年前，人们就对它有特殊的喜爱，在历代皇帝的宫殿中，通向后宫的大门命名为“斯螽门”，尊为母仪之道。旧封建礼制下，人们对它是如此钟爱。

历代养蟋蟀、斗蟋蟀既是皇亲国戚、官僚贵族的雅趣，也是平民百姓的一件娱乐之事。他们闲暇之时，聚而搏之，个中乐趣非常。因之，也造就了这一行人，如专门调制蟋蟀的人，专门制造蟋蟀罐的行当，还训练出一批专业斗蟋蟀的裁判等。干这行的季节性强，盛时这一行人的技艺也颇奇货可居。因此，历朝历代都有蟋蟀市场。不过，这行当在近代发展有点畸形，有些人把蟋蟀作为赌博的工具，已经离娱乐甚远了。

崇奉：济公

斗蟋蟀行当崇奉各地方不一，南北方区别更大。有的崇奉财神、有的崇奉赌神，但较多地方崇奉的是济公。

济公为南宋时的僧人，他自幼博览诗书，文理精通。十五岁父母去世后，往杭州灵隐寺出家，法名“道济”。

济公他常带有三分癫意，到处行侠仗义，于嬉笑中显神通。济公扶弱济贫，爱憎分明，深受老百姓喜爱。《济公斗蟋蟀》的故事充

济公

分说明了他的个性——宋朝时，一位皇帝特爱好斗蟋蟀，天下百姓都要把好的蟋蟀贡献朝廷。有个秀才好不容易捕到一只强壮凶猛的蟋蟀，却在让儿子观看时逃走了。秀才暴跳如雷、责打儿子，儿子又惊又怕，竟一命呜呼了。秀才懊悔莫及，痛哭流涕，他也不想活了。在此危难之际，济公仗义出手，帮秀才消灾解厄。济公施法，让秀才儿子“显灵”成一只“天下无敌”的蟋蟀，作弄了县官、戏弄了皇帝，最后秀才与儿子大团圆。当人们要感激济公时，济公早已不见人影了。

济公斗蟋蟀，天下无敌手。斗蟋蟀行当崇奉济公，祈求济公保佑他们行业兴旺发达。

旧时，上海滩是冒险家的乐园。跑狗场行业是有钱洋人出于经济掠夺的目的，利用他们豢养的洋狗，作为赌博工具而引入中国的。跑狗场行业在20世纪30年代初，是一种新兴的时髦行业。据1933年出版的《上海指南》记载："跑狗场为上海新兴之赌博比赛方法，由电兔前导，其弊害之大，尤甚各种赌博。"此种罪恶赌场，在旧上海设有三处，即公共租界的"明园跑狗场"，法租界的"逸园跑狗场"，西区的"申园跑狗场"。跑狗场生意红火，大量的钱财流入外国人的口袋中；嗜赌之徒，冲昏头脑，常常输得倾家荡产，更甚者妻离子散，家破人亡。跑狗场赌业已成社会公害，引起广大市民愤慨，工部局慑于社会舆论，下令禁止。几经交涉，关掉"明园""申园"，但还剩下一家法租界逸园跑狗场。直至1949年5月上海解放，跑狗场才被取缔。

跑狗场（王继青绘）

崇奉：麦边

跑狗场由洋人麦边创始。1927年，麦边到上海，在当时的华德路（今长阳路）南侧占用一块狭长的农田共53亩地，以"明园"命名，两年后竣工即开张营业。跑狗场筑有围墙，四周都设有售票处，其东南部建有月牙形的台阶式大看台，台后房屋为工作人员宿舍。场中央为绿绒草地，内铺专供电兔前导的圆形轨道，场南装有操纵电兔的控制台，旁边有狗露天浴池和狗舍多间。每逢周一、三、六晚上 18 点至 22 点开夜场，每 15 分钟举行一次，门券依座位层次分别支付不等的银洋。

比赛时，数狗齐出，身穿红、白狗衣，背披布号牌，先按例绕场空兜一圈，后复归原处。少顷，工作人员即在控制台上揿动电钮，霎时红色信号灯闪动，电兔即在轨道速逃，身细腿长的英国赛狗，便尾随其后紧追不舍，率先到达者，电兔控制台即响电铃。押赌此狗者即取胜中彩。

洋人麦边干跑狗场行当，大捞了一把中国人的血汗钱，发了大财。

猴子耍把戏

旧时，在热闹的街头、集市、庙会等处，经常可以看到耍猴艺人，背着一只箱子，内装猴子表演的“行头”，小木刀具之类的耍猴道具。耍猴的人连说带唱，指挥猴子表演各种动作，或戴乌纱帽，或骑小狗跑圈，或扮作各类鬼脸……引起观众的阵阵嬉笑。观众大多数是妇女、老人、小孩等。表演结束，猴子会向观众讨钱，耍猴艺人靠观众施舍维持生计。

猴子耍把戏

崇奉：关公

马戏

马戏古称“戏马”。西汉《盐铁论》中，就有骑马斗虎的记载。马戏行业是杂技的一种，这些艺人艺高胆大。

三国时，马戏表演已很普遍。《三国志·魏书·文昭甄皇后传》记载，甄后八岁时，门城有演马戏者，全家登阁观看，节目精彩。如“透剑门伎”，地上倒插刀剑，间隔分成几组，表演者骑着小马，奔腾跳跃其间，如穿过一道道“鬼门剑关”。

马戏（王继青绘）

宋代马戏更为成熟精彩。皇帝在宫内就能看到引马、文马、骗马、跳马、倒立、镫里藏身等多种马上功夫。

清咸丰帝在每年正月十五日，按例都要观看马戏。此时马戏表演者大显身手。

古老的马戏行业发展到今天，已经有了翻天覆地的变化。马戏已成为中国杂技中一颗璀璨的明珠。

崇奉：赵云

赵云是三国时蜀汉战将，字子龙，常山真定（今河北正定）人。他以勇敢善战著称。最初跟从公孙瓒，后来归顺刘备，在当阳长坂坡恶战中保护刘禅和甘夫人脱险。建兴六年（228年），随军取关中，分兵拒曹真主力，寡不敌众，退回汉中，一年后病死。赵云曾以数十骑拒曹操大军，他马术、枪法、天下一流，被刘备誉为“一身都是胆”的人物。

顶技

顶技（王继青绘）

顶技是杂技中经常表演的一个行当。它是艺人用头顶、脑门、鼻尖、下颏顶东西表演的技艺，也是杂技行当的一个分支。早在殷商时代就形成了以“顶功”为中心的体型技巧，顶功要求有过硬的腰功、腿功、倒立和跟斗基本功，这种传统一直流传至今。在商周遗址中出土了一个不大的青玉立雕，其头上顶着一摞碗，无疑，它表现的是一个杂技艺人，正在进行顶技表演。这古老的顶技早在四千多年前就出现了。以后汉、唐、宋均出现了不少表演顶技的画像、砖块等物。到了明代之后，顶技成为民间社火、走会、迎神赛会、庙会等活动中不可缺少的传统保留节目。顶技艺人除了能顶坛、罐、瓷缸等以外，还能在头上顶一个儿童，儿童穿着红肚兜表演“金鸡独立”“哪吒闹海”等高难度动作。

到清末民初，社会上还出现流动杂技艺人，他们在巷弄中给老人、儿童、妇女们表演小杂耍之外，主要表演顶技，有顶碗、伞、瓶、三足香炉等。这些小打小闹的功夫也会让观众们看得紧张不已。演毕，艺人收取小钱。

崇奉：刘海蟾

刘海蟾本名刘操，是五代时道士。

苏州有个大商人叫贝宏文，心地善良，专做好事。清康熙年间，有个陌生男子自称阿保,找上门来要当佣人,贝宏文答应了。阿保干活很卖力,给他工钱,坚辞不受。有时一连几天不吃饭也不饿,贝家很惊异。他刷洗尿壶时,竟能翻其里洗刷,刷完再翻过来。陶瓷东西在他手里像羊肚似的柔软。贝家更惊奇了。元宵节时,阿保抱着小主人去看灯,半夜未归,家人十分着急。直到三更始归,主人责问他,阿保却说:“这儿的灯不热闹,我带小主人去了一趟福建省城,那里的灯才漂亮呢!主人你不必急呀!”贝家人不信阿保的话,不料小主人从怀中掏出一把鲜荔枝,让父母品尝。众人大惊,方知眼前的阿保是个神仙。又过数月,阿保在贝家后院的井内发现三只足的蟾,他用彩绳系之,负诸肩上,又跳又唱:“此物逃去,期年不能得,今寻得之矣。”原来他就是刘海蟾。于是乡里传述,以为刘海蟾在贝家,争往看之,以致拥挤不得行。此时,人们只见刘海蟾举着三只足的蟾,谢过主人贝宏文,从院中冉冉乘空而去。人们欢呼,他们见到神仙了。“刘海戏蟾”的故事在民间流传开来。还有一说,“刘海戏金蟾,步步钓金钱”,所以刘海蟾又被视为钓钱撒财之神,过年时人们常张贴此类画,以取吉利。在传统年画《福字图》中,“刘海戏金蟾”与和合二仙、天官、财神、麒麟送子、状元及第合绘在一起,充满了吉祥喜庆的气氛。

蹬技

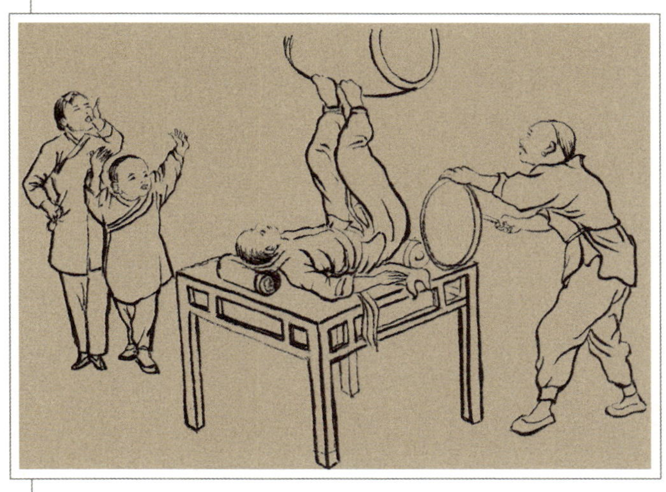

蹬技（王继青绘）

蹬技是杂技表演中的一项传统节目。演员仰卧在一张桌子上，臀部垫起，两足底朝天，全凭两脚蹬转各种对象，几乎包罗万象，从绍兴酒罐、瓷缸、瓦罐到桌子或带响的锣鼓等，轻的如绢制花伞，重的如50千克重的大活人。被蹬物体，飞速旋转，腾跃自如。这种以超人的力量和轻捷灵巧的技艺相结合的表演形式，是中国传统杂技的一大特色。

这个艺术行当来源很早，秦汉时已有记载。《汉书·武帝纪》中说："（元封）三年（前108年——作者注）作角抵戏，三百里内皆来观。"但是，宋代以前，清代以后，蹬技女艺人都是用天足，也就是俗称的"大脚"来做各种蹬技动作，还有精彩的纤足女子跑马戏、走钢丝等节目。

民间从事杂技表演的女艺人为了谋生，也只有用纤足去练习和表演蹬技的绝活了。随着时代的发展，社会的进步，蹬技这个优秀的传统杂技节目已淘汰了女子纤足类蹬技，用更文明、更有观赏性的蹬技为广大观众表演。

崇奉：刘海蟾

变戏法

变戏法，又称“幻术”“魔术”“把戏”等。变戏法行当有大、小之分。吞刀吐火、屠人截马、古彩戏法等，要有大型道具，多人配合，叫作大戏法；而一两个人，随身带些小道具，拉开场子就能即兴表演，如仙人摘豆、空碗来鱼、扑克飞舞、废纸变钱等，全凭表演者手法巧妙，熟练程度，瞬间幻化，俗称“眼睛一眨，老母鸡变鸭”，这叫作小戏法。

变戏法（王继青绘）

大戏法一般由艺人团体组成，在室内、剧场演出，以售票形式取得利润。大戏法融入了从外域传入的魔术，可看性更强些。据史记载，以前魔术表演多是给皇室官家献技取乐的，到了宋代，才成为一项民间的大众娱乐。

小戏法在旧时闹肆中随处可见。个体艺人也常常走街串巷，聚上三五小童和驻足行人，当场就变，就地收些小钱。这个行当圈内人称为“李子行”。

崇奉：刘海蟾

卖武艺

“卖武艺”是一种对民间武术艺人及其表演行当的称谓。北方人也称为“耍把式”。这一行人或三五成群，或两人为伙，随身携带刀枪棍棒之类道具，口称武林世家。每到一处热闹场所，握拳打拱，拉开场子。在他们的表白中，报道师承，必言师爷某某，师傅谁谁。这祖师爷的大名往往时隔久远，多无可考。而师爷、太大爷都是一方近代人物，也是有名有姓的了。

卖武艺（王继青绘）

卖武艺这一行与武林人士有所区别。武林好汉练得一身好功夫，为的是行侠仗义，光宗耀祖，报效国家。这些人一般艺不外露，更不会当众表演。当街卖艺者，属艺人一类。他们的功夫侧重于欣赏性，是以赚钱为目的，解决生活问题。但在上场时打出武林正宗牌子，是借此抬高自己的身价。社会上戏称之为“把式”，这就是说他们花拳绣腿，摆摆花架子。干这一行的人，一般是父一辈子一辈地相传世袭。他们是练武的出身，流民的行径，薄艺在身，四海为家。随着时代的发展，卖武艺行当渐渐退出历史舞台。

崇奉：关公

摜跤是赤手空拳、凭借技术和力量把对手摔倒在地的一种技艺。这种运动从原始社会的人们以生存为目的而斗争发展到相搏嬉戏娱乐，后又渐被引入对军士的训练以及比赛和表演的领域中。

摜跤

早在战国时，摜跤被称作“角力”。到了秦朝，这项运动也颇为皇室提倡。《史记》中称作“角抵”。到了汉朝，称作“抵斗”。到了宋代，这种运动被称作“相扑”。

清朝以武力创国，摜跤一直是军中训练活动的要务。朝中设立“善扑营”，还养有专职的“扑户”。定期进行相扑比赛，评定等级。摜跤运动一时风靡朝野。戊戌变法时，撤销了善扑营，不少高手散落民间，成为民间艺人。他们身着褡裢，腰系驼绳，足蹬螳螂靴，走江湖，拉场子卖艺为生。当然，摜跤也是一项表演性的比赛节目。

摜跤行当在北方一带较为普遍，中国南方一带较为少见，南方比较多见的则是武术、拳打、刀棍、剑鞭之类的“武行”。

崇奉：秦琼、尉迟恭

秦琼、尉迟恭为唐太宗时的两员大将。秦琼又名秦叔宝。这两位大将武艺高强，为唐太宗打江山立下汗马功劳。他们是民间流传最广的武士门神。

泰琼、尉迟恭

相传唐太宗得病，寝门外总有抛砖弄瓦、鬼魅哭叫之声，三十六宫、七十二院都夜无安宁。唐太宗十分恐惧，就将此事告诉了群臣。秦叔宝出班奏道："臣平生杀人如剖刀，积尸如聚蚁，怕什么鬼怪呢？我愿与尉迟恭戎装立于门下侍卫。"唐太宗准许了他的奏请，夜间果不再有鬼作祟。太宗嘉奖二将，但念他们夜夜侍卫不能睡眠，便命画工绘制二人全副武装的画像，手执玉斧，腰带鞭链弓箭，怒发之状一如平时，悬在宫掖左右门，邪祟因此平息。后世沿袭下去，传入民间，秦琼、尉迟恭遂成为镇邪除恶的门神了。掼跤行当崇奉秦琼、尉迟恭，因为连鬼妖都怕他俩，可见其武艺是十分高超了。

舞狮子

每逢大型喜庆之日，民间经常有舞狮的节目。舞狮一般由两人装扮而成，一人在前举狮头，另一人伏于身后舞狮尾。另有艺人手舞彩球，依锣鼓的节奏舞蹈，逗引着狮子做出各种动作。在鼓乐队的敲击下，两人配合得当，引起观众的热烈鼓掌和喝彩。

舞狮子

舞狮行当分南北两派。北狮状若京叭狗，故称北京狮。南狮则分红、黑、花三种：红色代表忠勇，称为醒狮，也叫关羽狮；黑狮代表猛勇，也叫张飞狮；花狮代表仁厚，故称瑞狮，也叫刘备狮。耍起来，双狮斗强斗狠，一狮调和旋转，情景拟人，别有趣味。

舞狮的舞法还分文耍和武打两种。文耍的，则雄、雌两头狮子互相对舞，互相戏弄、咬抓、争绣球等各种姿态；武打的，一般有国术功夫，包括武术动作，用各种武器逗狮子，其中有用火棍、火圈等擒拿狮子的节目。更精彩之处是用五张大方桌叠起来，狮子爬桌，从第一张桌爬到第五张桌，一边爬，一边做出许多姿态。一头狮子爬上来，第二头也爬上来了，两头狮子一起从第五张桌子跳下来，落在地面，仍然是个狮子形象，滚着、舞着，在地面一边行走，一边起舞。遇有香供栏桌，就要上桌过山；遇到小桥流水，要做“盘拦探海”等高难度动作，方显出舞狮人的高超技艺。

舞狮虽是群众娱乐，但没有受过专门训练的人是演不了狮子的。

这个行当是要拜师学艺的。舞狮还有专门的协会组织，邀请他们出席买卖开张、行会庆典等是要收费的，有的艺人以此行为谋生手段。

崇奉：胡人

狮子原是西亚、非洲的猛兽，自汉朝时，方由番国进贡到中国皇宫御苑豢养。因其生性凶猛，号称“百兽之王”。国人常雕刻石狮，作宫室、陵墓、寺庙、宫殿、桥梁等处镇物，用以驱鬼辟邪。

据史载，到了唐朝才出现胡人用道具舞狮，这是舞狮之始。白居易有首《西凉伎》写道：“西凉伎，西凉伎，假面胡人假狮子。刻木为头丝作尾，金镀眼睛银帖齿。奋迅毛衣摆双耳，如从流沙来万里。”依照诗人的描述，胡人应该是舞狮子行当的祖师爷了。

舞龙灯

舞龙灯行当与舞狮子一样，是节庆时经常表演的民间活动之一，特别是正月十五闹元宵，舞龙灯盛况空前。

舞龙灯

据史载，舞龙灯所舞之龙南宋时初为谷龙、稻草龙，后在稻草龙上加盖青色或黄色的龙衣布。这样，逐渐演变成用竹篾扎龙头、龙节和龙尾，裹以色布（黄龙染黄色、青龙染青色）的布龙。舞龙灯者头、尾的技术要求较高，且吃力。龙的长度有 9 节到 12 节不等，每节 30 ～ 70 厘米。有的龙长达 120 米左右，重达 100 余千克，全身金光闪闪，由 100 多位健儿驾驭，舞动起来气宇轩昂，犹似神龙现形。

有的演出更为雄伟，每次出队达 70 多人，表演时舞龙灯与舞狮同台，还配上龙珠、鲤鱼等相随，表演“翻龙肚”“金龙追狮”“狮子洗龙须”“鳌鱼游龙门”“鲤鱼跳龙门”等大套路，场面壮观，气势恢宏，充分体现了民间文化艺术之精华。每年节庆，男女老少几乎都出动，结队观看，锣鼓鞭炮喝彩声响成一片，呈现出热烈、欢乐、祥和的气氛。时至今日，舞龙灯已成为中华传统文化艺术的一种表演项目。舞龙灯技术经过不断发展和改进，已成为一种具有观赏性的竞赛运动，一种集武术、鼓乐、戏曲与龙艺于一体的文化艺术。

崇奉：龙王

龙是上古时期一个强大部落的图腾。它是多种动物形象的综合：鼋头、鹿角、牛睛、鲤须、蛇身、鳄尾、周身鱼鳞，四只鹰爪。龙上能腾云驾雾，势冲九霄；下能翻江倒海，直抵幽溟。龙居深潭，统驭四海，可以呼风唤雨控水旱。自古以来，龙在干旱时都是人们用来祈雨的神仙。其中"广、钦、顺、闰"指的是四海龙王，即东海龙王敖广、南海龙王敖闰、西海龙王敖钦、北海龙王敖顺。

龙是中华民族信仰的独特神灵。华人都以龙作为自己民族文化的标志，都把自己视为龙的传人。舞龙灯行当也不例外，每次表演舞龙灯，必须要祭拜龙王。随着龙王受到百姓的普遍接纳和欢迎，各地都建造了大大小小的龙王庙。一般民间以农历二月初二日为"青龙节"，俗称"龙抬头日"。这天乡民都要举行盛大的祭拜仪式，以祈风调雨顺，庄稼丰收。

打花鼓、跑马灯

打花鼓、跑马灯

打花鼓、跑马灯均是旧时农村遭灾时，或是穷苦人没饭吃，用来卖艺维生的行当。他们以此载歌载舞，沿途卖唱乞取钱财、饭菜。

安徽凤阳的《花鼓调》很闻名："说凤阳，道凤阳，凤阳本是好地方，自从出了朱皇帝，十年倒有九年荒……"

跑马灯与打花鼓有异曲同工之处，它一般在江南农村逢年过节时，由穷苦农民组成"马灯队"自演自唱，骑着布制的马头，和着简单的民乐吹奏，敲击小鼓，沿村一家家乞讨。如宁波一带农村，旧时很盛行"跑马灯"，还专门有民间马灯调小曲呢。

相传，明太祖朱元璋对民间小曲还颇为欣赏。他称帝后，凤阳乡亲结成花鼓队进宫祝贺。宴酣之余，皇帝乘兴口谕："你们都是我的乡亲，如今我得了天下，不会忘了你们。往后，你们有福的去做父母官，无福的去看陵墓，种田的不要交租，年老的只管喝酒，你们就唱着歌过日子吧。"这段圣旨，至今保留在晚明编纂的《凤阳新书》之中。自此，凤阳花鼓就传唱到四方。而广泛流传到宁波农村一带的"马灯调"，如今被当作非物质文化遗产保存下来了。

崇奉：赵公元帅

跑旱船

跑旱船也称“旱龙船”“船灯”“采莲船”,是一种汉族民间舞蹈,广泛流传于中国各地。旱船一般用竹或秫秸为骨架制成船形,糊上纸,饰以彩绸、纸花。船舷用画布围裹,配有彩旗、花篮等用来遮着表演者的腿脚。船形花样繁多,工艺精湛。在晚上表演时,船上还要燃起灯烛。

跑旱船

旱船一般长 1.6 ~ 2.3 米,大的有 3.3 米,船中间的表演者,梳着古装的大头,多数是由一个男子化装成旦角,用布带把船形系在肩上或腰间。另有艺人或是化装成一个老渔翁,或是化装成一个手持长桨的花旦。随着小乐队的锣鼓点扭着秧歌步,唱着俚俗小曲,载歌载舞地表演起来。故事内容很简单,若是一旦一生的话,就是《三姑娘回娘家》;若两个都是旦角,演的就是《白娘子水漫金山》。撑船或划桨时,则做一些与风浪搏斗的“虎跳”“旋子”“扫堂腿”等。女的手握船舷,与脚下步法配合,表现船在漩涡和波浪中起伏。

早年跑旱船只是在传统节日,如春节、元宵、端午、中秋等,或民间社火走会时表演。清淡季节,这些艺人形成小班子,跑码头、赶庙会时去演唱挣钱。后来还发展成到各地走街串巷演出。

崇奉：屈原

跑旱船起源与祭祀有关。据说诗人屈原投汨罗江而死，每到端午节人们在江中赛龙船以示纪念。据《湖广志》记载，云梦县因河浅不能竞舟，使用竹和纸做成龙船，鸣锣击鼓，游行于市。这种活动流传下来，形成了跑旱船。因为与屈原有关，所以跑旱船行当崇奉屈原。

踩高跷

踩高跷

踩高跷为娱乐行当。其起源于古人为了采集树上的野果为食，而给自己的腿上绑上两根长棍，由此发展出一种跷技娱乐活动。

高跷舞蹈者双足踩着有1米多高的木跷，扮成各种人物。其手持道具，在锣鼓大镲的强烈节奏下闪转腾挪，变化着各种姿态，旋转舞动。舞者的队伍一般有一二十人组成。他们分别扮成白蛇、青蛇、许仙、法海、孙悟空、猪八戒、沙僧、唐僧、文丑小生、大姑娘、丫鬟、媒婆等角色。舞蹈是按一定的套路表演，用他们的行话说，有“白菜心”“剪子股”“蛇蜕皮”“马分鬃”“跳桌子”“扑蝴蝶”“小快枪”“三节棍”等路数。表演看似粗俗简单，其实如同一出大戏一般，很有内容。如《西厢记》中“西厢惊艳”“张生跳墙”等情节，扮公子的演员还要做出朝天蹬、下叉等很多身段；《白蛇传》常演的是“盗仙草”“水漫金山”，旦角开打，更是好看。不过饰演旦角的都是男扮女装的小伙子，他们时而“鲤鱼打挺”，时而“鹞子翻身”，时而虎跳，时而下腰，有时还要上桌子，过独木桥，做出高难度的动作，赢得围观群众拍手叫好！

在节目的最后，表演者齐唱社火调或码头调，以《大八仙》的表演程序结束演出。歌词灵活现编，多是吉祥如意、预祝国泰年丰的话。

踩高跷行当一直沿袭至今，许多地方都把它作为中国传统的非物质文化遗产保存下来。

崇奉：兰子

高跷是我国古代百戏之一，早在春秋战国时期就已出现。当时有位叫兰子的高人，他踩高跷的技艺号称世上第一。当时，有个巨富商人叫宋元，很喜欢看踩高跷表演，但他不信兰子有如此高的本领。于是，宋元让人传话给兰子，请兰子来其府上表演高跷。如果他踩高跷的技术真如外界所传说的那么高超，宋元准备拿出昂贵的金帛赏赐给他。兰子来到宋府表演其高跷的本领，果然他不但以长木缚于腿足行走如飞，还能跳跃、舞剑，七把剑上下纷飞，让宋元看得瞠目结舌，拍案叫绝。完毕，宋元立即赏赐了一大笔金帛。这个故事载于《列子·说符》。于是，踩高跷行当崇奉兰子。

卖乐器

卖乐器

中国的乐器如果以传说中的伶伦制笛为开端，至今也有5000多年的历史了。但实际上，中国乐器的产生比黄帝时代还要早。考古学家已发现了距今8000年左右的骨笛。真正意义上的卖乐器行当的产生，据史记载，是在宋元时期。那时已有专业的作坊制作乐器了。当初，主要是由宫廷、官府主办的机构承担乐器制作任务，之后逐渐产生制作乐器的民间作坊。

到了明末清初，卖乐器行当已形成。街头有专卖乐器的铺子、小贩，所售乐器包括二胡、箫、笛、琵琶、芦笙等民族乐器。

崇奉：弄玉

弄玉是春秋时代秦国国君秦穆公的女儿，擅长吹笙。

弄玉长得非常美，且聪明伶俐。前来求婚者络绎不绝，但弄玉一个也看不中。她说，她所嫁的郎君必须是精通音乐的，而且是会吹奏乐器的人，否则宁可不嫁。秦穆公见女儿意志如此坚定，也只能顺着她的意愿。

有一次弄玉随父亲出宫去打猎。他们来到山林处，突然传来一阵阵悦耳动听的箫声，弄玉听得神思俱迷。寻音找去，不远处果然有位英俊少年在专情地吹箫。弄玉一见大喜,他正是心中的如意郎君。于是秦穆公就招他为女婿,吹箫的少年叫箫史。

从此,弄玉和箫史,一吹一和,伉俪应声,情同胶漆,十分幸福。

卖乐器行当大多崇奉弄玉,有些地区则崇奉关公。

班鼓匠

班鼓匠（王继青绘）

班鼓是戏班子乐队文武场总指挥。这班鼓直径约33厘米，高10多厘米，中间有个直径约6.6厘米的小鼓心，用犍子一击，清脆作响。它是乐队打鼓师的专用家什，京剧叫它“单皮”，又称板鼓。

班鼓的蒙制十分不易，要有特殊的技术。买只好鼓，要向作坊中的班鼓匠定制。单皮鼓要求声音清、脆、“打远儿”、“响堂”，它的鼓槽内膛被旋成倒扣碗状，鼓芯的大小如同一个茶碗盖儿，但皮子要一蒙到底。必须选用鞣制得当的上好皮革“捂热”后，蒙在鼓槽子上，四周穿上皮筋条子，再穿上枣木短棒，用力加拈搏绞。绞完一面再绞另一面，在保证用力匀称的情况下，逐渐加力，使皮面渐渐胀开。如此逐日加拈，逐日加力，直到“火候”停当，皮子“燥透”，再用大头皮钉一个挨一个地沿着鼓槽密密实实地钉牢。如此要钉上三排，风干“煞劲”之后，再抽出枣木棒，放松皮条子，把鼓取下。再放置数日，让皮子再“回回劲儿”，最后，依钉子下处割去多余的皮子，一只班鼓才算制成。

崇奉：唐玄宗

史载中国最早的专业剧团出现于唐玄宗执政时代，当时，唐玄宗为博得杨贵妃喜欢，在宫中置梨园，组织了专门演剧的戏班，朝夕弄场。乐队中司鼓的就是唐玄宗本人。不过唐玄宗当时敲的是一种立着打的羯鼓，掌握着乐队的节奏，再加上皇帝的特殊身份，自然是地位极高。相传下来，司鼓人便也是乐队统帅了。打鼓佬都崇奉唐玄宗，班鼓匠自然也借此崇奉唐玄宗。

小堂茗行当是南方人的叫法，就是指民间小乐队。这一行也有叫“文场”的，北方人直呼为“吹打的”。

小堂茗

民间遇有红白喜事，或是结婚娶媳妇，或是死人发丧，都讲究要有个“动静”。这个“动静”是依照办事人家的财力，可大可小地操办。目的只有一个，为的是广泛地通报一下，让街坊四邻、本村的男女老少都知道，他的家中有事发生了。逢大事，吹吹打打地热闹一番，这样小堂茗行当就出现了。小堂茗一般由10人左右组成，小乐队7人左右，再加上掌柜的、管生活的、跑外面联系的。主业乐队有笙、笛、唢呐、钹、板鼓、三弦、二胡、琵琶等民族乐器。他们专门应承市井百姓的婚嫁、生子、寿事、丧事等活动中的奏乐之事。

这一行业亦多为世袭，子承父业。班中规矩很大，不同场合，不同衣着，奏不同曲子。因出入不同人家，班规中有严格要求，如“不得近妇女，手脚须干净。立如松，坐如钟，目不斜视”等。小堂茗也有在应堂会邀请、票友演出等行业庆典时充当乐队。

崇奉：韩湘子

韩湘子是传说中的八仙之一。传说，韩湘子平时很喜欢吹洞箫，有一天夜晚，他在海边吹奏，箫声悠悠扬扬，传到海中龙女耳中，龙女们趁涨潮之际，来到韩湘子的身边，随着美妙的箫声翩翩起舞。落潮时，其他龙女都随潮而去，只有龙王的七女儿如醉如痴，并对韩湘子产生爱慕之情。韩湘子见窈窕多姿的仙女，为之倾倒。韩湘子不由再吹起优美动听的箫曲，龙女再扬起舞姿，不知不觉天微亮。突然，龙女化成一团彩色泡沫不见了。

韩湘子

第二天夜，韩湘子又来到海边，他吹着箫，思念着龙女，等了一夜，始终不见龙女出来。天亮时，一位老婆婆手拿一根竹箫来到韩湘子面前，她同情地对韩湘子说："小伙子，不要再等了。你心中的姑娘是龙王的七女儿，因她动了凡念私情，触犯了天规，已被关押起来。我是她的奶妈，她让我把这支神箫送给你，它是用南海普陀紫竹林中的一株神竹做的，可以帮助你解救危难。"韩湘子含泪接过神箫，连连道谢，老婆婆转身就不见了。

放话匣子

放话匣子

话匣子就是留声机，这个行当一般是两人搭档，一个肩上扛着大喇叭，一个肩背一个包袱，里面装的是木制的话匣子。用时，取出木匣子里硬胶木唱片，装在喇叭上，就可以放出各种美妙的声音。他们走街串巷地招徕生意。

这一行在清末民初的北方很流行。比如，谁家中办红事、寿事、堂会，叫放话匣子来，在亲朋好友中放上半天，凑个热闹；或是平民家中的老太太、女当家的在家中闲着没事，也到街上叫放话匣子来，拣些戏曲之类唱片放放，花钱不多，倒也很自在地娱乐。作为平民娱乐，话匣子人人皆爱，处处欢迎，所以出现了租话匣子这一行。这种时髦的东西在当时很稀罕，难以进入寻常百姓家。小贩买一台当作生意手段，则也可以养家糊口。

社会发展很快，话匣子经过一段时期后，逐渐退出历史舞台，一般殷实家庭也买得起。后来类似放话匣子的行当，发展成如今小贩出租影视光盘等行当了。

崇奉：洋人

1857 年，法国人斯科特率先提出了留声机的理论；1877 年，爱迪生完善了它，创造出录音装置。1855 年，美国发明家奇切斯特·

贝尔和查尔斯·吞特发明了留声机。

1898年,伦敦留声机公司生产出大喇叭留声机,由英国驻华公使最先带入中国。慈禧太后对这种洋玩意爱不释手。随机一同传入的唱片《洋人大笑》,逗得慈禧太后前仰后合,大笑不止。时至今日,那座漂亮的景泰蓝留声机在长春宫的寝宫内仍幽然发光。

歌女

歌女行当历史十分悠久。据史料记载，自汉朝起，市井就出现歌女。歌女一般分成高、低两种档次。高档的是为一些官府、富商、文人等服务的歌女，她们卖艺不卖身。当然难免也有一些会沦落到妓院等色情场所。低档次的，则是街头卖唱的歌女。旧时在茶馆、茶楼等市井热闹处，一老一少或一男一女，拉着二胡，配着女人的歌声。

歌女

歌女行当发展到了清末民初，一些大城市的街头、茶楼等娱乐场所经常能见到她们的行迹。之后，歌女逐渐退出历史舞台，而异军突起的是唱歌行当，其从业者被称作专业歌手、歌星，其性别亦不局限于女子，男子也可以加入了。

九天玄女

崇奉：九天玄女

传说九天玄女是西王母的弟子，她人首鸟身。黄帝大战蚩尤的时候，蚩尤布下了弥天大雾，让黄帝一筹莫展。西王母派遣九天玄女来支援黄帝，她乘丹凤，驾景云，身着九色彩翠的衣服来到黄帝面前，告诉黄帝："我行太上之教，有什么问题，可来问我。"黄帝叩头拜道："蚩尤残害天下百姓，海内怨愤，我想得到一战必胜的法术，为百姓除害，敢求恩准。”玄女就授给黄帝六甲六壬兵信之符、灵宝五符策信鬼神之书、制妖通灵五明之印、五阴五阳遁甲之式、太一十精四神胜负握机之图、五岳河图策精之诀等。黄帝用之，大胜蚩尤，天下遂安，百姓安乐如初。

歌女行当崇奉九天玄女，祈求保佑行业平安。

扭秧歌

扭秧歌（王继青绘）

秧歌是汉族具有代表性的一种民间舞蹈形式，主要流行于我国北方地区。因流传地区不同，又分为陕北秧歌、晋北秧歌、东北秧歌、河北秧歌、山东胶州秧歌和鼓子秧歌等。扭秧歌也有专业的行业组织，他们有时为行会庆典等欢庆场面演出，并要收取一定的费用。一般是舞者扮成各种人物，手持扇子、手帕或彩绸等起舞。在表演形式上开始和结束为大场，中场穿排小场。大场为变换队形的大型集体舞；小场是两三人表演的带有简单情节的舞蹈或歌舞小戏。大场子的表演人数 16 ～ 60 人，常用队形有“满天星”“八卦阵”“单双圆场”等 70 余种。过街场子的活动人数比较多，表演不分日夜，多在街巷一类场地表演。

每年正月初三至二月初二日是“踢鼓秧歌”的活动期，先由各村闹“小秧歌”“小场子”和“对秧歌”活动。到了正月十五日之后，便开始由几个村联合闹“大场子”，逐步形成春节文娱活动的高潮。

扭秧歌是中国传统的民间舞蹈，千年来一直作为大众喜庆的节目。有的地区将高跷、旱船、竹马、花鼓等歌舞形式也统称为秧歌。

崇奉：石敢当

舞蹈者

舞蹈在中国有着非常悠久的历史。甲骨文的“舞”字很形象化，好像一个人手拿两片羽毛在跳舞。古籍《吕氏春秋》记载春秋时期的民间，就有三人执牛尾为道具、边歌边舞的舞蹈。《礼记》中记载，我国古代孩童在十三岁时，就要学音乐、诗歌、舞蹈，而这舞蹈，史称“文舞”，与今天的健身操相似。

舞蹈者（王继青绘）

秦朝灭亡后，项羽设鸿门宴，命部将项庄舞剑，寻机刺杀刘邦。但被刘邦的谋士张良识破，没能得逞。唐高宗时，选180人排练上元舞，以备祭祀用。这个时候，从西域传入长安的“旋舞”，妙不可言，曾在宫廷风靡一时，供皇帝享乐。唐玄宗时，教坊有个王大娘，善顶竿舞。王大娘将杂技与舞蹈融于一体，赢得阵阵喝彩。

而中国各少数民族的舞蹈，各具自己的民族风格和特色，更是丰富多彩。

舞蹈者是专业的行当，此行当至宋代已进入鼎盛期，舞蹈者从皇宫已走向民间。

舞蹈者行当保持至今，现在的舞蹈已上升为艺术，成为无言的“世界语”了。

崇奉：唐玄宗

舞女

舞女，是民国时期以伴舞为职业的女子，虽然她们穿戴华丽衣裙，出入高档的酒店、娱乐场所，但是她们的大多数都是靠姿色去挣“青春”钱。那时，广州、上海、天津、北京等大城市，随着西洋舞的传入，出现了不少舞女。当时，有一首唱舞女的歌，反映了她们职业的写照：“打扮得妖娇模样，陪客人摇来摇去，红灯绿酒闪闪烁烁，使我心伤悲泣。谁人会了解舞女的悲哀，心中流着眼泪，面上挂满笑意。跳舞的脚步不住地搓动，不知所云的甜言蜜语。且不管拥抱的是谁，权当作一场梦魇。”

舞女

褒妃（王继青绘）

崇奉：褒妃

褒妃是中国史书中记载的最早的一位歌舞女子，她是周幽王最宠爱的妃子。昏君周幽王为博得褒妃的一笑，竟把军事上用来报警、传递信号的烽火台当儿戏，结果落得被杀的结局。周幽王为何拿自己的性命开玩笑呢？据说，褒妃人长得非常美丽，舞跳得更让周幽王倾倒。西周以降，著名的舞蹈常见诸史书，如六幺舞、胡旋舞、兰陵舞、霓裳羽衣舞等，五花八门，不胜枚举。历代也出现许多舞蹈家，但与近代所谓“舞女”是截然不同的。

唱鼓书

唱鼓书

唱鼓书的大致分为京韵大鼓、西河大鼓、梅花大鼓、乐亭大鼓、东北大鼓、山东大鼓、北京琴书等十余种，主要流行于中国北方诸省、直辖市的广大城镇和乡村。它的表演形式是演唱者本人自行击鼓、笃板，并配以一至数人的乐队伴奏。伴奏的主要乐器为三弦，或是四胡、琵琶、扬琴等配合。演员自击的书鼓形状为扁圆形，两面蒙皮，置于鼓架上，以鼓楗敲击。手执的板有两种，一种是两块檀木板，另一种是两块半月形的铜片，叫作“鸳鸯板”。鼓书中有中篇、长篇之分。短篇的只唱不说，中、长篇则有唱有说。人们往往称唱短篇的为唱大鼓，唱中、长篇为大鼓书。

鼓书起源于明代，当时只是雏形，一般以当地民间小调及地方小调为主，颇受群众欢迎。鼓书正式形成是在清初顺治年间，满人入主中原后，深知汉民不服，除了武力统治外，还很注重政治宣传。于是，清政府组织艺人专门培训，演唱的材料由专人编写，这一文化机构叫作票房。经培训后的艺人，由府里开具龙票一张，类似介绍信。艺人揣着龙票，走到指定县去宣传演出。县衙见到龙票后，会派专人接待，安排食宿，并组织百姓去听鼓书的演唱。内容无非是吹捧清政府如何顺应天命，入关是为了帮百姓过上好日子等。这些艺人称为票友，领着政府的一份钱粮，为朝廷效力。这种官办说书的体制直到道光时期才被撤销，鼓书艺人由此走进了民间。他们收徒传艺，在书场庙市、茶楼酒店，及至出城下乡、跑码头，随处演唱。与此同时，也涌现出了以刘金宝、白云鹏、张小轩为代表的三大流派。其中以刘金宝的艺术造诣最高，贡献最大，时人称其为“鼓界大王”。

崇奉：箫史

箫史（王继青绘）

根据西汉刘向的《列仙传》，箫史是秦穆公时人。相传箫史不但文章写得好，而且歌唱优雅，善于吹箫。其歌声、箫声常引来孔雀、白鹤驻足倾听。他的多才多艺得到了秦穆公女儿弄玉的钟情。穆公便命令大臣孟明做媒，使两人结成夫妻。耳濡目染，弄玉也爱上了歌唱，学会了吹箫。她的歌声、箫声竟引来了凤凰上下起舞，一时轰动天下。穆公听说后十分高兴，就建了一个凤台，供他们夫妻同住。忽然有一天，他们夫妻俩随凤凰飞往天上去，空中时时传来悠悠动听的歌声和箫声。

唱鼓书行当，因据说每年农历三月初三是箫史成仙之日，就在这一天举行祭拜纪念的仪式。该纪念日的日期北方各地不一，有的是农历五月初五或农历七月初七等。

打连厢也叫“打霸王鞭”。据专家考证，这种街头表演的形式发源于江苏徐州一带。

打连厢（王继青绘）

所谓霸王鞭，是一根1米多长的竹竿，两端各钻空两对直径3厘米多大的孔，每个孔内都镶有一对铜钱。据传说，西楚霸王项羽当年在戏马台前驯马时，用的是一种缀铃的竹鞭，样式与此相近，故而得名。艺人用此鞭有节奏地击打身体的不同部位，演唱歌曲故事，载歌载舞，娱己娱人，可听可赏，活泼有趣。

明清时期，打霸王鞭是农村荒灾时河南妇孺作歌行乞的一种手段。20世纪50年代，打霸王鞭发展成一种民间娱乐形式，几乎与扭秧歌、太平鼓一样，妇孺皆会。

如今“霸王鞭”已是中国城乡常见的歌舞表演形式，流行于我国北方和中南一带，只是不同的地方有不同的称呼，如“打连厢”“九子鞭”“打花钱”“金钱棍”“敲金杠”等。

从事此行当的艺人，不断推陈出新，更见匠心，除了在竹竿上穿铜钱外，还在竹竿两端安上彩色鞭穗。有用麻制的，也有用红绸、丝线制作的。舞动时不仅可以听到铜钱撞出的“哗哗”声，更可欣赏彩穗飞舞的热闹场景。由此可见，从打连厢到打霸王鞭，其行当经历了一个相当漫长的变化过程。

崇奉：黄飞虎

黄飞虎

黄飞虎是周武王手下的大将。商朝末代君主纣王穷奢极欲，设肉林酒池，荒淫无度。他又实行严刑酷法，人民怨声载道。但是纣王崇尚武力，多才多艺，要打败商朝还不是一件容易的事。周武王继位以后，全力投入灭商计划。他任用文武双全的姜太公为军师，用周公姬旦为宰辅，夜以继日策划灭商大计。黄飞虎原是纣王部下，他看不惯纣王的昏暴，纣王杀了贤臣比干，挖出比干的心脏让众人看，纣王还关押了箕子。面对纣王惨无人道的暴行，黄飞虎忍无可忍，终于起兵造反。黄飞虎施了一计，他化装成百姓模样，麻痹纣兵，用打连厢的形式，混出关外，最终聚集兵力，与周武王合力推翻了纣王。

于是，黄飞虎成了打连厢行当的祖师爷。

284

宣卷

宣卷

宣卷俗称“讲经”，也称“讲善书”。讲时用“白”，即散文；唱时用“倡”，也叫“吟”，即韵文。把散、韵两种文体结合在一起，以宣传佛教教义和劝人为善，后来逐渐演化成一种近似曲艺的形式。

据《中国大百科全书》释文：“清同治、光绪年间和民国初年，宣卷扩展到江南的上海、杭州、苏州、绍兴、宁波等城市为中心的广大地区。”说唱宣卷作为一个行当来讲，参与其事的虽也有僧、尼、居士，但更多的是以此为生的艺人。艺人的介入更丰富了宣卷的内容、曲调和娱乐性。

宣卷有时也分生旦净丑各种角色演唱，但宣卷调无行当及男女腔之分，主要是运用不同的音色来表演各种人物。当其中任何一人敷唱文辞时，观众也可以帮唱“南无阿弥陀佛”。

宣卷艺人均非专业，行中有“父不传子”之习。宣卷调简单流畅、易于上口，演唱时可以翻阅卷本，照本宣科，爱好者稍有基础即可应邀演出。所以，在旧时参与宣卷演出的人不少。

随着历史的发展，宣卷行当早已不复存在。

崇奉：罗将军

罗将军是春秋战国时齐国田单的部下。罗将军心地善良，对部下十分关怀、体贴。有一次，田单用了火牛阵，杀得敌军血流成河，尸积如山。然而，他的下属兵卒也死了不少。罗将军见此惨景，十分不忍，一时起念，立即放下屠刀，旋即隐居山中，后来他倡立了“无为道”。无为道除了静修悟道之外，还利用民间故事，劝人为善，讲的都是“善有善报，恶有恶报”的因果报应学说。其后，他的弟子们就以“解经讲书”的形式，四处云游讲书。直至中晚唐时代，就形成了有“白”有“唱”的宣卷了。

说相声

说相声（王继青绘）

说相声是属于我国曲艺类的一种行当。据考证，一般认为相声是清朝同治年间由民间说笑话演变而成。相传当时曲艺有两种表演方法：一是学大姑娘、老太太、哑巴、聋人四种人的动作，叫作“学四相”；二是学山东、山西、北京城里、北京城外四地的方言声音，叫作“学四声”。四相和四声表演时生动风趣、滑稽幽默。有的表演者还将四相和四声综合运用，使之相得益彰。如此久而久之，人们就把四相和四声结合运用的曲艺形式叫作“相声”了。

旧时北京天桥下常有艺人说相声，虽是逗乐了观众，但相声艺人地位低、收入少。只有在新社会，说相声行业被政府高度重视，成为我国优秀的曲艺品种被保存、整理、挖掘、继承，并弘扬光大。许多说相声的艺人成为人民的艺术家，受到广大观众的喜爱。

崇奉：唐玄宗

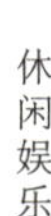

串双簧

串双簧

串双簧是两人搭档演出的一种曲艺行当。演出时道具十分简单，一个坐前者扮小丑相，不说不唱，只按躲在他身后者的说、唱来表演各种动作。前者“发词卖相”，后者“说学逗唱”，要配合得好。有时故意出岔，引起观众哈哈大笑。串双簧是北方人的叫法，南方地区则叫“唱双簧”。据有关史料记载，串双簧起源于宋朝的“瓦子勾栏”表演。瓦子是当时的游艺性场所。其中还有各种各样的服务行业，热闹异常。在瓦子中，表演说话的地方叫勾栏和棚，勾栏是用栏杆围成的游艺场所。所有的技艺都在棚内表演。北宋时期汴京的瓦子勾栏很多，大小不一，各有特色。当时，汴京最著名的瓦子有桑家瓦子、朱家瓦子、新门瓦子、保康门瓦子、州北瓦子、州西瓦子等。

在勾栏中的说话表演一般分成四类：小说、谈经、讲史书、商谜，统称为“四大家数”。相声、串双簧等语言类曲艺行当就是从这里演变而来的。

崇奉：张山人

张山人，山东兖州（今济宁市兖州区）人，宋代著名艺人。他擅长说诨话，年轻时就从家乡来汴京谋生。

张山人以作十七字诗著名，他的诗虽然脱不了俚俗之气，但是蕴含机智幽默于其中，且又长于讽刺。所以，他所到的地方，达官贵人总是馈之以酒食钱帛，以免遭讥。正是由于张山人的这种善于作嘲笑达官贵人的十七字诗的风格，所以，他也免不了招惹是非。据记载，有一个朝廷大官死了，有人作了一首十七字诗进行嘲弄。官府悬赏捕捉诗人。有人怀疑诗是张山人所作，开封府尹就将张山人捕来讯问。机灵的张山人在府尹前坦言道："我在都城已经谋生三十多年，作十七字诗是为了挣钱糊口，怎么能拿自己的饭碗开玩笑，去嘲弄朝廷大臣呢？况且就这个题目让我去写，我也不会写得这么糟糕啊！"听了他的辩解，府尹大笑，放他而去。张山人老年时已力不从心，不能再从事此职业了，最后死在打道还乡的半路上。幸亏道边有人是他的老相识，买了一叶苇席，将他葬在了道边小店旁的高处，并用木牌表明此墓葬的乃是有名的说话艺人张山人。后来有个过路的年轻书生，听人说起张山人倒毙道侧，苇席下葬的事，很是感慨，也模仿张山人作了一首十七字诗：

此是山人坟，过者尽惆怅。两片芦席包：敕葬！

这首诗是对张山人一生处处嘲笑他人、老来潦倒的反嘲，也从一个侧面说明当时艺人的悲惨境地。

唱戏

根据史料记载来看，在隋代就有类似唱戏的行业了。隋代诗人薛道衡写道："万方皆集会，百戏尽来前。临衢车不绝，夹道阁相连。"可见那时演戏的盛况。到了唐开元二年（714年），"玄宗于听政之暇，教太常乐工子弟三百人为丝竹之戏，号为皇帝弟子，又云梨园弟子，置院近于禁苑之梨园"。这是我国历史上第一所既培训演员又进行演出的音乐、舞蹈、戏剧综合学院，而唐玄宗自己便成了院长。梨园中人才济济，有编撰人员、有音乐家、有表演艺术家，他们都有很高的文化。编撰人员虽不固定，但唐玄宗经常有诏令当时的翰林学士或其他著名文人编撰节目。唐玄宗自己也亲自创作加工整理过一些节目，如《甘州》《霓裳羽衣曲》等。

自唐之后，唱戏行业在中国各地兴起。各类戏曲剧种达上百种之多，如较有名的昆剧、京剧、越剧、沪剧、甬剧、婺剧、豫剧、话剧、歌剧……还有不计其数的各地方小戏剧种。中国地大物博，人民大众的文娱生活除了音乐、舞蹈外，就是唱戏了。旧时唱戏行业即使出了名，成了赫赫有名的大角，在世俗的眼中，既是高不可攀的明星，也被贬称为"戏子"。

时代不同了，如今唱戏行业被称为"戏曲界"，属文艺范畴。演员宗旨是为人民服务，不少著名演员被称为"艺术家""国家级演员""表演艺术大师"，他们的地位发生了翻天覆地的变化。

崇奉：唐玄宗

京剧

京剧（王继青绘）

京剧是中国国粹。但实际上，京剧行业的发展历史仅200年左右。它是由清代徽班进京演出后，融合其他剧种长处，发展而来的。京剧分旦、生、净、丑等角色，到20世纪初叶，形成了分别以谭鑫培、孙菊仙、汪桂芬为首的三大流派。以后又有新人涌现，人才辈出。有周信芳的“麒派”、俞菊笙的“俞派”、杨小楼的“杨派”、盖叫天的“盖派”和黄月山的“黄派”……京剧原来始终以生角行当为主，后来从梅兰芳开始创立了“梅派”，接着“尚派”（尚小云）、“程派”（程砚秋）、“荀派”（荀慧生）一起形成四大旦角流派。他们大胆革新，从唱、念、做、打并重，到服饰、造型、布景等顺应时代潮流和观众欣赏需求，把京剧艺术推向大众化，京剧到了民国时期群星璀璨。

崇奉：程长庚

京剧鼻祖程长庚系安徽潜山人。当时，清朝宫廷要徽班进京唱戏，程长庚是徽班出身，在三庆班当班主，并任主要演员。他工老生，与春台班余三胜、和春班张二奎合称“老生三杰”和“三鼎甲”。程长庚率班进京唱戏，一炮打响。他改革了徽戏，声腔中融合了其他进京剧种的长处，发展成独特的京剧。程长庚演戏极为认真，即使是老戏，也常出新招，令人百看不厌，而且对戏班内其他演员要求

程长庚（饰鲁贵）

也极为严格，演出时如出错，事后严加斥责，但在台上从不给人难堪，被称为极有戏德。在他的影响下，名小生徐小香、名净何桂山、兼擅编剧的老生卢生奎等荟萃三庆班，堪称人才济济，盛极一时。程长庚管理三庆班，班规严整，井井有条，他办事公正，以身作则，威信很高。同治帝去世时，因是“国丧”，名戏班不准在北京城内戏院演戏，只准在城外饭庄说白清唱，因而大多数戏班皆临时解散，让演员各寻生路。只有三庆班一切照旧，改在城外天和馆开演。程长庚每天到场，亲自指挥，所得戏资全归公用，不纳入私囊。程长庚名声很大，找他外出串戏的很多，但他婉拒了，理由是：“我若应外串之召，自谋诚为得计，其如本班众人何？”即使是达官贵人邀请，或是严词相逼，他也拒不从命。程长庚从道光、咸丰，直至同治年间，长期主持三庆班，因其崇高人格和艺术上的卓越贡献，故被称为“徽班领袖，京剧鼻祖”，成为中国戏曲史上一位划时代的杰出人物。

看西洋景

西洋景从西方传来，时间在清朝道光年间，始于广州，后向内地传播。西洋景者，又称“西洋镜”“拉洋片”，是旧时游艺中可以看到的一种行当。它是画在画布、画板上的大图片，一般是12张到20张为一套。观看时，客人坐在条凳上，小贩用四条腿的大箱子，正面有三个小窗子，观者通过它，能看到各色各样的风景、山林、楼台等。小贩根据箱子里的内容，一边唱着，一边拉扯提绳操纵换片。后来又发展到运用光学原理，在望孔处加一块透镜，使目光集中，所看到的画面光线分外明亮，从而使景物全然一新，其新奇性大受观客喜欢。

有的经营小贩为追求盈利，搞些刺激，弄些黄色的“春片”来吸引观客。因败坏风气，常被政府取缔。传统的行当还是保留下来，健康的内容仍要弘扬。如现今上海城隍庙近九曲桥处，看西洋景的行当仍有，每天吸引不少国内外游客饶有兴趣地观看。

崇奉：关公

看西洋景行当虽是从西洋传入中国的，其祖师爷应该是洋人，但这个行当的小贩不去崇奉洋人，他们还是崇奉中国传统的武财神关公，以求平安发财。

木偶戏

木偶戏

中国木偶戏行当起源于春秋时代，最初是由一种设有机关、可以跳跃的木偶演变而来，木偶戏起初只是一种用于丧葬祭祀的丧乐，是娱鬼的。到了汉代末期，才用于祝颂喜庆嘉会，演变为娱人的艺术。到了唐宋时代，木偶戏盛况空前，还传到日本等国。明清以后更为普及，全国各地都有，成为老百姓喜闻乐见的民间艺术。

过去，人们常看到一种扁担木偶戏，表演者是一些流浪艺人。一根扁担两只箱子，挑在肩上走街串巷，吸引了许多小观众，围着看木偶戏。表演时，艺人从箱子里取出布幕往扁担顶上一挂，然后把扁担插在箱子上，一个小戏台就搭好了。艺人躲在幕后，一边双手操纵木偶表演，一边脚踩着锣鼓点，嘴上还随着表演动作又说又唱，十分有趣、逗人。后来发展成规模化，木偶戏为木偶艺术剧团演出。运用现代声光设备和表演特技，木偶面部五官及身躯各个关节都会活动。不仅木偶的肤色、服装看上去像真人一样，而且还有特殊的本领，如木偶可以发光、出火、喷烟、流水等。令人叫绝的是，木偶还可以与真人演员配合一起演戏。

1988年中秋节，在中国泉州举办“国际木偶节”。世界各种传统木偶汇聚一城，盛况空前。各国木偶艺术家们无不为中国木偶独特的艺术魅力所倾倒。中国木偶戏是中华民族的一枝艺术奇葩，而且已成为世界艺术之林中的瑰宝。

崇奉：陈平

陈平是汉高祖刘邦的一位谋士。相传刘邦被匈奴冒顿单于率领的大军围困在平城，双方兵力相差悬殊，刘邦外无援兵，内无粮食，十分危急。城正面是冒顿单于阏氏（匈奴语，“妻子”之义）率领的军队，十分强大。在紧急关头，谋士陈平向刘邦献上一计，他对刘邦说：“冒顿单于好色，而他的阏氏非常善妒，利用此矛盾，可使其退兵。”刘邦大喜，叫陈平将其妙计一一道来。原来，陈平令人赶做了许多木偶女郎，个个漂亮，安上机关，穿上美丽的衣服，在城上翩翩起舞。果然，阏氏一见城中有那么多美女，顿时起了妒心，恐怕破城后，冒顿会纳这些美女为妾而使自己失宠，于是马上就引兵退去，刘邦乘机逃出城去。

291

皮影戏

皮影戏

皮影戏起源于宋代。宋人吴自牧《梦粱录》、孟元老《东京梦华录》、周密的《武林旧事》等书中都已有关于皮影戏的确切记载。宋代皮影行当已相当常见，在北宋京城汴梁（今河南开封）已有专门制作皮影的行当，街巷已设有供人观看皮影戏的棚子。到明清时代，皮影戏已成为民间喜闻乐见的艺术形式。皮影戏行当中，陕西皮影戏有东、西、南三路之分，相当专业。北京皮影戏分东城、西城两派，各有特色。此外，河北、山西、甘肃、四川、江苏、浙江、上海等各地的皮影戏都有不同的风格。中国皮影戏艺术还传播国外，13—14 世纪时，已传到西亚，以后又传到泰国、缅甸、马来西亚等国。18 世纪来华的传教士把中国皮影戏介绍到欧洲，使皮影戏走向世界。其演出的节目均是老百姓熟悉或喜欢的传统节目，受到人们广泛喜爱。它以京戏或各地地方戏为基础，人物角色也分生、旦、净、末、丑、魔怪等。皮影戏代表作有《西游记》片段、《霸王别姬》、《白蛇传》、《西厢记》、《宝莲灯》等。

皮影戏又叫“影戏”或“灯影戏”。演出时以白绸为屏幕（又称“影窗”），用灯光把皮影照射在屏幕上，表演者在幕后操纵皮影（与操纵木偶相似），并配以音乐和说唱。皮影犹如一种大型剪纸，只是用料以牛、驴、羊皮替代纸，制作工具亦以刻刀雕镂。在造型上与古代民间剪纸艺术有着相通关系。宋代皮影戏是用“素纸雕簇”，以后为了在演出时更为牢固，才发展为“彩色装皮为之”。自从使用了皮子以后，影戏就逐渐被称为皮影戏了。

崇奉：少翁

传说汉武帝十分喜欢爱妃王夫人。王夫人不仅容貌姣好，而且能歌善舞，多才多艺，琴棋书画样样在行。汉武帝常与她饮酒作乐。可是好景不长，王夫人患了重病，天下名医都来诊治，但都无能为力。汉武帝非常着急，眼看王夫人容颜一天比一天枯瘦，病越来越重，可大伙束手无策。王夫人在弥留之际，断断续续地对汉武帝说，她死去之后还会常来与汉武帝以影相伴，汉武帝“但可遥望之，不可近视之”。王夫人去世后，汉武帝悲痛万分，每当夜深人静时，格外思念王夫人。日复一日，思念日益加深，已到了心情郁闷、饭菜不香的地步。众大臣担心如此下去会损害汉武帝的健康，于是商量决定用重金向天下招募能有办法医治汉武帝心病的人。当时有一位名叫少翁的奇士，毛遂自荐。据传，少翁已有两百多岁，常年在深山中炼丹，法力很强，能通神灵。少翁在王夫人原来的卧室内点亮灯烛，床前挂起白色的帷帐，并在床前置以案几，备上酒菜。少翁用纸剪出王夫人的形象，用灯烛把剪纸映照在帷帐上，派人向汉武帝禀报，说王夫人已坐在帐内候之。汉武帝听说王夫人“下凡”，兴奋地赶来，远远望见王夫人侧影，激动地连连自语：“偏何姗姗其来迟？”汉武帝进入屋内还未到床前，只见所有灯烛突然熄灭，黑暗中似有一股青烟向窗外飘去。待汉武帝令人把灯烛再点亮时，只见床上空空如也，王夫人已无影无踪。汉武帝猛然想起王夫人临终前所说的话“但可遥望之，不可近视之”，后悔不已。三天之后，少翁故伎重演，汉武帝这次只在远处遥望王夫人形影。三更过后，王夫人形影渐变淡以至消失，汉武帝也进入了梦乡。就这样，汉武帝的心情好转起来。他赐给少翁很多钱财，并封他为文成将军。

电影

电影是一门综合的艺术形式。它虽然历史短暂，而且是西方的舶来品，但它很快成为“最重要、最大众化”的艺术门类。

电影

1896年8月11日，在上海徐园内的“又一村”首次上映了电影，时人称“西洋影戏”。此后，在上海、北京、天津等地，也时常有电影放映，不过放的全是外国片子，放映地点设在一些茶楼、酒馆、茶园里。直到1908年，西班牙人雷玛斯在上海用铅皮搭建了第一座内有250个座位的影院，之后上海又陆续建成“大光明”“大上海”两家著名影院。随着国产片的诞生、发展，影院越来越成规模，而且影片公司也如雨后春笋般地纷纷而起。据统计，1925年仅上海一地就有140余家。刚起步时的电影是无声电影，这种无声电影延续了20年左右。直到1930年，国产电影《野花闲草》有重大突破，片中的阮玲玉和金焰演唱了《寻兄词》，这是中国电影第一次发出自己的声音。

电影也推动着社会的文明进步，从中国人拍摄的第一部文武老生戏——《定军山》，把京剧泰斗谭鑫培的艺术形象搬上银幕，到之后拍摄了大量的反映现代生活或武侠奇情的《贾瑞生》《火烧红莲寺》《玉梨魂》《风流剑客》《三个摩登女性》《大路》《夜半歌声》《一江春水向东流》等影片，培养造就了一大批影星，如胡蝶、阮玲玉、张织云、白杨、舒绣文、王人美、周璇、金焰、赵丹等，他们为中国电影事业作出了重大贡献。

崇奉：本杰明·布拉斯基

1909年，美国人本杰明·布拉斯基从纽约来到上海，在外白渡桥西边香港路1号创办了中国第一家正规的电影公司——亚细亚影戏公司，并拍摄了《中国风景》《沪上街市》等短片，轰动上海滩。布拉斯基为中国电影事业作出了贡献，并为中国电影事业培养了最初的导演、编剧及演员，如我国电影开创者张石川、郑正秋等就是从这里开始了电影生涯，他俩合作拍摄了我国第一部故事片《难夫难妻》。此后，张石川、郑正秋等人一发而不可收。1922年，郑正秋同张石川等合作创设了明星影片公司，以拍摄《孤儿救祖记》一举成名。此后专注于明星公司的经营，为明星公司成为中国电影界的老大奠定了基础。

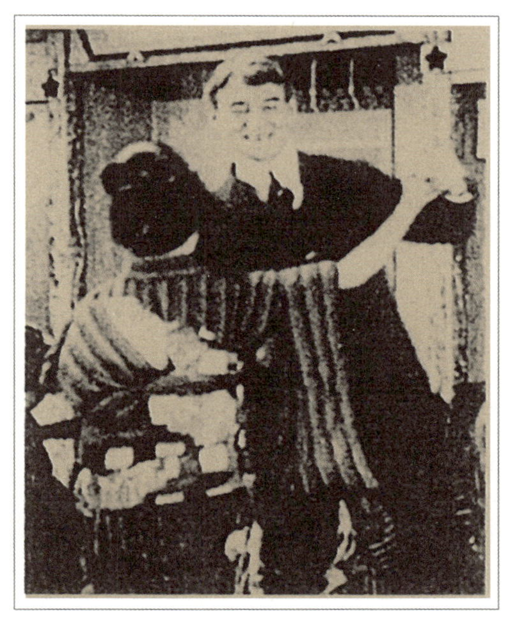

本杰明·布拉斯基（在影片《美丽的日本》中饰演角色）

美国人本杰明·布拉斯基来上海，尽管他的目的是为了商业利益，但还是对中国电影事业起了重大的作用。

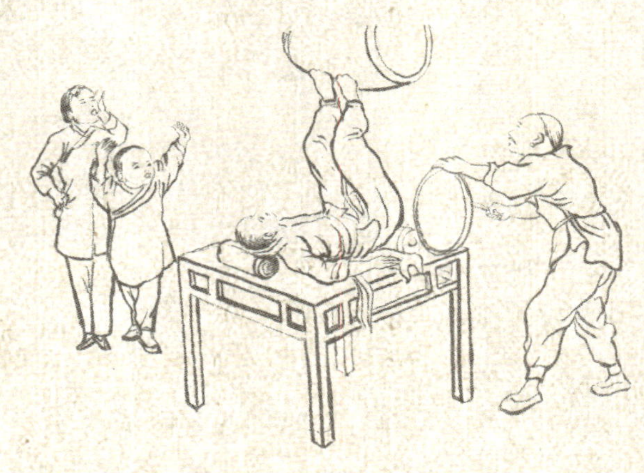

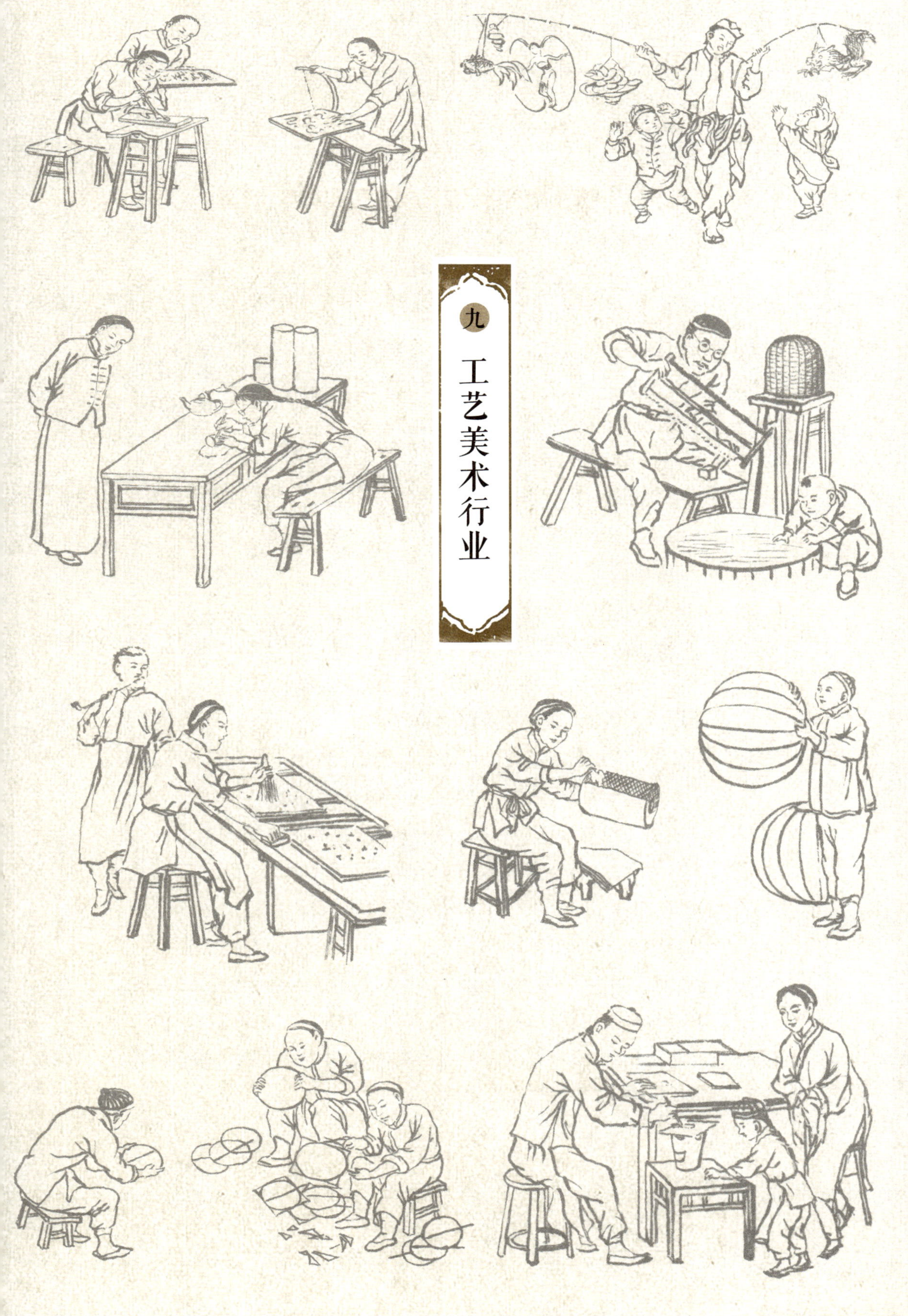

九 工艺美术行业

293

印年画

印年画（王继青绘）

“过新年，贴年画”，是我国的一种民俗，早在北宋时期，就十分流行了。因此，印年画行业的产生也有很长一段历史了。

印年画的版，都是由硬木雕制而成，也称木版年画。画坊技师根据画师所提供的粉本，拓印在木板上，雕成印模。印制中，印刷台面是两条案子对接，中间留有一条间缝。右案按一定规矩固定雕版；左案夹好一叠白纸。印刷者坐正中，在印版上刷好颜色，一手翻纸覆于版上，另一手持棕刷刷印。印毕揭开，自案间缝中放下。如果多色印刷，则将右边的印版拆下，另换新版。再重复一一印来，直到各色套印完毕，这样，一幅美丽的画品就完成了。

从年画粉本绘制，到雕版、印刷都是由手工作坊式的生产来完成。印年画，内容丰富多彩，有历史故事、民俗民谚、戏曲人物、花鸟虫鱼、神仙、山水……人们喜闻乐见的题材尽入画图之中。年画是中国非物质文化遗产之一，深受广大群众喜爱。因年画薄利多销，占领一定市场。民国之后，日本、西欧的石印技术相继传入，木版手工制印的年画也就逐渐退出历史舞台。但是，木版印刷技术保留下来，在民间一直流传不衰。天津的杨柳青、山东的潍坊、苏州的桃花坞、四川的绵竹等都是出品年画的名镇。

崇奉：颜真卿

颜真卿是唐朝著名的书法家，颜真卿的楷书为中国四大楷书之一，称为“颜体”。

颜真卿

颜真卿聪明好学，后来中了进士，做了太子的老师。他不但学问渊博，还写得一手令人羡慕的好字。他的字被后世之人临摹至今。唐德宗时，李希烈叛乱，颜真卿奉皇帝之命，前往蔡州劝说李希烈，不料被其杀害。颜真卿临走时曾叮嘱过儿子：“我这次去，可能不会生还，你一定要接回我的遗体。我曾服过高道赠我的仙药，你最好启棺看看我的尸体，肯定与他人不同。”李希烈叛乱被平定之后，他的儿子来迁丧，打开棺木一看，发现颜真卿的手脚仍然很柔软，头发胡须乌黑，大家都以为他已入仙境。颜真卿后来被道教奉为北极驱邪院的左判官。民间把他奉为驱除邪魅之神。

颜真卿生前是位书法家。书画不分家，印年画行业自然崇奉颜真卿了。

杨柳青年画

年画是民间百姓欢庆新春佳节时用到的一种绘画。唐宋以来的雕版、木版画已很盛行。杨柳青地处天津西部，景色秀美，有“小苏杭”之誉。杨柳青年画是我国著名的年画之一，有其独特的风格，所画人物、花卉、山水等生动真实，线条工细挺健，设色鲜艳雅致，适合大众的审美观，画面多为吉庆内容，或是民间传说故事。在杨柳青古镇，参与绘刻行业的百姓极多，有诗句赞美道：“家家都会点染，户户全善丹青。”此外，杨柳青地区还有个大画铺，仅专业户戴廉增一家每年印制年画就有 100 万张，销往各省、县，在当时的情况下，堪称惊人。自年画成为专门行当之后，画店之间就形成了商业竞争，尤其是西方资本对民族手工业的竞争和威胁，直接影响到杨柳青年画的生产，石印画的传入对其具有极大的冲击性，年画不得不降低成本，一度走上了粗制滥造的衰落道路。

杨柳青年画

幸运的是，中华人民共和国成立后，杨柳青年画在党和国家的扶植下，至今仍保持其特色和风格，销路广泛，品位提高，质量上佳，深受国内外消费者青睐。

崇奉：高桐轩

杨柳青年画具有一大批高手画师，其中，高桐轩声名最著。

高桐轩，名荫章，字以行，河北杨柳青镇人。自幼爱画，擅长为人写真，三十二岁时，被征入清廷如意馆，为慈禧太后画像。他画的肖像栩栩如生，让人叫绝。由于高桐轩是一位较有文化修养的画师，因此在画艺上也汲取了文人画的长处，为其他画师所不及。他六十岁以后回原籍，致力于年画创作，开设雪鸿山馆画室。他善诗词，有文人画之雅，又具画工之精，独见风韵，流传至今的佳作有《踏雪寻梅》《庆赏元宵》《春风得意》《瑞雪丰年》《文姬归汉》《三顾茅庐》等。

卖春画

卖春画（王继青绘）

卖春画（即男女性爱图）也叫“卖春宫”“卖避火图”。自明清以来，贩卖春宫图的行街小贩都是夫妇同行，妻子背着画，丈夫推荐售卖。这是一种很特殊的行业。历代市井民间乃至宫闱巨室的春宫画，既有淫秽内容，又有着性文化内涵。旧时女孩出嫁前，母亲或嫂嫂授以春宫画册，压在嫁妆的箱底之下，看春宫画成了那个时代性教育的一种方式。

由于崇尚“男女和合，多子多孙，平安祈福，诸事顺利”，春宫画册又在一些人眼里成了象征吉利之物。

在旧社会，商家在柜台、账房、栈库的秘密处放置春宫画册，言为“避火”之用，这就是春宫画又称“避火图”的来由。原来传说中的火神是一位老姑娘，她视男女房事最为龌龊，一旦有所察觉，就避到远处。因此，放春画以避除火灾，成了一些商家的习惯。

崇奉：素女

素女是中国古代神话中的女神，传说她善房中术，曾受到黄帝重用。

指画

指画

指画是以手指蘸墨作画。这是中国绘画艺术中的一绝。指画一般以山水、花鸟、人物等国画为主，其表现出的神韵让人倾倒，赞叹不已。

指画行当，作为画坛的一种流派，已形成一个专门职业，吸引着无数爱好者。当然，一幅好的指画价格要远远高于一般的画作。

崇奉：高其佩

高其佩是清初画家。他从小习画，临摹别人的作品达十多年之久。在此期间，他的画稿虽多，但缺乏创新，更谈不上自成一体。

一次，他做了一个奇异的梦：一老翁把他引到一间空房里，四面都是栩栩如生的壁画。他很高兴，想把那些画临摹下来，但室内只有一盂清水。他只好用手指蘸着清水临画。醒后，梦境中的画依然在他心里。他立即拿起笔墨，想描绘出来，但怎么也达不到梦境中的效果。于是他以手指蘸墨作画，边回忆梦境边信手涂抹，竟然运用自如。

一种新画法新画种就此诞生了。高其佩的指画曾在康熙、雍正年间风靡一时，形成一个流派、一个行业。指画行当，至今还保留着。

高其佩（王继青绘）

297

漆画

漆画

漆画行业历史悠久，早在战国时代就出现了成熟的彩绘人物漆器，考古出土的许多楚国漆器，都绘有精致的漆画装饰。汉代漆器承袭楚国之风，形象简练，笔法粗犷，线条流畅。马王堆汉墓出土的大量精美漆器，反映汉代漆画技术已达到极高的水平。三国及魏晋南北朝时期漆器业发展处于低潮，但有些地区，如三国时东吴的漆画业仍在发展。

漆画是一种用漆绘在器物上的装饰画，有特定的题材，表现一定的主题。它使用的材料独特，在描绘方法上亦不同于我国古代的壁画、帛画和卷轴画。漆画在我国古代绘画领域独树一帜。

漆画在漆器工艺中起了很大的作用，它具有色彩绚丽的装饰效果。从战国到明清的几千年中，漆画发展高低起伏，绵延不断，现在，漆画已发展成为绘画与工艺美术相结合的特殊品种——“现代漆画”，以四川研磨彩绘漆画最具特色，闻名国内外。如今，这一古老的传统手艺，依然焕发着绚丽的异彩。

崇奉：黄帝

画肖像

古时没有照相机，只有专为活着的人画肖像的，称画师；为亡故之人绘制遗容，则俗称“画喜神”，也叫作“揭帛”。

画肖像（王继青绘）

古代为活人画像较少见，倒是画亡人多。画亡人肖像，在灵堂供奉或供亲人追思之用。形式有全身大影和半身卷轴之分，收取酬金不薄。这一行画师的技术很过硬，因为他们是在众目睽睽之下工作，画技不高是难以担当此业的。由于古代祭祀祖先时，要供奉牌位。皇室宗亲和富裕之家，都要为祖先追画遗容，岁时展敬。画肖像就成了一个专业的行当。

明朝皇帝朱元璋长相很丑，有画师如实画他，画好后被认为是“丑化皇帝”，而被杀了头。其他画师怕了，就美化了朱元璋，画好后又被认为是“欺骗皇帝”，也被杀了头。后来有一个聪明的画师，他画了一幅“七分像朱元璋，三分像汉高祖刘邦”的肖像，结果大受朱元璋的赞赏，称其“画技高超”，还奖励了这位画师许多金银。

画师虽是一行凭本事吃饭的职业，但在旧时真正能站稳脚跟、赚取大钱的是不多的。到了清末民初，由于照相业的发展，大大冲击了画肖像行业，不少专业肖像画师便转业成了一般的职业画家。

崇奉：王绎

王绎的《杨竹西小像图》
（与倪瓒合作）

王绎是元代非常出名的肖像画家。他从小聪明，酷爱画图，尤其写生山水、花鸟，令人叫绝。成人后，王绎的画技更加成熟，以写真、画人物为主。他的画特别重视形似，也讲究神气。

王绎著有《写像秘诀》一书，文字不多，极为精简。书中将面相特征归纳为“田、由、国、用、目、甲、申、风”八个字，成为八格，亦即总结出八种相貌外形，并教导面相染色法及衣着器物如何配色。此书是现今存世最早的一部专论人物肖像画法的著作。王绎对中国肖像画的传统画法作出了很大贡献。

卖烟画

卖烟画

烟画是19世纪70年代销售香烟时烟包内附赠的一种小广告画，一面印着精美的风景、人物、戏曲、故事、飞禽走兽、花鸟山水等，反面则印有出品公司的说明和广告。

卖烟画成为一个行当，与当时的南洋兄弟烟草公司有关——它将烟画与“奖券”拴在一起，号称只要收集全套烟画者，将有丰厚的奖励。如当初印刷了一套《封神榜人物绣像》126枚，谁要是集齐了，可到公司兑换银元2000元。接着，其他烟草公司也模仿，其奖金更是高得出奇。一经报纸宣传，抽烟的、不抽烟的、大人、孩子纷纷收集起烟画来了。一时间各种烟画有行有市地成为商品流行起来，卖烟画这一行就应运而生了。

烟画成了商品后，北京的花市、隆福寺一带，上海的老城隍庙，南京的夫子庙，苏州的观前街，天津的估衣街等各大城市热闹集市处，形成了卖烟画的流通市场。这个行当，来去自由，销售活络。直到抗日战争胜利后，上海汇众烟厂出版了最后一套烟画《抗战八年胜利画史》。此后，香烟画片退出历史舞台，卖烟画也就歇业改行了。不过，继之而起的是，一些印刷厂为满足儿童、学生的玩耍兴趣，大量印刷了各式各样的“香烟牌子”，北方人称“花纸”。

崇奉：洋人

清政府开埠后，外国的香烟涌入中国。早期的香烟是软包装，烟商为了使烟包挺括，携带方便，便在包内衬上一张有图画的硬纸卡。久而久之，成了惯例，这种纸卡最终变成烟画。烟画出现的时间在1875年左右。

卖月份牌

卖月份牌

卖月份牌行业已有100多年的历史。旧时的庙会、集市以及各城镇的店铺、文具店等处都有月份牌出售。月份牌就是现代人说的“挂历”“日历牌”等的前身。当时，这些月份牌大多由各大烟草公司出品，如英美、颐中、南洋、华成等。月份牌上不仅印着年历、月历，还印有《三国》《水浒》《红楼梦》《说岳》《十三侠》等古代故事，还有《啼笑因缘》《杨三姐告状》等现代故事，更有各种衣着入时的大美人、各地名胜古迹、西洋风景，无不印入图画，五彩夺目。

清末民初，月份牌挂历往往由香烟公司所雇用的专门人员发售，并与香烟兑奖点合在一起。后来因为市场急剧扩大，就把月份牌批发给卖年画的、卖窗花剪纸的、卖花样子的小贩，也有在烟店、杂货店等处出售。

卖月份牌行业曾风靡过一个时期，尤其是20世纪20年代左右。随着西洋照相技术的发展，卖月份牌行业受到冲击。到了40年代后，至中华人民共和国成立时，此行业日益衰弱，后来，月份牌逐步演变为挂历、年历、台历等，由新华书店、文具店，或小商贩经营了。

崇奉：洋人

月份牌的创始人是外国香烟制造商。原先发行月份牌的本意是做广告，提高其烟牌的知名度，后来逐渐发展成一个行业。

铸铁画是用低碳钢作材料，打成落片，经过剪花、锻打、焊接、退火、烘漆等许多道复杂的工艺，创制出与众不同、独具匠心的铁画。

铁画的内容可仿制出各种花卉、翎毛、山水等，其画面苍劲有力、古朴大方，装饰性极强。在绘画的领域里，铁画堪称匠心独运、别具一格。有人作诗赞咏之：“百炼化为绕指柔，直教六法归洪炉。”

铁画由于制作困难，非一般人所能涉足。文人没有打铁的本领，铁匠没有绘画的技能，必须两者结合起来才能铸铁画，可谓是中华一绝。铸铁画一行源于安徽，流传到北京、山东等地。物以稀为贵，人们将铁画视为珍宝。

数百年来，铸铁画可谓凤毛麟角的行业，却是中国传统画坛上的一颗明珠。

崇奉：汤天池

汤天池是清朝康熙年间安徽的一个打铁匠。因为家境贫困，无钱读书，只能到打铁铺学打铁。汤天池打铁技巧逐渐提高，到了十八岁那年，坚硬的钢铁，到他的手里，可以运用自如，随意变长、变短、变细、变方、变圆、变大、变小。

打铁铺的邻居是家画室，画师以绘画、卖画为生。汤天池常去邻家看画师作画。一天，画师闻到汤天池身上沾满铁腥气，会影响他卖画生意，便不客气地对汤天池说：“这不是你来的地方，你的手又粗又笨，你作画能行吗？这里不是你待的地方，还是快走吧！”汤天池受到奚落，心中很不好受，于是暗下决心：“我虽没钱，但我有一双勤快、灵巧的手，我可以用自己的双手，用钢铁作材料，创造出铁画来。”

汤天池天资聪明，凭着对画师绘画技巧的学习，加之自己的努力，经过千锤百炼，终于成功地创造出惊世的铸铁画。

裱画

裱画，又称裱褙，是中国书画的一种装潢艺术。裱画是一个古老的行业，据史记载，它距今已有两千多年的历史了。

裱画（王继青绘）

书画装裱品式很多，分为立轴、中堂、对联、横批、条屏、通景屏、镜片、扇面、手卷、册页等，工艺十分繁杂。裱一幅字画，从调浆、托背、上墙、加条、裱绫、上轴、加签，要经过数十道工序。此外，揭裱、挖补等技术，更非常人可为。因此学习装裱难，要有耐心、细心、决心，学徒要三年零三个月才算出师。裱画作为中国古老的传统行业，一直保留至今。在苏州、扬州、北京、上海、西安、开封、湖南、湖北等地，都有驰名中外的书画装裱店铺。评鉴一幅精美的书画作品，装裱的优劣，占了很大的分量。

崇奉：文昌帝君

鼻烟壶是盛放鼻烟的容器。内画鼻烟壶，就是在壶内作画，首先用金刚砂等在壶内壁上磨砂，壶壁才容易着墨和上色。操作者用柔软而富有弹性的狼毫笔作画，伸进像黄豆粒一般大小的瓶口内，反手在内壁上绘画，方寸之间，能画出万里江山、飞禽走兽、四季花卉、百子游戏、天上人间，人物肖像也画得十分逼真，让人惊叹。艺术难度可想而知，真是鬼斧神工。在北京故宫博物院和台北故宫博物院收藏的古代文物中，有许多造型美观、小巧玲珑的内画鼻烟壶。小小的内画鼻烟壶凝聚着这个行业工匠高度的技艺和才智。

内画鼻烟壶（王继青绘）

僧人（王继青绘）

崇奉：僧人

内画鼻烟壶在中国已有两百多年的历史，关于内画鼻烟壶的来历，民间流传着这样一个故事。

相传在清朝乾隆末年，有位嗜好鼻烟的地方小吏进京办事，由于没有贿赂京官，公事被一拖再拖，小吏来时身边所带的盘缠全部花完，以致走投无路，只能被迫寄宿在一座庙里。由于他吸鼻烟成瘾，鼻烟用完又无钱购买，他急中生智，用烟签去挠刮玻璃内壁上残留的烟末和烟垢来解烟瘾。烟签在瓶内壁划出许多条条道道的痕迹。这举动被爱作画的和尚看到,他从中受到启发,于是就用一根弯钩的竹签蘸上墨伸到透明的料器壶内,在内壁上别具一格地作画。这样,鼻烟壶内画艺术就在民间产生了。

许多游客在游览了无锡惠山之后，总会买几个泥人带回去留作纪念，其中泥人“大阿福”最受人们喜欢。

“大阿福”身穿梅花五福袍，又胖又圆，盘膝端坐，双手环抱一只大青狮，面带微笑，一副敦厚朴实相，令人见而生爱。它在无锡泥人中名气最大。

中国泥塑玩具的源头可追溯到六七千年前的新石器时代，如浙江余姚河姆渡文化遗址中就出土有陶塑小狗、小猪、小人头像。到了宋代，泥玩已成为商品，并形成一个行业。市场上有专门以制作泥玩为业的艺人和专售泥玩的货摊、货担。明清时，泥玩已几乎遍布全国多地，出现许多著名的“泥人之乡”和地方特色代表作品。如河北新城白沟镇的“泥公鸡”，陕西凤翔的“泥挂虎”“大坐狮”“泥牛”，西安鱼化寨的“泥叫叫”，山东高密聂家庄的“泥叫虎”，河南淮阳的“泥泥狗”……都是各具浓厚地方特色的泥玩，别具一格。在各地富有特色的泥玩中，无锡泥娃娃“大阿福”最为出名，最为代表。

崇奉：沙孩儿

沙孩儿的化身就是“大阿福”。“大阿福”的故事在无锡当地广泛流传着。传说，当初玉皇大帝派一名神童下凡，去无锡惠山捉拿专吃当地儿童的一对妖狮。神童名叫“沙孩儿”。经过斗智斗法，沙孩儿击败了妖

沙孩儿（王继青绘）

狮，为百姓除了害。人们感谢神童，用泥土塑出他的形象，放在家中供奉，因为他给惠山百姓带来幸福和安宁，所以取名“阿福”，泥人工匠崇奉沙孩儿。

不倒翁玩具从问世起，至今已有两千多年历史。自秦汉始，市井就有不倒翁玩具出售，不过制作简单，一般是木制的，底部圆大，重心在底，以老翁面目出现。随着历史的发展，小小的不倒翁玩具花式不断变化，市场逐渐扩大。至清末民初，不倒翁玩具已出现系列化。所用材质，木制的、瓷制的、铁制的、泥制的……五花八门。造型有老翁、老妇、儿童、各类动物等。不倒翁不仅仅是玩具，也具有一种文化寓意：不倒翁即被比喻为永远不会被“打倒”。

如今卖不倒翁玩具遍布全国商场、旅游区等处。逢年过节，还用塑料制成“迎财神”不倒翁，颇受大众的青睐。

崇奉：卞和

卞和是春秋时期楚国人，是一位石匠。一次，他在荆山采得一块玉璞（未雕琢的玉原料）。卞和就把玉璞献给楚王，不料被人说成是块顽石。卞和不死心，第二次又进献玉璞，楚王很不高兴，以为卞和在戏弄他，大怒之下，竟下令剁去了卞和的双脚。

楚王死后，新王继位。卞和见仍无人识宝，很伤心地怀抱玉璞，在荆山之下痛哭。这天，新楚王正巧路遇卞和，他很奇怪，便问：“你为何痛哭不止？”卞和对齐王说：“泱泱楚国，竟无识宝之人啊！”新王半信半疑要过那块玉璞，带回宫中，请玉匠开琢。打开玉璞后，发现这是一块非常精美的玉，新楚王见后，大赞一番，并令琢制玉璧一双，命名为“和氏璧”。新楚王在奖赏卞和时对他说：“你卞和这人，坚持真知灼见，不为失去肉体而动摇。真是个不倒之翁也！”这便是“不倒翁”的由来。

做面塑

做面塑

面塑即面人，就是用面来塑造形象的一种捏塑行业。它用糯米面和富强粉做原料，再掺以适量的石碳酸、蜂蜜和甘油等，以防腐和防裂。面塑艺人仅用小拨子、剪刀之类的简单工具，施展搓条、拨花、润色、压珠等造型技巧，塑造出千姿百态的人物和花鸟等，简单活泼，色彩艳丽，富有感染力。

面塑历史悠久。早在汉代，每逢迎神赛会活动，人们就用面团塑成鬼怪形状的面具，戴在头上跳傩舞。新疆吐鲁番阿斯塔那地区的唐代墓葬中出土的面制佣人，可能是目前所见最早的面塑实物。据史记载，宋代以后，面塑在市民生活中已经较为普遍。旧时，在庙会、集市等热闹场合都能见到面塑艺人，他们坐在凳上，膝前置一小柜，柜面下是一个小抽屉，抽屉里用湿纱布盖着一条条不同颜色的糯米坨儿。捏面人先用手抟一小团粉色的面，捏成小人头，按在竹签上，然后，用一把小竹刀，左捻右摁，转眼之间，鼻子、眼睛就出了形。然后，用一小片黑面自头顶一披，就成了头发。接着各用一点不同的面，在手心中一擀，就是一件花衣服。再三下两下，手脚捏齐，摆弄好姿态，一个个栩栩如生的人物立于眼前，如老渔翁、孙悟空、牛魔王、关公、姜太公、八仙……围观的大人孩子被手艺人的敏捷神巧吸引得啧啧称奇。

如今，面塑在陕西、甘肃、河北、山东、北京等地仍颇为流行。不论是节庆风俗，还是红白喜事等，都少不了它。在上海城隍庙旅游景区，就有民间艺人面塑各式人物、花鸟，引吸着国内外游客。

崇奉：孙膑

相传在战国时期，孙膑曾与庞涓向鬼谷子学兵法。后来，庞涓当上了魏国的大将军，他忌妒孙膑的才能，就把孙膑骗到魏国来做官，暗中派人对他进行迫害。孙膑逃到了齐国，齐王请他做齐军军师，帮助齐军与魏军交战。孙膑捏了许多泥人、泥马进行阵法演习。最终他打败了庞涓，并从此留下了捏泥人的技艺，于是面塑行业崇奉孙膑。

脸谱俗称“面鬼儿”，即演员演戏时在脸上用各种色彩画成规范的图案。如扮曹操、严嵩一类角色，只用大白脸，包公则黑脸，而关公是红脸。什么角色用什么脸谱，泾渭分明。脸谱的色彩和造型均包含一定或褒或贬的寓意，如红色表示忠耿，白色为奸诈，黄色为阴鸷（干练），黑色为耿直，绿色为凶狠，蓝色为桀骜，紫色为忠谨等。把戏曲脸谱制成可以戴的面具，则就成了一种具有高度象征性和典型化的民族艺术品。

当涂面化妆兴起并且发展的时候，面具并没有退出历史舞台，而是始终与涂面化妆共存。直到今天，在民间戏曲中还有少量被保留沿用。

戏曲脸谱构图诡奇，造型异常，色彩绚丽，蕴涵丰富，得以逐渐脱离演出而独立存在，成为一种可供观赏的艺术和娱乐活动的工具。

戏曲脸谱面具的制作，旧时一般以手工绘画为主，工艺较为复杂，耗时长、效率低。现在脸谱制作成品化、规模化，在许多旅游纪念品市场上，用不同质料绘制的戏曲脸谱面具成为颇受国内外游客喜欢的纪念品之一。

兰陵王（王继青绘）

崇奉：兰陵王

戏曲脸谱的产生与古代的面具有关。据说在南北朝时期，北齐兰陵王高长恭武艺高强，但面容长得十分秀气，皮肤白皙，缺少武将的勇猛风度。每当他与敌方对阵时，敌方常以为他是文弱书生，不把他放在眼里。为了在气势上首先压倒对方，兰陵王命人雕刻了一个面目狰狞的假面具，打仗时戴在头上，使敌方看了胆战心惊。就这样，他戴着面具率领军队杀向敌阵，击溃了一支支强大的敌军，取得了无数次胜利。后来，北齐人在欢庆胜利时，就用歌舞来演出这个故事，叫《兰陵王入阵曲》。表演时，扮演兰陵王的演员戴着狰狞可怖的面具，作指挥、击剑姿态。于是，面具的功能由威慑敌军演变为舞台戏曲人物的形象扮相。

吹糖人

吹糖人是旧时一种行街手艺人。这个行当至今在市井集会、庙会等热闹场合还能见到。吹糖人的工具就是一副担子，一头放着一个熬糖的锅子，下面用文火把蔗糖熬成棕色的糖稀。

吹糖人（王继青绘）

吹糖人用一柄中空的短芦管，一头沾上一团糖稀，然后在空中反复摇晃，待其稍凉，把糖团放在一个开启的模子内，再把芦管含在口中徐徐吹制，不一会儿就成了型。打开模子时，便取出一只腹内中空、活灵活现的立体小动物，逗得孩子们哈哈笑。当然，有的吹糖人不用模子，全凭自己的技艺，一边吹一边用手反复捏揉，直接吹出各种各样的小动物，惟妙惟肖。

吹糖人这一行当始于明末清初，至今已有几百年的历史。用来吹制糖人的原料是饴糖和麦芽糖，吹出来的各类小动物，小孩可以拿着玩，玩腻了也可以吃。

崇奉：赤松子

赤松子是古代传说中的仙人，后被道教尊奉为神农雨师。相传，赤松子有一手绝技，他手指向哪儿，口念咒语，要变何物，心想事成，

赤松子

即得到什么。

赤松子曾在金华山仙游，故金华山上有赤松祠、赤松涧。西汉名臣张良在辅助刘邦建立政权后，为保全自己，功成身退，语重心长地对汉高祖说："愿弃人间事，欲从赤松子游耳。"

吹糖人凭的是手艺，崇奉赤松子，是想要得到神仙般的灵感，吹制出人们更喜爱的东西来。

陶瓷工

中国是世界上著名的陶瓷古国。瓷是从陶发展而来的，随着陶瓷工具逐步改善，工艺水平不断提高，以及对陶瓷原料的深入了解，人们现在知道，在商周时期，古人就渐渐烧制出一些初步达到瓷器标准，但在某些方面又不够完善的器物，这就是原始青瓷。

陶瓷工（王继青绘）

陶瓷工十分辛苦，烧制陶瓷要经过一道又一道的工序。挖泥、制坯、成型、涂彩、烧制、出窑……凝聚了陶瓷工多少辛劳！

通过能工巧匠的努力，中国的瓷器取得了令中外瞩目的卓越成就，著名的景德镇集天下名窑之大成，汇各地技术之精华，已成为世人仰慕的瓷都。

崇奉：风火仙师

卖唐三彩

卖唐三彩

“唐三彩”是以黄、褐、绿为基本釉色的陶器。唐三彩是唐代陶器的精华，早在初、盛唐时达到高峰，那时已形成一个较高档的陶器专业行当。京都长安以及一些大城镇都有商铺、小贩售卖唐三彩，制作的窑、作坊等也很普遍。它是一种低温釉陶器，在色彩中加入不同的金属氧化物，经过焙烧，便形成浅黄、赭黄、浅绿、深绿、天蓝、褐红、茄紫等多种色彩，但多以黄、褐、绿三色为主。唐三彩器物形体圆润饱满，与唐代艺术丰满、健美、阔硕的总体风格是一致的。它种类繁多，主要是人物、动物和日常生活用具。唐三彩人物和动物的比例适度、形态自然、线条流畅且生动活泼。在人物俑中，武士肌肉发达，怒目圆睁，剑拔弩张；女俑则高髻广袖，亭亭玉立，悠然娴雅，丰满柔美。唐三彩的骆驼、马匹，更是精美绝伦，令人惊叹！去西安旅游，不少人总要带上几件，留作纪念。

安史之乱以后，唐王朝日渐衰弱，又由于瓷器的迅速发展，唐三彩的制作和销售生意，逐步衰退。后来又产生了“辽三彩”“金三彩”，但在数量、质量以及艺术风格方面，都远不及唐三彩。如今，国家对传统的唐三彩，进行保护和挖掘开发。唐三彩以其斑斓釉彩、鲜丽明亮的光泽、优美精湛的造型闻名于世。它是中国古代陶器中的一颗璀璨明珠。

崇奉：太上老君

刻瓷

刻瓷（王继青绘）

刻瓷是在精美洁白的高级素瓷茶具、餐具、文具等瓷器上用金刚石刻字、绘画的一种工艺美术行当。刻瓷主要有以下几道工序：先在白瓷器上用墨书写或绘画，然后依瓷器上的墨稿用钻刀刻画、凿镌。传统技法有钻刀法、双勾法和刮刀法。钻刀法是用小木槌均匀地敲打高碳钢钻刀，使之在瓷器表面形成大小、疏密、深浅不同的点的排列，构成所需要的画面和字体。双勾法是用锐利的金刚钻石沿字体或画面的外轮廓刻画，用双线表现文字的画面。刮刀法是先用双勾法刻出字画轮廓，然后再将双线间的瓷釉刮去，以便填色。一般填着黑色。刻瓷风格素雅，讲究刀法，既能体现传统书画艺术风格，又能保持瓷器表面的晶莹光洁，形成独特的效果。最后打蜡，栩栩如生的人物，花鸟虫鱼，山水美景，诗词歌赋，真草隶篆，一一跃然瓷上，经久不褪，令人赏心悦目。若在瓷盘、瓷板上刻画后，镶以红木支架，作为案头摆设，亦极风雅精致。

至清朝时，刻瓷已发展到十分完美的程度，从业者众多，逐渐形成一个行业。

刻瓷与绘画类似，也有南派、北派之分。广州、上海为南派代表，风格清秀飘逸；北京、天津为北派典型，风格粗犷豪放。到了清末民初，南北两派互相学习融通，使刻瓷艺术又有创新的意境。

崇奉：文昌帝君

龙眼木雕业

龙眼木雕

龙眼木雕业主要流行于福州以及莆田、泉州和惠安等闽南一带。龙眼木雕自宋代起逐渐成为独立的行业，那时在闽南地区已有商贩叫卖。到清朝、民国时期，龙眼木雕十分成熟，雕刻技法以圆雕（即立体雕）为主。龙眼木雕以采用福建盛产的龙眼木材而出名。作品要经过打坯、修光、磨光、漂净、晾干、染色、上漆、擦蜡等多道工序才能完成。

龙眼木雕业，表现题材多为古典的老翁、仕女、仙佛、武士等，并以雕刻老寿星、渔翁、弥勒、达摩、仙女等人物见长。此外，花鸟、虫草、果盘和牛、马、狮、虎、熊以及金鱼、仙鹤等也是龙眼木雕常见的题材。传统的龙眼木雕，保持常青的艺术生命。如今，龙眼木雕业的工艺师、老艺人在木雕创作中，大胆吸收现代雕刻艺术的精华，创作了许多作品，在全国木雕和工艺美术百花奖评比中，曾屡屡获奖，在国内外工艺品博览会上，也得到国内外人士的高度赞扬。

崇奉：木雕孔

木雕孔是明朝福建长乐（今福州市长乐区）地区的木雕艺人。他姓孔，人们就习称他“木雕孔”。

木雕孔祖传三代都是木雕艺匠。他从小跟着父亲走街串巷，为人家做木雕活，在父亲的熏陶和培养下，很快学会了木雕技艺，长大后继承父业，成为当地颇有名气的木雕艺人。木雕孔创作的龙眼木雕作品，件件栩栩如生，特别是他雕刻的“大肚弥勒”，造型生动，雕艺精湛，连弥勒的眉毛也根根刻画得十分逼真，令人叫绝。

砖雕业一般在南方苏浙皖一带较为普遍，尤其是大户、官宅的砖雕，更是集雕塑、书法、绘画、戏曲等艺术于一体，耐人寻味。

砖雕

民间传说，当年秦始皇为了巩固统治，曾向南方的统领下令，要他们调集千军万马去京城。这个统帅年龄大，听觉不灵，误把千军万马听成"千砖万瓦"，于是，南方百姓拼命制砖瓦，造成如今这么多的砖瓦。

砖雕业的兴盛，是在宋代时期，明清是巅峰期。苏州园林的门楼砖雕至今可谓全国保存最完整的古代建筑之一。闻名遐迩的拙政园、狮子林、沧浪亭、网师园、西园、留园等处，都给人以美好的印象。安徽的徽派砖雕也是闻名天下。

由于民国以来中国住宅不断改变，西方简朴的起居方式也对传统的民间艺术产生极大的抑制作用。砖雕虽好看，但制作繁琐，费工费时，故已日见稀少，但作为古代民族建筑中的一个风格的载体，砖雕行业仍需后人保护。

崇奉：鲁班

石狮子雕刻是属于石匠范围内的特殊艺术行当。狮子不是我国独有的兽类，它之所以被国人熟悉与佛教的传入及流行有直接关系，在佛教经典中有许多关于狮子的故事，在那里，狮子被赋予了有驱邪消灾力量的神兽地位。

石狮子雕刻

石狮子的运用，使石匠塑造石狮的艺术越来越精美。狮子是百兽之王，用石狮作为守门驱邪之物，说明主人地位显赫，这种观念是从元代才兴起的。所以石狮子的雕刻、家庭作坊制造、市场买卖，在元代处于鼎盛时期。

石狮子的应用从官府衙门逐渐扩展到官宦人家，以及寺庙、道观，最后被人们普遍使用。现在我们还会时常发现在一些大门前，有石狮子置于两侧，毛发卷曲，双眼圆瞪，龇牙咧嘴蹲立在石台上。仔细看会发现两只狮子并非一样，原来是一雌一雄，雄狮子一只前爪搭在圆球上，而另一只的爪下是一只小狮子的，则是雌狮子。

石狮子制作，既是一门技术活，又是一种体力活。一块大石头，经过打样、粗凿细雕，才能成为一尊石狮，这里凝结着石匠们的辛勤劳动。

崇奉：丘处机

丘处机，宋元之际山东人。他号长春子，为王重阳弟子，是道教长春教派的开创人。玉石、石匠、矿井等行业都崇奉丘处机。

琢玉成器

俗话说“玉不琢，不成器”。琢玉成器，就是把一块玉坯，琢刻成精美的工艺品。玉器是中国最早的传统工艺品之一，琢玉成器作为一个行业，专家一般认为形成于唐宋时期。但是据考证，中国早在新石器时代就已有了简单的玉制品。中国古代把玉器作为权力的象征和礼仪的标志，并视为辟邪厌胜之物。

琢玉成器

中国四大名玉有新疆和田玉、辽宁岫岩玉、河南独山玉、湖北绿松石。由于玉石稀少，所以琢玉需格外小心和费时。古人最早用石、骨，借用砂粒、水作介质来琢磨玉石，十分费工夫。后来才用铁、铜做圆盘，借用金刚砂或金刚钻粉作介质，加快了玉器的雕琢。现在，玉雕已由过去的手工操作逐渐走向半机械和电气化生产，生产效率提高了，天然玉料却越来越少，因此，玉器价格仍然是昂贵的。

崇奉：黄帝

象牙雕

考古学家曾在陕西蓝田公王岭和山西襄汾丁村等远古文化遗址中都发现有几十万年前的象牙化石。商代甲骨文和一些古籍都有关于人们捕猎和驯养大象的记录。这说明远古时，黄河流域有大象的存在。在当时，象牙雕材料是源源不断的。

象牙雕

中国象牙雕刻起源较早，在距今7000多年的浙江余姚河姆渡新石器时代文化遗址中出土有象牙穿孔蝶形饰版、几何纹小盅和双鸟朝阳雕片等。之后距今5000多年前的山东大汶口文化遗址也出土了大量象牙雕刻工艺品。但从战国起，象牙雕制品很少见，有专家称，那时大象可能在中原地区消失，象牙材料缺乏。到唐宋时期，尤其是明清之后，大量象牙进口，中国的象牙雕才成为一个行业。尤其是清朝初、中期，象牙雕无论从工艺上，还是在数量和品种上都属鼎盛期。市井街头、店铺均有专售象牙雕的商人。象牙雕以镶嵌、编织和镂空雕为特色。一些文人、贵族、官吏等喜好收藏象牙雕刻的工艺品。

现在，国际上已禁止象牙贸易。

崇奉：鲁班

317 制作景泰蓝

景泰蓝是中国掐丝珐琅器的俗名。景泰蓝制作工序较为复杂，它包括铸胎、画样、掐丝、焊丝、填蓝（点药）、烘烧、打磨和镀金等步骤。

制作景泰蓝

景泰蓝是北京民间传统的特种手工艺品。它的发展是从元朝开始，到了明清时，制作景泰蓝已成规模。为何掐丝珐琅器被称作“景泰蓝”呢？原来“景泰”是明朝代宗皇帝的年号，掐丝珐琅器生产到明代宗时期迅速发展，成为具有中国民族特色的工艺品了。于是人们便把景泰年间生产的掐丝珐琅产品称为“景泰珐琅”或“景泰琅”，而“景泰琅”的“琅”发音与“蓝”十分相似，因而渐渐演化成“景泰蓝”了。当时在北京地区官办的、民间的经营景泰蓝的作坊、铺子等已十分普遍。清朝康熙、乾隆期间，是景泰蓝制作的鼎盛期。那时宫中特意设置了一个珐琅制作部门，称“珐琅作”。景泰蓝品种从家具到祭法器，从佛像到禽兽形象，应有尽有，其形制之大，釉彩之富，纹饰之巧，掐丝之工，制作之精，数量之多，在历史上都是罕见的。

1904年，在美国芝加哥举行的世界博览会上，北京的景泰蓝一举荣获一等奖，从此景泰蓝名扬海外。

崇奉：忽必烈

中国景泰蓝其实不是中国土生土长的工艺品，而是来自阿拉伯地区。早在11世纪时，阿拉伯地区各国就已盛产掐丝珐琅器了。13世纪，元世祖忽必烈建立了大元帝国，沟通了东西方的交通往来和经济文化交流，阿拉伯地区的掐丝珐琅工艺传入了中国。元代生产的掐丝珐琅器带有浓厚的阿拉伯风韵。但是，中国的工匠们善于学习、吸收外来文化和技艺，结合本民族传统，创造出具有自己民族风格的工艺品。到了明代时，掐丝珐琅器的风格已中国化。于是，景泰蓝行业崇奉忽必烈。

剪纸花样

剪纸花样

剪纸花样是中国民间随处可见的一种艺术品，南北各地凡是手巧的人都有此一技之长。剪纸大致分为窗花、喜花、礼花、刺绣花样和功德剪纸等五大类。剪纸花样作为行业，形成于宋代，宋代是中国剪纸艺术的繁荣时期。在城市街头，都会出现剪纸艺人竞相卖艺的盛况，经营剪纸花样的店铺生意也红火。宋代妇女曾流行把剪纸花卉插于鬓边的打扮，灯彩上亦用剪纸做装饰。在民间习俗中，剪纸的应用相当广泛，到元代已出现专门收藏剪纸的收藏家。

剪纸行业发展到明清时代，达到高峰时期，其花色品种五花八门，一应俱全，剪纸艺术已渗入到生活、民俗的各个角落，有挂笺、窗花、灯花、喜花、礼花、顶棚花、坑围花、果食花、菜食花、刺绣花样……各地剪纸都具有浓郁的地方色彩，其销路十分好。如北京剪纸，多为风俗题材，主要表现岁时节令、婚丧嫁娶以及人生礼仪各种风俗活动。河北蔚县剪纸以染色窗花为特色，题材多为戏曲人物、民间传说、神话故事以及劳动场面、吉祥图案等。而南方剪纸则偏重于山水风景、花鸟虫鱼之类，并吸收北方的特色，创造出独特的剪纸。

剪纸花样，不仅仅是一种商业行为，更是中国传统文化艺术的一种欣赏品。

崇奉：周成王

周成王

剪纸工艺起源很早，它早于纸张发明之前。在纸张未出现之前，历史上曾经有过用树叶、皮革、绢绸剪影的事。《史记》中有个“剪桐封弟”的故事：周成王用梧桐树叶剪成“圭”（代表王权），赐其弟姬虞到唐国（在今山西翼城境内）去当诸侯。这是史上有记录的最早出现剪纸工艺的描述。因此，剪纸行业崇奉周成王。

319 卖『囍』字

卖“囍”字

卖“囍”字，实际是剪纸的分支行业。旧时，这行艺人身怀绝技，一张红纸、一把剪子，一口气能剪出各式各样、大小不同的“囍”字来。结婚时需要在厅堂大门、窗、洞房等处，贴上大红的“囍”字，图吉祥，迎欢庆。

卖“囍”字，薄利多销，赚的是功夫费。但百姓需要它，小小行业，从宋代起至今，此生意仍保持久销不衰。当然，如今卖剪“囍”字的小商小贩，也兼顾卖些民族传统的剪纸画了。

崇奉：方明秋

方明秋是宋代湖州人。那年，他赴京赶考时路过苏州，见一个富贵人家在街上悬联择婿。那征对的上联写道：“走马灯，马灯走，灯熄马停步。”方明秋一时无以对答，但他记住了这副楹联，上路赶考去了。谁知到京应考时，主考官竟以随风飘动的飞虎旗作题出对：“飞虎旗，虎旗飞，旗卷虎藏身。”方明秋想起苏州招亲告示上的上联，便不假思索地背出作答，当即赢得满堂喝彩，被取为进士。返经苏州时，那个富贵人家择婿对联还没有人能答出满意的下联。于是，方明秋又以京城考题作对，结果他被召为东床快婿，喜结良缘。洞房花烛之夜，方明秋欣喜若狂地写下两个“囍”字，并列相贴，以庆贺双喜临门。后来，人们就用剪贴“囍”字来替代婚庆喜事的缝“囍”字了。

糊风筝

糊风筝

风筝起源于中国，始为“鸢”，又名“鹞子”。相传鲁国人鲁班看到鹞鹰在空中盘旋，“见鹰盘旋翱翔”，从中得到启迪，遂“削竹为鹊”，“成而飞之，三日不下”。汉初，韩信则剖篾扎架，糊纸引线，可以“乘风腾空”，随心所欲。五代时，李邺在宫苑放鸢寻乐，其上则置丝鞭竹簧，竟使“弦声响苍穹”，鸣若古筝。之后，行称风筝。

“天高气爽放风筝”既是一种娱乐，也是一种华夏风俗。糊风筝作为一个行业历史悠久，风筝制作技术中涌现出许多著名大师。因风格各异，门派不同，如哈氏风筝、费氏风筝，各具有北方风味的独创之处。南方的风筝小巧玲珑、细腻、漂亮，又是另类风格。旧时，在放风筝的地方就有许多贩卖风筝的小贩，市井街上还有专门经营风筝的大店铺。店中的风筝，大的、小的、巨细不一，应有尽有，生意颇为兴旺。全国各地的风筝品种千姿百态，山东潍坊较出名。风筝还能用于军事、运输、气象、科研等领域，用途很广。英国著名科技史家李约瑟在《中国科学技术史》一书中，把中国风筝列为中华民族向欧洲传播的重大发明之一。如今不少国家兴起了“风筝协会”，每年还要举办规模盛大的国际风筝节。

崇奉：鲁班

鲁班是春秋战国时代鲁国人，他看到空中盘旋飞翔的鹞鹰，从中受到启发而制作“鹞子”。从此以后，逐渐从“鹞子”发展成风筝。

灯笼作

灯笼作（王继青绘）

自古以来，中国人一直把灯笼看作是对抗漫漫长夜的法宝。“正月十五闹元宵”，届时大街小巷张灯结彩，百姓中各式各样的灯笼都悬挂出来。节中、节前是卖灯笼的大好商机，小贩们或坐店销售，或手里擎着金鱼、蛤蟆、蚌蛤等五彩灯笼，走街串巷吆喝叫卖。除了过节外，过去的宫殿需要大量的宫灯用来照明，还有贵族、大户等豪宅均需灯笼，宫灯的艺术性远远超过一般灯笼，需要灯笼作（制作灯笼的作坊）精制，因此这个行业技术高的精华被保留下来。每年各地均有“灯展”活动，在元宵节这天展出各式各样、丰富多彩的灯，让中外游客惊叹不已！而民间中的“兔子灯”或“十二生肖灯”，普遍让小孩欢呼雀跃。

崇奉：太乙神

太乙神

太乙神是道教神，亦称“太乙救苦天尊”，源于中国古代“太一”信仰。《史记·天官书》记道：“中宫天极星，其一明者,太一常居也。”太一是传说中最尊贵的天神,掌管人间的风雨水旱、兵草、饥饱、疾疫、灾害等。元宵节始于唐初,发展于两宋,起源则是汉代燃灯祭祀太乙神的习俗。灯笼作行当就崇奉太乙神了。

制作灯彩

制作灯彩（王继青绘）

灯彩，俗称“花灯”，它既是一种照明器具，又是传统节日装饰、欣赏之物。每逢节日或婚寿喜庆之时，人们都要张灯结彩，以示庆贺。

民间灯彩最初由皇宫灯彩发展而来。皇宫中使用的灯，称为宫灯，而宫灯起源于元宵节张灯。

灯彩行业历史悠久，宋代已有专门为民间灯彩贸易提供场所的“灯市”。当时在灯市上展出的灯彩品种以苏州、福州、安徽新安等地所产的最为著名。灯彩品种五花八门，丰富多彩，有无骨灯、珠子灯、鲵灯、羊皮灯、罗帛灯、绢灯、竹丝灯、走马灯，等等。古时，走马灯能旋转，颇为生动有趣。它利用蜡烛燃烧时产生的热气上腾，便推动灯内叶轮旋转，可见当时古人灯彩匠是何等的聪明。

明清两代，民间灯彩作坊遍布各地，制作灯彩业处于鼎盛时期。明太祖朱元璋建都南京，为庆贺元宵节，曾在秦淮河上燃放水灯万只，一时蔚为壮观。在江苏等地则流行放河灯的习俗。每年农历七月三十日晚上，百姓用各色彩纸做成精巧玲珑的船彩灯，到河中漂浮，随波逐浪、五光十色，十分壮观。灯彩作为一个古老的民间行业，养育了一代又一代的手工灯彩艺人。如今灯彩中传统的油烛光源逐渐为形形色色的现代光源所取代。如每年一度的成都灯会、扬州灯会、福建泉州灯会、广东佛山灯会、苏州灯会，以及各地的旅游节上的灯彩等，除了出现传统的精致灯彩外，还出现了太阳灯、激光灯、光电转化灯、微波传输灯等新型彩灯。现代科技和古老的民间艺术相结合使灯彩行业更加灿烂辉煌。

崇奉：汉文帝

汉文帝

西汉初年，汉文帝在大将周勃等人帮助下，平定了吕氏家族的叛乱。平定之日正是正月十五日，因此，以后每年这天夜晚，汉文帝都要在宫里张灯结彩，以示庆贺。古时正月又称“元月”，古汉语中夜又称为“宵”，因此，汉文帝把正月十五日这一天定为“元宵节”。以后，每逢元宵，宫内必定张灯结彩地庆贺。宫灯虽是皇家专利，但制灯的艺人都来自民间。不久，灯彩也传入寻常百姓家，到南北朝时，元宵节张灯已在民间广为流行并成习俗。

卖中国结

卖中国结

中国结流传久远，始于上古，兴于唐宋，盛于明清。作为一个行当，它在街市有店铺售卖；小贩走街串巷吆喝叫卖，在唐朝就有了。实际不过是一宗小生意的行业。

史书记载："上古结绳而治，后世圣人易之以书契。"在唐代的铜镜图案中，刻有口含绳结的飞鸟，寓意永结秦晋之好。几千年流传下来，绳早已不是记事的工具，它从实用绳演变而为今天精美的艺术品。如今中国结的生意出奇的好，如上海城隍庙福佑路小商品市场，每天批发到各国各地的五花八门的中国结成千上万，真是小生意也做出了大买卖。

中国结讲究的是上下一致、左右对称、正反相同、首尾可接。其魅力是"以结寓意，以结表情"，左盘右绕的式样各有千秋，可谓是"图必有意，意必吉祥"。如常见编结名称及其对应的含义：

吉祥结：吉祥如意，大吉大利。
如意结：如意自在，随心所欲。
方胜结：方胜平安，一帆风顺。
盘长结：回环延绵，长命百岁。
团锦结：团圆美满，锦上添花。
同心结：比翼双飞，永结同心。
祥云结：祥云绵绵，瑞气滔滔。
桂花结：富贵平安，花好月圆。
双钱结：好事成双，财源茂盛。

崇奉：福、禄、寿神

福、禄、寿神

十 其他社会行业

会计

不少人认为会计行业是现代才出现的“舶来品”职业，其实这是一种误解。

会计行业的鼻祖就是中国人。古时，大禹晚年曾在浙江绍兴的苗山上聚会诸侯，逐个稽核他们的功德，并勉励诸侯努力为百姓做事。大禹驾崩后，安葬在苗山上。为纪念那次对诸侯的稽核，就将苗山命名为“会稽山”。《史记·夏本纪》载：“会稽者，会计也。”“会计”一词最早出于此。

会计（王继青绘）

春秋时期，“会计”一词就在财务计算上使用了。战国时期齐国贵族孟尝君派人去封地薛邑收债，孟尝君对下属的门客说：“薛邑之行需要会计，谁有此能前去？”门客冯谖熟知会计业务，他自荐说：“门下愿往。”冯谖到薛邑收债时，发挥才能，以意想不到的方式完成了任务，受到孟尝君的赞赏。

到了汉代，有了管理会计事务的官职。汉武帝时的财政专家桑弘羊就任“大司农中丞，管诸会计事”之职。之后，历朝历代均有会计行当。

崇奉：大禹

325 经纪人

经纪人，在旧时是第三者说合双方买卖成交，从中抽取佣金的居间商人。这些人能说会道，有广泛的信息来源、深厚的社会交际基础。汉代称说合牧畜的人为驵会或驵侩。至唐代，因营业范围扩大，有牙郎、牙侩、牙人、牙子等名目，并出现了行会性质的牙商组织。明清两代仍沿其俗。至近代则改称为经纪人。

自明代始，这个行业的经营者必须呈请官府批准并领取“牙帖”（相当于营业执照）方许营业。

经纪人

崇奉：孟子

孟子名轲，战国时山东邹城人，思想家、政治家、教育家。孟子口若悬河，辩才无碍。他曾受业于子思门下，游学于齐、宋、滕、魏等国，一度为齐宣王客卿，因意见不合隐退，居家乡潜心治学。着重发挥孔子学说中的“仁政”“王道”思想，提出“民为贵，社稷次之，君为轻”；认为人性本善，应充分运用教育的力量促进社会文明进步；强调读书人的独立意识与社会职责，提出“富贵不能淫，贫贱不能移，威武不能屈”的操守准则。孟子被宋儒称为“亚圣”。其论述集于《孟子》一书。

孟子

跨国经商

中国很早就有人跨国经商了，此人就是春秋末年的越国大夫范蠡。当初，他辅佐勾践卧薪尝胆，终以三千越甲吞吴，功成名就后，急流勇退，携美泛游五湖，行商富称天下了。

跨国经商

但是，跨国经商作为一个行业的形成，其历史不太长。一般专家认为，它的形成在1840年鸦片战争之后。如清末的红顶商人胡雪岩，就是跨国经商的代表人物。然而，与外国人做生意，在明代就已出现萌芽。那时，地域性的商帮，有晋商、徽商、粤商、闽商等所谓十大商帮。其中不少商帮精英，不仅仅在国内做生意，还瞄准了国外市场，与洋人做生意。

这些做跨国生意的商人，把当时交通不便、信息闭塞等因素，转变为自己做跨国生意的有利条件，依靠社会人脉，顺利地做起了跨国生意，从中赚取了十分可观的利润。

他们把中国的茶叶、丝绸、瓷器等运到国外销售，然后再从外国运进日用品或工艺品等，在内地倾销，从中获取暴利。

崇奉：范蠡

铸钱币

自货币开始在社会上流通，铸钱币行业也就诞生了。据史记载，中国西周（公元前 11 世纪）时期，有种铲形的耕具叫作“钱”。这种耕具由金属铸造，在当时是贵重物品，经常用来充作交换的媒介物。后来的金属货币就仿“钱”的样子铸造，“钱”成了货币的名称。

铸钱币（王继青绘）

早在秦始皇还没统一六国之前，各国就有铸币行当。秦始皇统一六国之后，吸取了当时六国钱币的某些特征，创制了全国统一的钱币，这样更方便了人们的日常生活。

铸钱币行业在历朝历代均是被政府控制、垄断的行当。这个行当都由官方专业机构掌管，从货币铸造到流通于市场，所有流程都有着严格的管理措施。钱币绝不允许民间私自铸造，否则就是犯法。如汉代法律规定，私铸钱币，轻者处以“黥刑”（即在犯人面额上刺字），重者要坐牢，或者杀头，甚至于要满门抄斩。

古时候从事铸钱币业的人员，管理者一般都是官方委派的亲信或重臣；操作者则是由能守机密、并能与外界隔绝的人来担当。

崇奉：黄帝

钱庄

中国历史上长期实行银两与制钱并行的货币制度，因购买需要，经常有人需要把银两换成制钱，或者把制钱换成银两，于是经营银两与制钱兑换业务的钱铺、钱庄便应运而生。这个行业起初没有门面，是摆钱摊、钱桌进行营业的，后来渐渐开设铺面，形成钱庄。

钱庄（王继青绘）

钱庄最初只是经营银两与制钱的兑换以及不同成色银两的兑换业务，从中赚取业务手续费。之后，由于市场交易不断扩大，有时一次交易动用的银钱即成千上万，现钱交易不仅兑换麻烦、耗时长，而且携带也十分不方便。在这种情况下，有些信誉好的钱庄就开始签发钱帖子即银票，代替现金支付。最初庄票十分简单，仅用白纸一张，上书号数、金额、日期、发出者之庄号名称等。其作用也仅为债务之证明，但后来庄票慢慢地在市面上流通，类似今天我们所使用的纸币。

明清时期，中原一带商人经营钱庄的习俗十分浓厚，如山西商人经营的徐沟“广和隆”、汾城“恒泰公”、襄陵“泰盛和”、文水“合聚永”、平安“德泰兴”、平遥“永盛庆”等钱庄在当时十分有名。

钱庄行业的性质，从某种意义上说，是现代银行的前身。

崇奉：赵公元帅

当铺

当铺是一种独特的行业，开始是以急人所急的面目出现，实质上是高额信贷机构。据史记载，最早的典当业是在富庙中经营的。《南史·甄法崇传》记载："法崇孙彬……尝以一束苎，就州长沙寺库质钱，后赎苎还，于苎束中得五两金，以手中裹之，彬得，送还寺库。"由此可见，在当时的寺院里便有典当交易进行。《魏书·释老志》载，北魏创"僧祇户"，令其出"僧祇粟"，即将赋税交予寺院，以备荒年济贫救灾之用，而寺院僧尼则以此经营质库，收取利息。

至唐代，典当业已走出寺院而普及民间，当铺又称"质库"。唐

当铺

政府在《唐六典》中对典当利率作出了"收子不得过五分"的限制，表明了典当营利在唐代已合法。

到宋代，典当已成为正式行业。据《东京梦华录》记载，京师汴梁的当铺已被列入"士农工商诸行百户"之内。当铺伙计穿着特定衣帽。南宋时典当业更为发达，仅京都临安一地"城内外质库，不下数十处，收解以十万计"。到了明清时，典当业无论是资本、铺数，还是规模、类型、发展势头都是空前的，为历代所难以比拟。以至近代民国时期，由于社会动荡，经济凋零，以残酷的高利贷剥削为本质特征的大小当铺更是遍布全国各地，北京、上海、重庆、广州……当铺的气派、威势，恰如一个大虎口，令人望而生畏。当铺的发展，是旧

社会民不聊生境况的真实缩影。

旧时各式典当业的营业方式是：始于当，止于赎，期满而不赎，则变卖偿本。因而其业务程序分为收当、赎当、死当三个方面。收当是当铺经营活动的第一步；赎当是当铺经营活动的重要组成部分，称为“走利”；死当是当铺经营活动的最后环节，称为“座利”。当铺只有通过处理死当的方式，才有可能在贷款本息不回的情况下达到清偿的目的。

如今，现代社会出现的新型当铺已完全不同于过去的当铺，典当行正成为人们融资、理财的又一扇窗口。

崇奉：财神、火神、号神

典当行涉及方方面面的人际关系和社会网络，所以这个行当崇奉对象要比其他行业多，例如崇奉的财神有范蠡、沈万三、赵公元帅、关公，以求平安、发财。

典当号房内还崇奉火神、号神，一为求财，二为避免灾祸。

330

卖彩票

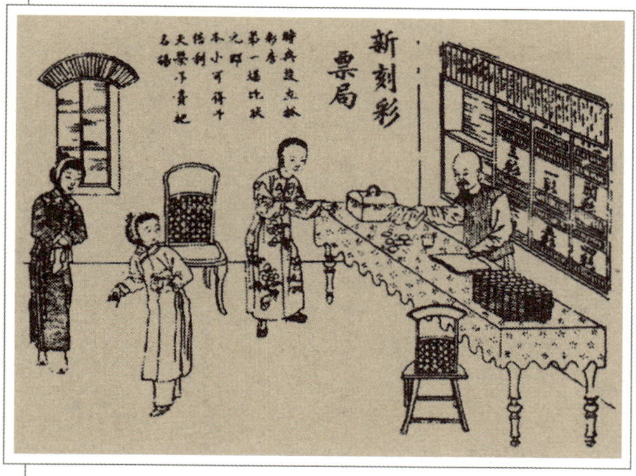

卖彩票

旧时卖彩票行当是一种赌博活动。鸦片战争以后,外国人把彩票传入中国,目的就是聚敛钱财。首先,票局负责出彩票,大做广告后,不少人怀着好奇、搏一把、玩一玩等各种心态购买彩票。购买者中,有富人、穷人、军人等各色人等。彩票是现买现兑,生意十分红火。当然,中不了奖的是绝大多数,只能望彩兴叹。被欺骗的劳苦大众,有的因买彩票弄得倾家荡产,走火入魔,甚至家破人亡。当时,有一句俗话:“买彩票入了迷,等于吸上了精神鸦片。”

现在我国卖彩票的盈利用于公益性事业,其本质与旧时是完全不同的。

崇奉:洋人

鸦片战争后,洋人把博彩业、卖彩票传入中国。洋人所在国经多年磨合和法制约束,有一套比较科学的经营管理模式。但它进入中国之后,诸种弊端豁然而现,劣质之徒混迹其间,干出了许多恶毒的坏勾当。因此,无论外国或中国,官办还是私营,见钱眼开、浑水摸鱼,兴办者获利最厚,而许多买彩票的人则深受其害。

跑堂倌

过去，在饭店、戏院等处都有跑堂倌的身影。在这些营业场所，他们热情地招揽客人，服务于客人。其装束一般是头戴毡帽，腰系围裙，嘴上不停地“唱票”，忙上忙下，手脚不停，十分辛苦。做这一行还要熟悉业务，见什么人说什么话，口齿伶俐，迎来送往。旧时，北方戏院的堂倌还要管手中毛巾、旁边的果子摊、中间的茶水。这号堂倌，北方人称其为“三行”，他们满戏园子乱转，招呼着客人。若没有受过专门训练，是根本干不了这个行当的。

跑堂倌业的前身乃是“店小二”，现在则称“服务员”。职业虽普通，可许多行业确实少不了他们。

跑堂倌（王继青绘）

崇奉：土地神

土地公即福德正神，也是财神。他除了掌管土地生养万物之事外，还管人世间的钱财、五谷等。所以，跑堂倌崇奉福德正神。

传说农历二月初二日是“福德正神”诞辰。旧时的这天，堂倌要祭拜福德正神，保佑他们平安与进财。

鸡毛换糖

鸡毛换糖（王继青绘）

鸡毛换糖是一个收纳破烂的行当。此种小贩穿戴不体面，多数为老头。收购的不仅是鸡毛，还收鸡肫皮、牙膏壳、甲鱼壳、头发、废铜烂铁等东西。鸡毛换糖小贩挑着糖担走街串巷，前后各挂着一只扁扁的竹箩，一只竹箩是收纳破烂的；另一只竹箩上搁一块板，糯米止咳糖像一板豆腐一样铺在上面，罩上一块白布。前来换糖者以老人、小孩居多，他们交了旧货，小贩揭开白布，操起两根扁扁的铁条，用一条的头子抵住糖块的边缘，再拿起另一条在竖着的那条顶端上轻轻一敲，糖块就脱离开来了。

崇奉：赵公元帅

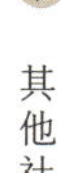

换取灯

换取灯

“换取灯(火柴)”是北方人的称法,南方人直呼为“破烂换‘洋火’”,实际上是收废品、收破烂的一种行当。这行业多是穷苦妇人或老弱男子干的。肩挑一副破竹担或是背着一只破筐踽踽独行,边走边拉长音吆喝:“换破烂啦……”这个行当把收上来的废纸积攒起来卖给造纸厂,打碎沤浆,生产“还魂纸”(也就是包装纸或草纸一类);收上来的废铜烂铁、玻璃渣子等送去回炉再造,变废为新;烂布就送去打袼褙、纳鞋底。各派用场,一无所弃。

取灯即火柴,一枝枝一寸长的小小木棍上,一头沾有红的或白的磷碘。换取灯的小贩用的就是这一种。它价格便宜,但极不安全。这种火柴直到20世纪50年代才逐渐消失。同样,换取灯行当也早已退出历史舞台了。

崇奉:关公

打鼓的

打鼓的

“打鼓的”是北方人，尤其是老北京人对此职业的称呼。这行当一般分为两类。一类是打小鼓的，左手擎着一只厚3.4厘米的单皮小鼓，右手用竹棍做的鼓槌子“啪啪”一敲，人们就知道收旧货的来了。这类人，穿胡同、蹲门槛，挑着两只破筐，什么东西都收。由于文化低，也不识货，就是收到高档次的文物、书画等，也会当废物再次卖了。他们获得的只是微薄小利。另一类人也是打鼓的，肩担较细的竹筐，并蒙以蓝布，专买细软物品，如瓷器、古玩、家具等。还有不肩担，只背以布褡裢，专买金银首饰、珠宝玉器等物。他们与古董商、字画铺、古玩店、首饰楼的老板、伙计多有来往，收到值钱的好货，自都送上门去，请他们掌眼，卖个好价钱。据说，这类打鼓的中，有人还专收大户人家中不肖子弟、下人、老妈子等偷来的东西，不计较给价多少，急着出手，等于变相销赃。

崇奉：关公

收破烂

收破烂（王继青绘）

“收破烂”是北方人的叫法，南方人一般称其为“收垃圾”“收旧货”“收破旧”等。这行当是旧城市贫民的生意之一，比拾破烂（拾荒）的好一些。因为，拾破烂是“无本生意”，而收破烂多少还要有些本钱。

收破烂的人自身穿着破旧，但却洗得干净。因为，做这一行的人也算是个买卖人。肩上挑的筐虽破旧，但很结实。他们一路吆喝，引来各家送来户中的废弃物，如旧书破本、废铜烂铁、旧瓶、碎玻璃、橘子皮、碎骨头等。收破烂的本钱小，但它的市场很广，家家户户离不开它，许多类似的行当都已消失了，唯有收破烂行当还存在。

崇奉：关公

336 捡烂纸

从事捡烂纸行当的人，在清末民初，大多是城市贫民。他们终日在街头行走，头上经冬历夏都戴着一顶破草帽，用以遮阳避雨。担子两头是两个竹子编的大坛子型的筐，上有盖，是怕捡来的废纸被风吹去。他们随身带着两种工具，一种是一柄长长的竹镊子，用来捡拾废纸之用；另一种是长木柄的小铁铲，为铲得贴在墙上的招贴、广告纸之用。

捡烂纸

捡烂纸与收破烂不一样，收破烂什么东西都收，有钱货交易，大小是个买卖。而捡烂纸的只收破书烂本、街头弃纸，品种单一，只收白送之物，没有钱货交易。他们迷信今生惜字纸，可保子孙能识字，故而他们从来都不说自己与收破烂行当是同行，而是与读书人亲近，崇奉的是大圣人孔子。

崇奉：孔子

奶妈

奶妈也称乳娘、阿母、保姆、嬷嬷等，时代不同而名称各异。她是一种专门为别人哺乳、代育婴儿的行当。此业古已有之，其原因是多方面的：有的因为小孩生母家有钱，雇人代哺；有的因为小孩生母体弱少乳，才雇请奶妈养育。

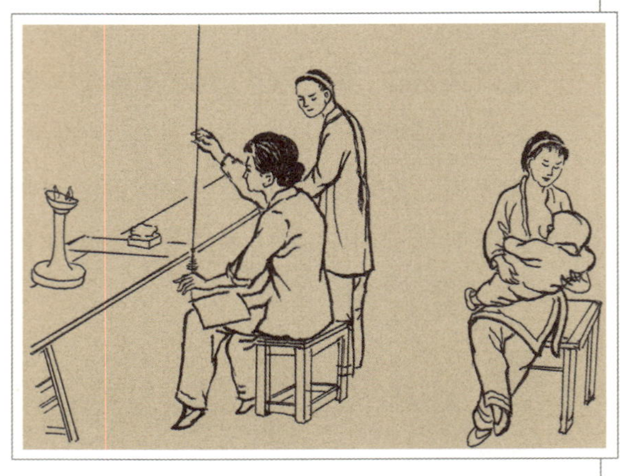

奶妈（王继青绘）

奶妈用自己的奶水为别人家哺育孩子，民间惯例是对其要包吃包住，并在经济上给予一定报酬。由于奶妈哺育孩子要一年至三四年，孩子一直在其身边，小孩与奶妈之间通常会产生深厚的感情。因而，历史上有不少动人的故事，如“魏媪舍命保主”“乳母严训寇准”等。至于为皇室当奶妈的，则是“一朝入选，终生富贵”。

瑶姬（王继青绘）

崇奉：瑶姬

瑶姬也称“云华夫人”，传说是西王母的第二十三个女儿，她从西王母那里学到了许多道术。奶妈行当崇奉瑶姬，相传农历七月十八日是瑶姬的生日，在这一天奶妈们均要祭祀她。

媒婆

媒婆行当从汉代起就有其称呼了。在封建礼教的束缚下,男女自由恋爱是不可能的事,只有通过媒婆的中介。所谓“三媒六证”“八字相合”是成就婚姻的唯一标准和渠道。

媒人这行中,从业者男女皆有,但向来是以中年妇女为多,因为她们出入人家宅院方便,与双方父母辈容易沟通。做媒婆的,一要聪明,通情达理;二要脚头勤快,不辞辛劳;三要能说会道,条理分明;四要有活络的经济头脑,下聘礼、谈“尺寸”,能把握适度,做到双方皆大欢喜;五是最重要一点,要讲信誉,口碑好。

凡经媒婆撮合的婚姻,如果夫妻和美、家和业兴,子女孝敬、姻亲益彰,自然引来更多的生意。如果只为中间得利,而花言巧语、欺骗撮合,必然会引起恶果,遭四邻非议。这样“好事不出门,坏事传千里”,媒婆的生意也就难以为继了。

崇奉:月下老人

我国至今还称媒人为“月老”,有的媒人、各种婚姻介绍所也自称“月老”。所谓“月老”,是“月下老人”的简称。月下老人是我国神话传说中专司人间婚姻的神。月下老人面相慈祥,一脸长须,专为天下有情人“拴红线”搭桥。旧时，在痴情男女心目中，月下老人毕竟是一位寄托着“爱情幸福”之神，而且老人阅历深、经验多，比较可靠。在杭州西湖孤山之下白云庵的月老殿有一副楹联颇有意味：“愿天下有情人，都成了眷属；是前生注定事，莫错过姻缘。”

媒婆崇奉月下老人，以祈保佑其做媒的成功率高。

月下老人

乞丐

乞丐

乞丐，亦称“讨饭花子”，是以乞讨求食为生的一个特殊群体，这一行可以说自古有之。乞丐的人员结构很复杂，其中有肢体残障，失去劳动能力的；或家庭破裂，贫病交加，无子女依靠的；或孤儿弃子，靠人施舍为生的。此外还有不少游手好闲的无赖，好吃懒做，充杂其间，更有些流氓痞棍、逃犯混迹在内。另有一个奇怪现象，一些乡村农民，在冬闲无事时，全村成帮结伙外出乞讨，竟也成了习俗惯例。若逢旱涝灾害年份，乞者更众。

旧时，历朝对乞丐均采取收容救助，或把他们整编管束，或“收养教以工艺”，其目的是消除乞丐现象给社会带来的混乱和不安定。

但是，旧时整个社会的贫穷、落后以及经济结构的不合理，使得乞丐现象难以找到好的解决方法。

崇奉：铁拐李

人总是要死的。中国的传统风俗是为死者做出妥善安排，于是各种祭品和祈祷仪式出现了，最后对死者要进行安葬。由于各地区民族和宗教不同，丧葬习俗也是多种多样。

殡葬业

汉族在唐朝就形成了殡葬行业，叫作“凶肆”。从事凶肆的人往往有一技之长，或擅唱挽歌，悲戚动人；或能说会道，减少丧家悲痛。到了清末民初，专业的殡仪馆、火葬场出现了。之后，又出现了卖墓地、建造墓室，不少地区还发展出有规模的公墓。

崇奉：汪子华

汪子华是唐朝蔡州（治今河南汝南）人。传说他七岁已通晓经义，十三岁能知天文地理。开元年间，汪子华参加科举考试未中，便抛弃功名之心，与颜真卿一起学习长生术。一次，汪子华闻朋友之妻病亡，他急去奔丧。在路上遇到一个昏倒在地的穷汉，汪子华扶起他。穷汉叫袁龙，已几天没吃饭。汪子华带他到朋友家弄点吃的，救了他一命。袁龙知恩图报，帮着一起办丧事，受到汪子华朋友的夸赞。汪子华对袁龙说：“你不如去干专门帮人家办丧事的行当，维持生计。”袁龙听从了，开始从事凶肆行当。以后，每年农历三月初五日汪子华生辰，袁龙都要祭拜恩人。久而久之，殡葬业崇奉汪子华。有的地区殡葬业也崇奉鬼谷子、彭祖、八仙等。

棺材铺

旧时提倡孝道,老人寿终,提倡厚葬,“入土为安”,所以,不论贫富,人们都尽其所有,大办丧事。再加上因各种原因而死的逝者都需要安葬,棺材铺的生意十分兴盛。

棺材铺

做棺材的木匠师傅称斜木匠,属于斜木行。他们剖的板材与别人不同,但凭一条“阴阳线”,下的大料都“一头大,一头小”,“一头厚,一头薄”,技术要求高,弄不好,整段木料就废了。

棺材的式样,南北方差异很大。所用木材的料大致一样,最贵重的是阴沉木。这种材料十分稀少,它是介乎于木、化石一般的东西,遇火不燃,水浸不腐,寸材寸金,是帝王显贵的专用品。其次是金丝楠木,再次之为香杉,均系王公大臣、一品大员专用。再次为柏木、杉木、松木及用大叶杨、小叶杨、椴木、柳木等做的棺材,价格便宜,专供平民选用。

随着时代发展与进步,现行提倡火葬,所以此行业在各大城市、乡镇已渐渐消失。但在一些少数民族地区,还保留着土葬风俗,棺材大多由自家请木匠制作。

崇奉:萨真人

萨真人,姓萨,名守坚,西蜀人。年轻时学过医,不过医术低劣,是个庸医。曾经开错药,吃死了人,于是弃医学道。

北宋末年,萨守坚听说江南第三十代天师张虚靖及林灵素、王文卿(又称“王侍宸”)三位大师最有道行,就前往投奔。当他走到陕西境内时,已分文皆无,十分狼狈。正在发愁时,迎面来了三位老道,问他欲往何处,萨守坚如实相告。不料,三位老道分别告知,你要找的那三位大师都“羽化”了。萨守坚听了大失所望,不知如何是好。

此时,一位老道对他说:“我有一个好朋友叫天师,他的道行也很高明,我给你写封信,你可以拜访他。你现已身无分文,我授你咒枣之术。咒一枣可取七文,一天咒十枣,就能得七十文,足够一天的开支了。”另一位道人说:“我有一雷法也传给你吧,此法能保护你。”第三位老道给了他一把棕扇,对他说:“遇有病者,一扇就会痊愈。”

于是萨守坚每天共咒百余枣,只留七十文作为日用,其余六七百文全都施舍给穷人。他到了信州,去天师家投书,全家见书大哭,原来所捎之书正是张虚靖天师的亲笔信。信中说:“吾与王侍宸、林天师遇萨君,各赐一法授之矣,可为参录奏名。”萨守坚这才知道路遇的三位道士正是自己想投奔的三位高道。此后,萨守坚大显道法,遐迩闻名,后被玉帝封为“天枢领位真人”。

棺材铺行业的商人崇奉萨真人,一则图生意兴隆;二则要考虑丧家的心情,有“天枢领位真人”掌门面,双方均能接受。

卖『长锭』、锡箔

卖“长锭”、锡箔

“长锭要哦”“卖锡箔”，旧时经常可以听到这样的叫卖声。这些走街串巷的小贩专卖祭祀鬼神、超度亡魂、僧道作场、扫墓上坟时用的银色锡箔纸，或制成的元宝、吊钱等冥品。卖“长锭”、锡箔行当在唐朝时就已盛行。古时便有祭奠亡人和鬼神之习俗，民间百姓用锡箔纸折叠成大大小小的元宝串在一起称作“长锭”；折成单个元宝，堆在一起，称作冥钱，将这些冥钱焚化飞升，说是交付阴间冥府使用。这些东西一般是在纸扎铺、冥纸店、香烛铺中售卖。一到冬至、清明时节，这些店铺有时忙不过来，其业务就发展到周边邻里的妇女身上，她们除了帮忙赶制成品外，还外出走街叫卖。有的小贩则直接去市井吆喝叫卖。由于社会的发展，现在已听不到旧时卖冥品的叫卖声了。

崇奉：赵公元帅

343

算命先生

旧时，在庙会、集市中，算命先生随处可见。他们身前一张桌子，两条板凳，旁边挂条布幅，上写“铁嘴算命”“赛过神仙”等招牌。算命先生粗通文墨，能言善辩，评论前朝典故、人物得失，说得有鼻子有眼，引人驻足围听，一旦发现听得入神者，便转而为他看相算命，收取命金。

算命先生

也有自动上前，要求算命的人。这时算命先生对其运用“套、诱、拐、骗”等手法，摸准其心态，然后“算”出其命相。这种算命，主要是说些模棱两可的话，再察言观色，让算命者感到有一半以上“准确”的概率，就会信以为真。其实，人的命运并不是命中注定，而是根据社会环境和个人努力等因素不断变化的。

旧时还有瞎子算命，修此业是师傅课徒。所收徒弟也是盲人、盲童，唯课徒都是在家中私授，从不带出一同作业。

算命先生都自诩为“半个神仙”，如诸葛亮再世一般。但是，这一行的祖师爷却不是诸葛亮，而是鬼谷子。鬼谷子著有《鬼谷子》一书，专事纵横揣摩之术，相面算卦全在于揣摩人的心理变化。所以，这一行崇奉鬼谷子。

崇奉：鬼谷子

测字先生

测字先生

旧时，在街头、庙会、集市或城门洞前，常有人摆出小摊，摊上置笔、墨、纸、砚和一长方小匣；有的没有摊位，手中只提一纸匣，内有若干纸卷。卷上各写一字，可以让要测字的人自己拈取。也可以由他报一个字，测字先生再把这个字写于纸上。更玄乎的，有的测字先生，养一只鸟，根据测字人的口述，令小鸟叼出一张纸来。而后，测字先生便把纸上的字拆开偏旁，或是加减笔画，或是打乱文字结构、改变笔画顺序等手法，从中得出新的思路、设想和推断，用以算人的吉凶祸福，然后再为其“指点迷津”。

这一行以对字的拆解、推理、引申论学问，极具书卷气，一度在社会上颇为盛行。他们较之算卦、相面、摸骨等迷信生意，更显得学识高深，玄机莫测。这行人惯走江湖，善于揣摩人心的诉求，颇得一些人的信任，更具有欺骗性。

崇奉：鬼谷子

仙姑

仙姑实际上是靠鬼神巫术骗人家钱财的一个行业。北方人称为“跳大神”，南方人称为“活仙人”。这个行业多为妇女操业，故称“仙姑”。她们以所谓亡故之人附身仙姑肉身与活着的人对话来行骗。仙姑欺骗的对象大多是老妇、儿童。他们或是生了病，或是做了怪梦，或是家中出现了一些不可理解的事情，胡思乱想、疑神疑鬼，就请来仙姑“解谜”。

仙姑

仙姑施法前，要在厅堂前设置好灵位，摆上供品，点燃香烛。本家人跪在案前祈祷，仙姑正襟端坐，口中默念咒语。不久，仙姑变颜变色，若有所悟，似有所得，转瞬便大呼小叫，或作亡人语言，或作亡人附体，时哭时笑，嗫嚅声声，本家人倍觉惶恐，便不由自主地向仙姑述说个人的苦恼和诉求。

请来仙姑，代价不小。求她烧香、焚冥币、上供、施法等都要花钱。

崇奉：黄帝时仙姑

传说黄帝的小女儿在金华仙华山修炼，得道升仙。后来，百姓就在她修炼的地方建立一座庙，遇有灾害疾病，便去祷告，求仙姑帮忙，非常灵验。她也被后人奉为此山的守护神。

仙姑行业崇奉黄帝时仙姑，一则是求神保佑，二则黄帝时仙姑也是她们行业的鼻祖。

巫师

巫师原是民间传说中亦人亦仙的人物，与钟馗相似，能镇除妖魔鬼怪。其实，这全是巫师巫术的迷信活动而已，老百姓俗称他们是“张天师”。

这种职业可追溯到上古祭祀中的大巫。他们在仪式上装神弄鬼，呼天叫地，焚符施法，咒祷苍冥，占龟卜问，舞之蹈之，使人肃然惶惶，望而生畏。他们呼唤于人神之间，自命不凡。

巫师

民间百姓若有人生病，久治不愈，又一时查不出病因，就认为是妖魔作怪，便请巫师来捉妖。巫师一到，披上法衣，戴上法冠，手持宝剑、黄符表纸，设摆香案。案上摆好各式供果，开始替天行道，施用法术驱逐妖魔。

不论古代和现代，所谓巫师捉妖的过程基本一样。第一步是贿鬼，劝它离开，不要在此家闹事。巫师焚符后，口念咒语，手舞足蹈，一番折腾。如果碰巧，病人见好，则说明受贿的鬼已离去。

如若病人仍不见好，说明鬼魅未走。巫师就采用第二步骤进行逐鬼，把鬼赶走。所用之物是一杯清水，一把桃枝蓍草。在念完逐鬼咒语后，用宝剑挑符焚烧，再用桃枝蘸了清水，在病床四周淋洒。完毕之后，将桃枝或蓍草挂在病人的衣襟和床褥之上。一直到病好，方能取下。巫师捉妖时，病人的家属要在一旁跪拜，以表诚意。

如果这招还不见灵验，说明恶鬼作怪，把病人魂勾去，必须施法招魂。招魂时，全家肃然恭立。巫师亲自挂起招魂幡迎风招展。“张天师”对天施法，舞剑踏歌。法事之后，望风撒米。再由家人等四处叫魂，高叫病人姓名，呼之回转。

玉皇大帝

旧时，巫师捉妖这种行业在缺医少药的乡间较为常见。实际上这个行业与道教是不相干的，他们打着“巫师”的旗号，行的是骗钱的把戏。

崇奉：玉皇大帝

玉皇大帝是道教祀奉的地位最高、职权最大的天神，总管三界十方。相传，玉皇大帝是光严妙乐国王子，后舍弃王位，学道成仙。

巫师捉妖行业崇奉玉皇大帝，目的就是借地位最高的神保护自己、迷惑他人。

妓女

妓女

妓女源自上古的巫娼。蒙昧时期和母系氏族阶段，施巫、群居、滥交，都会出现不平等的性占有行为。在3000多年前的殷商时代，巫风最炙，宗教性的巫娼遗迹，均有迹可寻。但此时娼风并无任何钱肉交易的商业性质。到了春秋时期，齐桓公称霸。为了繁荣本国的经济，接待四方行商，宰相管仲便在都市之中设立女闾。这是我国公开妓女制度的开始。明末时期，娼妓（以卖淫为业的女人）业发展最盛。妓女行业一直沿袭至1949年，中华人民共和国成立后妓院就被取缔了。

崇奉：洪崖

娼妓崇奉者较多，有洪崖、管仲、勾栏女神、吕洞宾、金将军等，但最有名的是起源于明代的白眉神洪崖。相传洪崖是三皇时的伎人，是后代乐人的始祖。《列仙传》中说："洪崖先生，或曰，黄帝令伶伦作为律。"据此可知，洪崖是黄帝时的乐官伶伦。

中国古代没有"娼"字，"娼"字是公元6世纪才出现的。在它以前，都用"倡"字。"倡"是指以演奏、歌舞为业的人，所以娼妓崇奉洪崖。

拉皮条

拉皮条是指从事介绍卖淫的人或撮合男女发生不正当关系的人，包括旧时妓院内的所谓“妈妈”之类的头目。这类人有男有女，他们脑子活络，能说会道，社会关系极为复杂。

拉皮条行业是旧社会腐朽制度的产物。这些人虽然不直接参与嫖娼或淫乱活动，但其危害性更大。他们“拉皮条”的后果，往往是摧残了良家妇女、毒害了无知少男，而他们从中获得了不义之财。“拉皮条”行业伴随着妓女、相公等色情业的产生而出现，是一根藤上的两个毒瓜。

拉皮条

崇奉：关公

相公

相公是一种提供性服务的男子，这种人集中的地方叫“相公堂子”。

相公

相公中有面目姣好的男童伶，打扮得油头女腔，招徕客人，赚取钱财，是被人鄙视的行当。相公行业在中国的历史很长。在宋朝，世俗糜烂，男子公然聚集在一起成立风月作坊，公开招揽生意。宋徽宗不得不立法搜捕，严厉打击相公业。明清两代，政府也有立法禁止官吏嫖妓狎娼（相公视作男妓、男娼），此业转入地下。这些男子不少是梨园中的子弟，影响极坏。清代盛行“私寓”，官吏富商们以蓄养相公为一时风气。这些大户们买来眉清目秀的小男孩充当书童、跟随小厮，实为供主人狎玩，往往不以为耻，反称名士风流。到了民国初年，一些有声望、有志之士强烈提出异议，撰文呼吁社会，打击此歪风，以扶正气。另一方面政府提倡维新，匡正积弊，遂明令提出废止，相公这一行业才逐渐消失。

崇奉：管仲

管仲是公元前7世纪齐国颍上人。他小时候家中很贫穷。青年时，管仲为了谋生长期经营商业，后来辅助齐桓公治理政事，并对齐国的政治、经济等各方面进行改革。管仲非常擅长搞活经济，拓展

管仲

商业贸易，以优惠的税收政策，以及商业设施吸引天下商人云集齐国。管仲为留着这些商人进行再投资，定居齐国，想出了一个“绝招”，创办了史上第一家嫖娼馆，所以色情业崇奉管仲。

350 小偷

小偷

小偷，南方人称作“三只手”。这个行当不劳而获，对社会危害极大。窃贼历来遭人们痛恨、唾弃。

小偷行当有单干的，也有团伙，如果要入道，还得由人引荐拜师。因为这个行当属于“暗道”，所以拜师者入道成功，必须遵嘱当众朗读一遍写好的契约，念完当场烧毁。三拜九叩，算正式入道了。仪式完毕，待他人走后，留下一位所谓的大师哥，当即教授一课。师傅亲自示范“雁过拔毛”“顺手牵羊”等绝技，如同变戏法一般。中国有部经典老电影《三毛学生意》，其中有组镜头是三毛被逼学做“小偷”的场景，活灵活现地表现出旧社会各类下层小人物的生活，当然富有正义感的三毛是不肯干这种“损人”行当的。

崇奉：东方朔

东方朔

在传说中，东方朔是汉武帝时的一位侠客。他不仅能飞檐走壁、神出鬼没，而且还多仗义行侠之举，极富传奇色彩。东方朔秉性诙谐，游戏人生。小偷中竟讲明有“三不偷”的规定：“一、饥人购米之钱，不偷；二、急人买药之钱，不偷；三、就木置材之钱，不偷。”实际上，这纯属自欺欺人，小偷在行窃时，哪里还管得上什么“三不偷”原则！

小偷毕竟是罪恶的勾当，他们崇奉东方朔，也仅是装装门面而已。

351

强盗

强盗

强盗是以暴力夺取别人财物的人。早在战国时期就有关于强盗的文字记载。之后世道越是混乱，强盗就越多。强盗与农民起义等有严格的区别，不能混为一谈。就强盗行当而言，也要做具体分析。其中有的人是为生活所迫，有的是被人欺压，走投无路；当然也有的是因为好吃懒做……总之，强盗行当的人来源相当复杂。强盗干的是犯罪活动，历来受到官方的打击和惩治。

崇奉：宋江

《水浒传》中的宋江在郓城做押司。他刀笔精通，吏道纯熟，更兼爱习枪棒，学得多般武艺。宋江因为犯了人命案，被逼上了梁山，后来被众人推举坐上梁山好汉第一把交椅。

宋江

卖蒙汗药

卖蒙汗药（王继青绘）

卖蒙汗药的行当，一般是“黑道上的活”。古代武侠以蒙汗药麻醉对方，获取人质或物品；也有江湖匪盗用它来杀人越货，获得不义之财。旧时，卖蒙汗药是见不得人的事，有人铤而走险，干这种行当。

但是蒙汗药的起源是治病之需。三国时名医华佗最先以植物曼陀罗花制成蒙汗药用于医疗。明代名医李时珍，将阴干的曼陀罗花研末取三钱，用热酒调和，让病人服下，便可做“割疮”手术了。

蒙汗药既能造福于人类，又能被用于干坏事。关键是它被掌握在谁的手中，被用于何处。如今，卖蒙汗药行当早已退出历史舞台了。

崇奉：华佗

制作洛阳铲

制作洛阳铲

洛阳铲是一种马蹄形的铁铲，人称“搡铲”。洛阳铲的制作较为简单，就是打铁匠按其要求，制作马蹄形铁铲。铁铲头半筒形，高不到33厘米，上端安上2米长的竹竿。因产地在洛阳，又是专用工具，所以叫“洛阳铲”。古时，常用于下葬前，探明地下是否还有墓地。据史载，洛阳以北的邙山是块风水宝地，历代权贵死后争相葬在那里，以至于经常发生灵柩下葬时，下面还有旧墓穴的墓套墓现象。因此，风水先生只好在墓穴选定后，让人掘地三尺，看看地下情况，着实有点烦。如果用上洛阳铲，便知地下有无墓葬。清朝末年，洛阳一带的盗墓贼也常用这种工具来寻找北邙山上的古墓。

现在洛阳铲是专业考古发掘队的工具。秦始皇兵马俑号称“世界第八奇迹”，但在兵马俑的发掘过程中，秦俑坑考古发掘队并没有使用什么先进的仪器。他们凭手中一把小小的“洛阳铲”不仅探明了1号俑坑的全部范围，而且还探明了2号、3号俑坑及秦陵附近的400座陪葬坑、陪葬墓。

崇奉：马铁匠

清嘉庆年间，洛阳邙山北村金家沟里有位祖辈几代以打铁为生

的马铁匠，他常看到附近丧家在下葬时遇到麻烦，选好的墓地被抛弃，原因是下边还有墓穴。于是，他花了几个月的时间，发明了洛阳铲。这探铲向地下钻插一次就进三四寸。往上一提，就可把卡在铲头半圆口内的土原封不动地带上来。这样不断向下钻，就得到不同层次的土壤。通过对不同地层土壤的结构、颜色、密度和包含物的分析，便知地下有无墓葬。如果是经后人扰动过的熟土，地下可能有墓葬；如果碰上异物，提上来一看就知地下有什么东西。

卖烟枪

卖烟枪

鸦片进入中国是在明朝成化元年(1465年)之前,最初主要用于医疗,起安神镇定作用。但自清朝道光年间起,外来鸦片开始大规模地向中国内地倾销。鸦片四处泛滥,民间烟馆林立,满大街推销烟枪,卖烟枪生意红火。烟枪品种五花八门,有象牙、乌木、饰金饰银,价格高低不等。配套的还有烟灯、烟钎子、烟盘子、烟盂等。卖烟枪行业牟取暴利,富了不法商人,害了无数生命。那时烟馆内,经常能看到濒临死亡的大烟鬼,用一张锡箔纸一卷一闻。一支老烟枪,吸毒如醉可达到勾魄销魂的程度。如今,烟枪随着鸦片的禁绝亦早已绝迹,唯有在博物馆和古董店中还能见到它。

崇奉:洋人

据清朝文人李圭著、周黎庵点校的《鸦片事略》记载:“明末苏门答腊人变生食为吸食,其法先取浆蒸熟,滤去渣滓复煮,和烟草叶为丸,置竹管就火吸食。”这便是有关烟枪产生的最早记述。

355

卖白粉

白粉又称“白面”，学名海洛因。它是从鸦片中提炼出的一种粉剂。这种毒品从19世纪末传入中国，它吸食方便，不需烟榻、烟枪、点烟灯，只需一点点粉末放在纸烟头上，点燃吸之。正因如此，许多人吸毒成瘾，哪怕再有钱的富人，也会弄得妻离子散、横尸街头。民谣称白粉是“勾魂小鬼与无常”。白粉的可恶，已为世人所众知。

这行生意形同鬼蜮，卖时雇托儿哄骗行人。收摊时，以骗人多少，买卖多少，再与卖白粉的“老板”分成。卖白粉行当是个害国害民的职业，在20世纪20年代已被公开谴责和取缔，并受到人民的唾骂，卖白粉行当便转入阴暗的角落交易了。

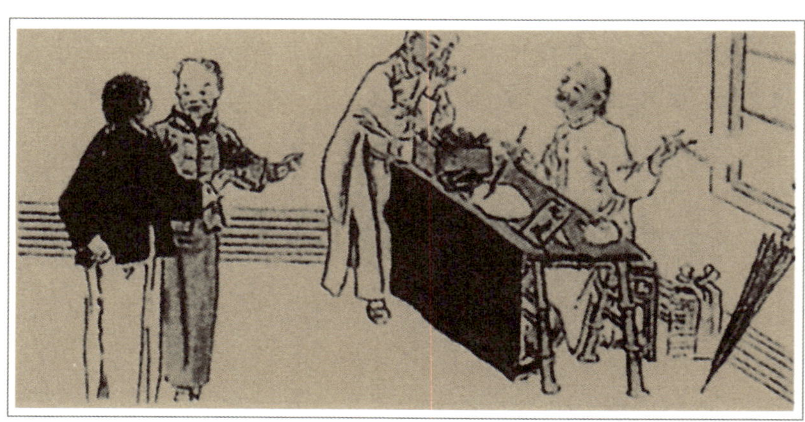

卖白粉

崇奉：洋人

宦官

宦官俗称“太监”。这种畸形行当，伴随着宫廷而诞生，历代政治兴衰常常与宦官有着密切关系。历史上的高力士、李莲英等都是有名的太监。

从另一个方面来讲，宦官又是封建社会的受害者，做这一行当先要“净身”，净身前要和净身师订立合同，请三四个人作为证明人，写明自愿净身，生死不论。“净身师”就是动刀割净身者的睾丸等下身的东西。这一过程十分残忍，弄不好是要死人的。

宦官作为在封建社会中为宫廷服务的人员，数量不小。据史记载，明崇祯帝以为，“君非亡国之君，臣是亡国之臣”，屡下诏书减膳。然而，在国破身亡时，后宫里居然还养着许多太监。随着历史的发展，这种畸形行当已经被历史所淘汰。

崇奉：八仙

八仙是指传说中的八位神仙：铁拐李、汉钟离、张果老、何仙姑、蓝采和、吕洞宾、韩湘子、曹国舅。

八仙

由于八仙具有广泛的代表性，男女、贫富、文野等社会各色人等（包括太监的行当）均可从中找到自己所崇奉的人物。

357

保镖

保镖是为有地位、有钱的人提供安全保护的职业。据史载,保镖行业形成约在宋朝前后。

保镖身强力壮,武艺高强,不少人都来自武行世家。他们有单干的,一般接受东家的雇用,负责府上家丁的武术培训,保护东家的人身、财产安全。

他们也有参与旧时的镖局(镖行)。镖局接受商人的货物押送,或者富人的财物押送,从中获取一笔丰厚的押送酬金。旧时,镖局在江南、山西、安徽、北京、天津等地,生意是十分兴隆的。

从事保镖的人,其行业有极其严格的一套行规,要求他们忠诚、讲信誉,“宁可身碎,不可损主”。

保镖(王继青绘)

崇奉:周武王

周武王是西周王朝的建立者,曾率军在牧野之战大胜商纣王的军队,灭商,建立西周王朝。

周武王

刽子手

剑子手（王继青绘）

过去，历朝历代都有刽子手。这行当是个特殊职业，杀“判处决”的犯人。人们印象中的刽子手都是彪形大汉，一脸凶相。一个被判死刑的犯人，临刑时一般都要求刽子手下手时要干净利落——“快！”于是，犯人和家属贿赂刽子手一点钱财，刽子手除了衙门给予一定的补贴外，还能发点这样的小财。

民国之后，刽子手这一行当渐渐退出历史舞台。处决被判死刑的犯人改为“枪毙”，而不是“杀头”了。执行者一般往往是刑警或军人。

崇奉：阎王

阎王是佛教中称为管理地狱之魔王。刽子手送犯人“上路”，旧时的迷信思想认为是把犯人送到阴曹地府中去。阎王专收这些来“报到”的死鬼。刽子手在阳间，但其职业是与阴间的阎王打交道。所以他们自然会崇奉阎王。

阎王

狱警的前身是狱卒，其职责是管理监狱中的犯人。在封建王朝中，狱卒常常欺上瞒下，横行霸道，敲诈勒索，无所不为。

现代意义上的狱警出现在推翻封建王朝、建立共和政府之后。在新的制度下，监狱里的狱卒改称为“狱警”。名称虽然改了，但在民国时期却是“换汤不换药”，其作风仍是蛮不讲理，制造冤案，枉死不少人。俗话说：“牢门朝北开，有冤无钱难出来。”可见世人对他们的评价是多么的恶劣！

狱警

崇奉：上海租界领事

领事（王继青绘）

中国监狱的改革和制度的现代化，是由上海租界开始的。1865年，英国驻上海领事在租界内成立了“领事法庭”，并在杨树浦提篮桥建立了法庭监狱（20世纪初改为提篮桥监狱），负责英国在华侨民的司法处理和犯人监禁。狱中管理者称狱警，负责放风、医疗、探亲、通信等。这是现代监狱管理制度在中国的萌芽。

巡警

巡警的称呼是从“巡捕”一词演化而来的。巡捕在中国出现较早，清代在京师即设置有巡捕营，执掌护卫、侦缉、缉捕人犯之职。巡捕到巡警的演变，是从1854年上海租界成立“工部局”之后开始的，与此相对应还成立用外文起名的负责地方治安的管理机构，直译应是“警察”。但当时并无此词，只能依京师设置的“巡捕营”转译为“巡警”。根据当时的条约规定：洋人在中国犯罪，中国政府无权处理；但中国人若在租界内犯了事，巡警有权缉捕、拘审、惩治。当然，这些外国巡警骄横傲慢、操枪持械，不可一世地巡行在租界里。巡警的出现，也引进了先进的治安理论和科学的管理制度，它是中国最早的警察机构，但它不归中国主权管辖，所以不能定位为最早的中国警察系统。

光绪三十三年（1907年），两江总督端方奏请朝廷，将巡警系统在全国推广。

此后，由于民国时期政治腐败、吏治不清，作为最基层一级的统治工具——警察，形象极差。上海有部滑稽戏《七十二家房客》，戏中有一个旧警察“三六九”，就把当时的巡警形象表演得活灵活现。

崇奉：端方

光绪三十三年（1907年），两江总督端方奏准上海推广巡警，委

端方

派瑞澂为督办,候补道汪瑞闿为总办,改上海北市马路工巡总局为上海巡警总局,共有警务人员1000余人。不久,武汉、南京等大城市相继建立了警察机构。到了民国,这一机构就一直沿袭下来。

附录　三百六十行及其崇奉民俗

序号	行　业	崇　奉
1	耕地	神农
2	车水	李冰父子
3	割稻	神农
4	种玉米	神农
5	种甘薯	陈振龙
6	种洋葱	赵公元帅
7	花农	花神
8	卖花	花姑
9	卖君子兰	洋人
10	卖南天竹	南极天尊
11	卖盆栽	南极天尊
12	蚕农	金蚕娘娘
13	采桑叶	金蚕娘娘
14	放蜂	女夷
15	抓蛤蟆	青蛙神
16	养猪	神农
17	羊倌	关公
18	牧牛	牛王
19	牧马	马王
20	猎人	孙膑
21	屠夫	陈平
22	渔人	姜太公
23	鸬鹚捕鱼	姜太公
24	卖包子	诸葛亮
25	卖蟹黄汤包	孙尚香
26	卖烧卖	关公
27	卖饽饽	皇太极
28	卖爱窝窝	神姑
29	卖金糕	皇太极

序号	行　业	崇　奉
30	卖年糕	赵公元帅
31	卖糖粥	范蠡
32	卖糕饼	闻仲
33	卖馍头蒸饼	赵公元帅
34	卖缸炉烧饼	关公
35	卖茯苓夹饼	慧智
36	早餐“四大金刚”	赵公元帅
37	卖春卷	赫姑
38	卖麻油馓子	女儿
39	馄饨挑	祝融
40	卖饺子	苏巧生
41	担担面	陈包包
42	卖云梦鱼面	关公
43	卖凉面	刘太公
44	卖切面	曹顶
45	卖过桥米线	小娇
46	卖元宵	范蠡
47	卖八宝饭	肖代
48	卖及第粥	范蠡
49	卖粽子	屈原
50	爆炒米花	九天雷祖
51	米粮店	赵公元帅
52	卖凉粉	赵公元帅
53	卖松花粉	利市仙官
54	烘山芋	福神
55	切薯干	关公
56	卖胡萝卜	关公
57	卖鲜藕	何仙姑
58	煮玉米	贾思勰

序号	行 业	崇 奉
59	卖金针菜	何侯
60	卖山野菜	关公
61	卖花生	赵公元帅
62	卖火腿	关公
63	卖东坡肉	苏东坡
64	卖猪头肉	关公
65	卖夫妻肺片	郭朝华夫妻
66	卖涮羊肉	忽必烈
67	烤羊肉	文子
68	卖狗肉	樊哙
69	卖白果烧鸡	天师洞道士
70	卖叫花鸡	钱谦益
71	卖茶叶蛋	范蠡
72	卖烤鸭	赵公元帅
73	卖鹌鹑	赵公元帅
74	卖清水大闸蟹	解公
75	豆腐挑	刘长
76	炸豆腐	祝融
77	炸臭干	祝融
78	卖乳腐	杜康
79	卖榨菜	邓丙成
80	盐商	妈祖
81	卖醋	黑塔
82	换馍做酱	赵公元帅
83	卖小磨香油	赵公元帅
84	葱姜摊	关公、施相公
85	卖西瓜	张飞
86	卖哈密瓜	哈密王
87	卖葡萄	张骞
88	卖白果	长桑君
89	卖橄榄	关公

序号	行 业	崇 奉
90	卖糖炒栗子	偓佺
91	卖冰糖葫芦	李渔
92	卖甘蔗	土地神
93	卖梨膏糖	关公
94	卖水	大禹
95	老虎灶	姜太公
96	卖豆浆	淮南
97	卖马奶	赵公元帅
98	卖冷饮	纪晓岚
99	卖雪花酪	皇太极
100	茶馆业	陆羽
101	卖酒业	仪狄、杜康
102	卖甜酒酿	杜康
103	卖西凤酒	殷王
104	卖茅台酒	李白
105	卖烟袋嘴	丘处机
106	卖香烟	美国士兵
107	鼻烟铺	祝融
108	轧棉花	黄道婆
109	纺纱	黄道婆
110	蓝印花布	黄道婆
111	蜡染	苗族祖先
112	染工	赵昱
113	漂工	赵昱
114	缫丝工	王昭君
115	织锦	马头娘
116	蜀锦业	诸葛亮
117	绸缎庄	嫘祖
118	刺绣	蔡女仙
119	卖绒线	何二娘
120	地毯织造	阿克西凡

序号	行 业	崇 奉
121	裁缝、卖布	仙姑
122	张小泉剪刀	张思家
123	制造熨斗	黄道婆
124	卖缝针	风火仙师
125	卖纽扣	李充
126	制作中山装	黄隆生
127	制作旗袍	满族妇女
128	估衣	黄帝
129	缝穷婆	马皇后
130	鞋铺	路神
131	卖三寸金莲	李煜
132	卖包脚布	瞿夫人
133	修鞋匠	铁拐李
134	修阳伞、补套鞋	孙膑
135	打草鞋	刘备
136	缝袜子	李充
137	卖虎头鞋、帽	黄道婆
138	卖毡帽	徐福
139	卖缠腰	哪吒
140	木匠	鲁班
141	车匠	鲁班
142	雕花匠	鲁班
143	瓦匠	鲁班
144	石匠	鲁班
145	造园业	计成
146	打井	舜
147	卖门铃	陈致光
148	煤矿工	窑神
149	烧炭工	孙膑
150	炭铺	祝融
151	卖灯草	关公

序号	行 业	崇 奉
152	烛坊	太上老君
153	香烛摊	黄升
154	卖筷子	彭祖
155	制作屏风	鲁班
156	修棕绷	床神
157	弹棉花	黄道婆
158	卖枕头	床神
159	卖胭脂	张骞
160	淘金	比干
161	金箔工匠	刘海蟾
162	卖戒指	赵公元帅
163	制作长命锁	马成子
164	修钟表	利玛窦
165	铁匠	太上老君
166	削刀磨剪刀	关公
167	铜匠	鲁班
168	秤匠	秦始皇
169	制伞匠	黄帝
170	卖伞	云氏
171	卖竹竿	关公
172	篾匠	山神
173	绳匠	鲁班
174	抬轿子	黄安
175	拉黄包车	米拉
176	赶脚	张果老
177	邮差	罗兰・希尔
178	制作信牌	孔子
179	更夫	城隍
180	窝脖儿	东王公
181	制造车	黄帝
182	修马路	约翰・马卡丹

序号	行　业	崇　奉
183	摆渡	共工氏
184	放筏	周宣灵王
185	纤夫	田纯静
186	码头挑夫	城隍
187	造船匠	妈祖
188	制作灯塔	陈瑄
189	游医	孙思邈
190	拔火罐	葛洪
191	拔牙	扁鹊、华佗
192	绞脸	女娲氏
193	接生婆	孙夫人、送子娘娘
194	中药堂	张仲景
195	草药摊	华佗
196	卖三七	孙思邈
197	卖蒲艾	钟馗
198	卖枸杞子	孙思邈
199	卖杭白菊	李时珍
200	卖蒲公英	李时珍
201	卖百合	李时珍
202	卖云南白药	曲焕章
203	卖狗皮膏药	吴云彪
204	卖蛇酒	李时珍
205	卖凉烟	孙振兰
206	卖耗子药	仓鼠大王
207	卖香包	西施
208	卖眼镜	罗格・贝肯
209	理发	关公
210	卖假发套	卫庄公
211	卖木梳	鲁班
212	卖耳勺	关公
213	“穿”牙刷	关公

序号	行　业	崇　奉
214	卖手杖	铁拐李
215	卖蒲扇	关公
216	卖羽扇	周昭王
217	制团扇	天仙
218	卖折扇	日本僧人
219	卖冰	纪晓岚
220	卖鸡毛掸子	周文王
221	卖夜壶	喜神
222	粪夫	厕神
223	澡堂	唐玄宗
224	修脚	罗真人
225	私塾师	孔子
226	绍兴师爷	姜太公
227	办学校	孔子
228	书贩	柳君
229	卖报	戴宗
230	卖碑帖	王羲之
231	卖贺年卡	刘伯温
232	照相馆	任景丰
233	卖相片	赵公元帅
234	小书摊	孔子
235	装订制书	魁星
236	雕版	文昌帝君
237	造纸匠	蔡伦
238	制毛笔	蒙恬
239	制砚	真武大帝
240	制墨	真武大帝
241	卖八宝印泥	魏长安
242	卖算盘	范蠡
243	代写书信	孔子、顾欢
244	写春联	朱元璋

序号	行 业	崇 奉
245	卖“福”字	福神
246	制牌匾	鲁班、王羲之
247	作家	孔子
248	卖毽子	孙武
249	套圈圈	比干
250	转糖博彩	赵公元帅
251	卖花炮	石敢当
252	卖象棋	鬼谷子
253	围棋手	尧
254	摆棋局	孙武
255	卖麻将牌	陈鱼门
256	卖响铃	刘海上仙
257	旅游业	范仲淹
258	养鸟	昌容
259	斗鸡	纪渻子
260	斗蟋蟀	济公
261	跑狗场	麦边
262	猴子耍把戏	关公
263	马戏	赵云
264	顶技	刘海蟾
265	蹬技	刘海蟾
266	变戏法	刘海蟾
267	卖武艺	关公
268	掼跤	秦琼、尉迟恭
269	舞狮子	胡人
270	舞龙灯	龙王
271	打花鼓、跑马灯	赵公元帅
272	跑旱船	屈原
273	踩高跷	兰子
274	卖乐器	弄玉
275	班鼓匠	唐玄宗
276	小堂茗	韩湘子
277	放话匣子	洋人
278	歌女	九天玄女
279	扭秧歌	石敢当
280	舞蹈者	唐玄宗
281	舞女	褒妃
282	唱鼓书	箫史
283	打连厢	黄飞虎
284	宣卷	罗将军
285	说相声	唐玄宗
286	串双簧	张山人
287	唱戏	唐玄宗
288	京剧	程长庚
289	看西洋景	关公
290	木偶戏	陈平
291	皮影戏	少翁
292	电影	本杰明·布拉斯基
293	印年画	颜真卿
294	杨柳青年画	高桐轩
295	卖春画	素女
296	指画	高其佩
297	漆画	黄帝
298	画肖像	王绎
299	卖烟画	洋人
300	卖月份牌	洋人
301	铸铁画	汤天池
302	裱画	文昌帝君
303	内画鼻烟壶	僧人
304	卖泥人“大阿福”	沙孩儿
305	卖不倒翁玩具	卞和
306	做面塑	孙膑

序号	行业	崇奉
307	制作戏曲脸谱	兰陵王
308	吹糖人	赤松子
309	陶瓷工	风火仙师
310	卖唐三彩	太上老君
311	刻瓷	文昌帝君
312	龙眼木雕业	木雕孔
313	砖雕	鲁班
314	石狮子雕刻	丘处机
315	琢玉成器	黄帝
316	象牙雕	鲁班
317	制作景泰蓝	忽必烈
318	剪纸花样	周成王
319	卖“囍”字	方明秋
320	糊风筝	鲁班
321	灯笼作	太乙神
322	制作灯彩	汉文帝
323	卖中国结	福、禄、寿神
324	会计	大禹
325	经纪人	孟子
326	跨国经商	范蠡
327	铸钱币	黄帝
328	钱庄	赵公元帅
329	当铺	财神、火神、号神
330	卖彩票	洋人
331	跑堂倌	土地神
332	鸡毛换糖	赵公元帅
333	换取灯	关公
334	打鼓的	关公
335	收破烂	关公
336	捡烂纸	孔子
337	奶妈	瑶姬
338	媒婆	月下老人
339	乞丐	铁拐李
340	殡葬业	汪子华
341	棺材铺	萨真人
342	卖“长锭”、锡箔	赵公元帅
343	算命先生	鬼谷子
344	测字先生	鬼谷子
345	仙姑	黄帝时仙姑
346	巫师	玉皇大帝
347	妓女	洪崖
348	拉皮条	关公
349	相公	管仲
350	小偷	东方朔
351	强盗	宋江
352	卖蒙汗药	华佗
353	制作洛阳铲	马铁匠
354	卖烟枪	洋人
355	卖白粉	洋人
356	宦官	八仙
357	保镖	周武王
358	刽子手	阎王
359	狱警	上海租界领事
360	巡警	端方

后　记

2009年，上海人民出版社出版了我的第一本书《三百六十行大全》，得到了广大读者的认可，多次重印，社会反响较好，成为畅销书。

一晃十多年过去了，陈酒还是香的。这次上海辞书出版社重版这本书，乃是我的幸运。新一版《三百六十行大全》的内容更加丰富了，更换、增添了200多幅插图，书的质量得到提升，其可读性更强，趣味性更浓，知识性更广，是一本老小皆宜、适应各文化层次阅读需求的民俗读物。"一书一世界"，三百六十行的行业文化，既原始又现实，既纯朴又奢华，既传统又时尚，既内敛又奔放……它是多样化、日常化的文化，融于老百姓生活的每时每刻之中。

孩提时，我曾向父亲夸口："长大了，我要写本书。"父亲以为我是"白日做梦"。我是一个倔强的追梦人，一直没有放弃自己的梦想。"读万卷书，行万里路"，贯穿了我的人生，其结晶就是《三百六十行大全》这本书。它虽然只像天空中的一颗小星星有点微光而已，但有了它，我就没有枉度此生，知足矣！

本书得以推出新版，离不开多方人士的鼎力相助。首先要感谢上海辞书出版社对我的信任和厚爱，感谢出版社王圣良主任的大力支持；感谢责任编辑陆琦杨为书稿的完善做了大量的工作；画家王继青为本书绘制了精美的封面用图和200多幅插图，弥补了原版的空白；著名作家曹正文为本书作序，大力推荐；我也忘不了推荐重版此书的伯乐刘鸿毅，支持重版、为原版写序的作家陆其国，美术师许政泓；更忘不了，一直鼓励、关注我，提出许多指导意见的朋友们，他们是：家喻户晓的"滑稽王小毛之父"葛明铭、德勤会计事务所税务部总监周璐、上海佰威旅行社经理周建平、双立人亨克斯公司工会主席张桂祥、长宁邮政支局文化创意中心负责人朱莉芳、虹口老干部老年大学刘永生、资深记者阿庄、农工党新闻总支主委向红，旅游文化沙龙的居鹤龄、韦晓、张梅、范韶、周光辉、薛士珍、蒋罗英、邓美龄、刘新建、俞蓓蓓……正是这些可信、可敬、可亲、可靠的朋友们倾情关爱，这本新版《三百六十行大全》才得以问世。

书是我写的，成书却离不开大家的支持、帮助。有书心意足，无求品自高。在此，我谨向这些朋友们再次表示深切的感谢与敬意。

周成树

2020 年 5 月于上海

图书在版编目（CIP）数据

三百六十行大全 / 周成树著. —新 1 版. —上海：上海辞书出版社，2020

ISBN 978 - 7 - 5326 - 5551 - 9

Ⅰ. ①三… Ⅱ. ①周… Ⅲ. ①职业—介绍—中国 Ⅳ. ①D669.2

中国版本图书馆 CIP 数据核字（2020）第 075918 号

三百六十行大全（新一版）

周成树 著

责任编辑 陆琦杨 **绘图** 王继青
装帧设计 梁业礼

出版发行 上海世纪出版集团
上海辞书出版社（www. cishu. com. cn）
地　址 上海市陕西北路 457 号（邮编 200040）
印　刷 上海中华印刷有限公司
开　本 720 × 1000 毫米 1/16
印　张 35
字　数 487 000
版　次 2020 年 7 月第 1 版 2020 年 7 月第 1 次印刷
书　号 ISBN 978 - 7 - 5326 - 5551 - 9 / D · 149
定　价 98. 00 元

本书如有质量问题，请与承印厂联系。电话：021 - 69213456